民族传统体育文化的弘扬与传承

赵　盼　张昌括　刘东东　主　编

中国纺织出版社有限公司

图书在版编目(CIP)数据

民族传统体育文化的弘扬与传承／赵盼，张昌括，刘东东主编. -- 北京：中国纺织出版社有限公司，2023.5

ISBN 978-7-5229-0619-5

Ⅰ.①民… Ⅱ.①赵… ②张… ③刘… Ⅲ.①民族形式体育—体育文化—研究—中国 Ⅳ.①G852.9

中国国家版本馆 CIP 数据核字（2023）第 094744 号

责任编辑：张 宏　　责任校对：高 涵　　责任印制：储志伟

中国纺织出版社有限公司出版发行

地址：北京市朝阳区百子湾东里 A407 号楼　邮政编码：100124

销售电话：010—67004422　传真：010—87155801

http://www.c-textilep.com

中国纺织出版社天猫旗舰店

官方微博 http://weibo.com/2119887771

北京虎彩文化传播有限公司印刷　各地新华书店经销

2023 年 5 月第 1 版第 1 次印刷

开本：787×1092　1/16　印张：10

字数：200 千字　定价：98.00 元

前　　言

　　中华民族的传统体育文化是世界体育文化的重要组成部分,传统体育文化也是我国历经多年文化沉淀而结成的体育文化结晶。随着全球化脚步的加快,世界体育文化开始渗透到中华民族传统体育文化的方方面面,在给传统体育文化带来机遇的同时也带来了许多挑战。因此,我们要积极采取相应措施,解决当前体育发展的困境,推动中华民族传统体育文化的继承和弘扬。我国民族传统体育中不仅包含着现代体育精神,而且蕴含着丰富的民族传统文化。发展我国民族传统体育可以有效地弘扬和传承我国民族体育中的传统文化,积极开展民族传统体育活动可以强化国民对传统体育项目的认识,利用民族传统体育简单易学的特性激发民众积极参与到体育健身活动中,从而传承和弘扬我国民族传统体育文化。

　　本书立足于全球化的视野,在分析传统体育文化现状的根底上,就如何传承与弘扬我国传统体育文化进行重点学习。本书从以下几方面进行介绍,首先对民族传统体育文化的基础性理论进行阐述,然后具体介绍民族传统体育文化项目与学校中民族传统体育文化的影响发展,最后重点对民族传统体育文化的弘扬与传承发展进行介绍,提出一些民族传统体育文化现代传承与发展的策略,旨在促进我国民族传统体育文化的弘扬发展。本书积极借鉴现代体育发展模式以及成果,引入现代化体育方法及科学发展理论,对中国传统体育文化进行构建与学习,将有利于促进我国民族传统体育文化的弘扬和传承。

　　在编写本书的过程中,编者参考了很多专家学者的研究成果,借鉴了很多国内外科学发展理论,在这里表示感谢,由于水平有限,书中难免有不足之处,望广大读者给予批评指正!

编　者

2022 年 12 月

2022 年度广西高校中青年教师科研基础能力提升项目:《文化自信视角下花山壮拳文化融入边疆民族地区高校校园文化建设的优化路径》(课题编号:2022KY0755)

编 委 会

主　编　赵　盼　张昌括　刘东东

副主编　闲飞燕　贾建峰

目　　录

第一章　民族传统体育文化概述

概念是反映事物特有属性的思维形式，是构成科学理论的出发点和基本要素，要想认识民族传统体育文化的本质和发展规律，就要理解其相关概念，民族传统体育文化是某个民族特有的、具备传统因素的体育活动的总称，要想深刻地理解这一概念，我们需要进行分解理解。

第一节　民族传统体育的文化性

一、文化与体育文化

（一）文化

"文化"一词，在世界各民族的早期词汇中便已出现，关于其定义，古今中外可谓众说纷纭。在中国，先秦诸子散文及史传文献，都有不少关于文化的论述和记载。《周易·贲卦》中有"观乎人文，以化成天下"之说，文化就是由其中的"人文化成"简化而来的，意思是"以文教化"，指人类区别于动物的一切活动及其成果。西汉刘向在《说苑·指武》中将两字并联使用，构成今天的"文化"一词，其文曰："凡武之兴，为不服也，文化不改，然后加诛。"晋代束皙《补亡诗·由仪》中有"文化内辑，武功外悠"，这里的"文化"与"武力""武功"相对立，被理解为统治者的施政方法，是"文治"和"教化"的总称，指与国家军事手段相对立的文教治理手段，继而发展到唐代，大经学家孔颖达在注解《周易》中"观乎人文，以化成天下"这段话时认为："圣人观察人文，则诗书乐之谓。"这里，孔颖达将"文化"一词上升到精神层面了，扩展为文学艺术、礼仪风俗等属于上层建筑的东西。它表示对人的性情的陶冶、品德的教养，属于精神领域的范畴。这种从精神化的层面谈文化的思路是中国古人沿袭的基本趋向。

　　而今天我们使用的"文化"一词是外来词汇，相当于英文和法文的culture、德文的cultura，它们来源于拉丁文的cultura，原有神明崇拜、耕种、练习、动植物培养及精神修养等意思。与中国古代偏重精神教化的"文化"相比，西方的"culture"更多展现了逐渐由物质生产活动引入精神生产活动的特点。正如罗马思想家西塞罗所指出的那样："精神文化是哲学"，强调对人的理智也要进行加工。同时，"文化"一词又在知识水平、教育程度、思想修养的意义上使用，并被引申为一定时代、一定地区的全部社会生活内容。

　　在西方古代，哲学曾包容一切自然科学、社会科学和人文科学。欧洲中世纪，一切科学都是神学的婢女。文艺复兴之后，随着自然科学脱离哲学走上独立的道路，其他多种人文科学、社会科学也逐步脱离哲学建构自己的体系。法国大革命时期的启蒙思想家伏尔泰、蒙田、卢梭、孟德斯鸠等都曾对有史以来的文化现象做了初步探讨，但是这种探讨只停留在表面状态。18世纪末19世纪初的德国古典哲学家们则从道德意识、审美意识及宗教观念的角度出发去认识人类文化发展的历史与现状，仍然没能从文化的规范、文化结构、文化功能及模式等对文化科学有至关重大关系的问题去思考。

　　"文化"成为人们普遍使用的概念是在19世纪。19世纪中后期，一些学者开始将学术视野拓宽至两个或两个以上的学科，出现了交叉性学科，黑格尔首先提出了"文化科学"。1843年，德国学者克莱姆（1802—1867）的著作《普通文化史》以及十年后的《普通文化学》敲开了文化科学的大门。1871年，英国学者泰勒在《原始文化》中，将文化定义为"包括知识、信仰、艺术、道德、法律、习惯以及其他人类作为社会的成员而获得的种种能力、习性在内的一种复合的整体"，这一里程碑式的著作不仅首次对"文化"概念进行了限定，而且探讨了文化的起源、文化的区域划分等问题，对创立文化科学贡献最大。泰勒的这一定义在得到学术界广泛认同的同时，也掀起了定义文化的热潮。其后一百多年间，又有弗雷泽、克鲁伯、汤因比、施本格勒、列维·斯特劳斯、本尼迪克特、李凯尔特、卡西勒等学者的努力，使文化科学形成一门包含考古学、民族学、历史学、宗教学、哲学、社会学、人类学、民俗学、神话学、语言学、心理学等多学科的交叉性学科。

　　综观18世纪末以前的观点，西方学者对"文化"的解释总体上可分为三种。第一种是从方式论入手，认为文化是一定民族的生活方式，这种生活方式包括人们的兴趣、爱好、习俗、习惯等，强调了文化的继承性。第二种强调了文化的演变性，认为文化是人类学习和制造的工具，包括了人类智力和创造能力的不断进化，这一观点也被称为过程论。第三种是复合论，认为文化是作为社会的一个成员所获得的能力，包括知识、信仰、艺术、习俗、法律及其他种种能力的复合体。

　　进入20世纪70年代，"文化"的概念出现频率高，同时，歧义也多。现代意义上的"文化"内涵已经与"文化"的初始用法相去甚远，不同民族、不同学科对"文化"的理解和界定虽然依然存在着明显的差异，但却有着共同性，即文化是由人创造的、为人所特有的东西，一切文化都属于人的文化，这也就意味着排除了"自然"的东西。人类区别于动物的本质特征可以说就是文化，它也是人工产品同自然物品相区别的根本标志。

马克思主义理论家对文化做了一种新的解释，我国 1979 年出版的《辞海》也基本上沿用这种说法，即把文化分为广义和狭义两种。

1. 广义的文化

广义文化是指"人类创造的物质财富和精神财富的总和，特指精神财富"。这种文化又被称为"大文化"，涵盖面非常广泛，是着眼于人类社会与自然界的本质区别。文化哲学、文化人类学等学科的研究工作者多认同这种看法。梁漱溟在《中国文化要义》中指出："文化，就是吾人生活所依靠之一切。——文化之本义，应在经济、政治，乃至一切无所不包。"任继愈在《民族文化的形成与特点》中也认为，广义的文化包括文艺创作、哲学著作、宗教信仰、风俗习惯、饮食器服之用等。文化反映的是历史发展过程中人类的物质和精神文明所达到的程度和方式。按领域的不同，文化可分为物质文化、制度文化和精神文化等。今天我们所使用的文化概念就是广义上的文化概念。

2. 狭义的文化

狭义的文化是指"以社会意识形态为主要内容的观念体系，是由政治思想、道德、艺术、宗教、哲学等意识形态所构成的领域"❶。狭义文化又被称作"小文化"，是因为其排除人类活动中关于物质创造活动及其结果的部分，而专注于精神创造活动及其结果。作为意识形态的产品，狭义文化是对社会的政治和经济的反映，同时又反作用于一定社会的政治和经济。不同的社会形态都有着各自适应的文化，每种文化都会随着社会物质生产的变化而发展，不断丰富。

（二）体育文化

1. 概念

目前，关于"体育文化"一词的定义还没有达成统一的共识。尼克·阿莱克塞博士在其著作《体育运动词汇》中将体育文化定义为："广义文化的一个组成部分，它综合各种利用身体锻炼来提高人的生物学和精神潜力的范畴、规律、制度和物质设施。"1980 年，我国体育学界认为，"体育"有广义和狭义两种解释。广义的体育是指体育文化或身体文化；狭义的体育是指教育过程，在文中用"身体教育"来表示，我国习惯上有时也使用"学校体育"这个词。体育文化是"以身体练习为基本手段，增强人的体质，提高运动技术水平，丰富社会文化生活的一种有目的、有意识的活动"及赖以实现的物质手段、社会思想、社会关系的总和。张国力认为："体育是指任何一种通过身体运动谋求个体身心健全发展的社会活动。体育文化是一种以人的体育行为为特征的社会现象。"他还特别强调：体育文化是人类在社会各种体育活动之上建立起来的一整套规范体系。❷卢元镇教授对体

---

❶ 李秀林，等. 辩证唯物主义和历史唯物主义 [M]. 北京：中国人民大学出版社，1995：407.

❷ 席久焕. 体育人类学 [M]. 北京：北京体育大学出版社，2002：162－170.

育文化作过如下阐述：体育文化由心理、行为、物质三个方面（三个不同层面）的要素构成，是人类体育运动的物质、制度、精神文化的总和。它主要包括体育认识、体育价值、体育道德、体育情感、体育制度、体育理想和体育物质条件。

综上所述，体育文化就是人类社会活动中和体育活动中所建立起来的一整套规范体系和价值体系，以及体育活动的方式和设施等。它不仅要满足人的自然本能的需要，而且要满足人们对体育文化的社会心理需要，是改造自身的文化类型。

2. 特征

体育文化来自体育生活和体育实践，与其他文化一样，它反映了一个时代、一个国家或民族的特征。它通过身体形态、动作技能、运动器材、物质等有形态势以及与社会属性相关的意志、观念、时代精神等无形态势反映出来，显现各具特色的存在方式，以此来规范人们的体育行为和社会行为，影响并改变人们的价值观念。

体育文化具有以下四个特征。

第一，体育文化与人的体育生活密不可分，紧密相连。

第二，体育文化反映了具有本民族特色的、传统的体育特征，这些体育文化不仅规范着本民族的体育行为，也影响着人们不同的体育价值观念。

第三，体育文化与一个地域或民族的社会文明、物质文明及自身的发展，具有相互影响、相互作用的关系。

第四，从文化学角度看，体育文化既具有共性也具有个性。首先，体育文化是人类整体文化系统中的一个分支，这是其共性；其次，体育文化有其特有的个性，它的产生和发展有自身的变化规律，具有独立性的一面，这是其个性。从科学分类来看，体育文化是一门自然科学和社会科学相结合的综合性科学。

二、民族传统体育的文化内涵

民族传统体育是中华传统文化的重要组成部分，其源远流长的历史、丰富的文化内涵、独特的表现形式，构筑了中华民族体育文化的宝库。传统文化大多是以民族的形式发展起来的，民族在其产生、发展过程中所形成的民族语言、民族性格、民族精神面貌、风俗习惯、传统与道德生活方式以及社会关系等，构成传统文化的特征。所谓中国文化，指的是中华民族的传统文化，它给民族传统体育的产生及发展带来了巨大影响。文化不是抽象的、空泛的，传统文化很大程度上就是民族文化，民族传统体育是它的一种折射。

（一）民族传统体育是人类生存的一种方式

考古学、人类学和民族学研究证明，由于物质生产能力低下，史前时期的体育是与劳动过程相同的。这一时期的体育，其特有的运动手段和形式还没有表现出来。人们为了满足一定的物质生活资料，必须运用肢体的各个部位以及工具来改造自然界，这种简单的劳动过程，实际上是由于物质生活的需要和劳动需要而产生的。人们通过观察自然界的某些表象，以感性、质朴的思维方式进行加工和改造，将自然力人格化和形象化。在实际的动手和自由活动过程中，得到了身体的锻炼，在一定意义上发挥了体育运动的作用。随着生产力的发展，体育逐渐与生产劳动分离，其功能和作用进一步扩展，逐渐演变为一种有目的有意识地提高和改善身体机能的特殊教育过程。

综上所述，原始体育的产生与发展，是以生产劳动、军事活动、宗教礼仪和娱乐活动为基础的，充分体现了体育是当时人类社会的一种生存方式。

（二）民族传统体育是一种自然、生产及文化心理的体现

L.怀特认为，"在其他因素保持不变时，文化发展程度与所用工具的效率成正比例变化"。也就是说，生产工具在一定程度上决定着社会结构和人们的思想意识。我国地域辽阔，自然地理差异较大，在自然地理环境的长期影响下，形成以农牧为生的北方民族和以渔耕为业的南方民族的不同格局。随着这种生产方式的形成，生产工具也在不断的发展过程中演变成适合于本地地理环境的工具，南北方的生产工具由此分化。中国各少数民族的生产工具都有着很明显的差别，长期居住于此的民族生活方式也随之逐渐"特化"，由此增大了各民族性格和思维方式的差异，在一定地理和文化环境中产生的体育活动也必然会受到影响，并因地制宜地继续传承和发展。综观我国民族传统体育的项目、器材、风格以及流传范围，从中我们可以发现，各民族自然地理条件和生产生活方式的不同，为民族传统体育赋予了鲜明的特色及独特的文化心理。

1. 自然地理环境

一定地域的地理和自然环境不仅是一个民族长期生息、繁衍的物质基础，而且为各民族体育的生存发展提供了物质条件，决定了其基本特性。例如，我们常说的"北人善骑，南人善舟"，就反映了地理环境对人们生产方式以及体育的影响。在各自的生存环境中，各民族人民找到了本地特有的运动器材，并在运用中不断改良这些器材，逐渐形成了本民族特有的体育项目。例如，塔吉克族、蒙古族、哈萨克族等民族，由于生活在草原上，主要从事畜牧业生产，他们的体育活动也离不开马和草原，骑射、赛马、马球、叼羊等许多骑术项目都是在这种自然环境和生产方式中孕育出来的。显而易见，传统体育项目是深受自然地理环境影响和制约的。

2. 生产方式

社会生产力水平低下，导致了人们在征服大自然方面能力非常有限，交通的闭塞和不便利，使得一定地域内的民族生产方式相对稳定，在发展和沿袭过程中，由于长期受地理环境的影响，已经形成的原有的生产方式很难得到改变，表现出了明显的区域性。各地区生产方式的不同，直接影响造成了各民族体育之间的差异。例如，漠北少数民族载货和骑乘的工具——"沙漠之舟"的骆驼，由此产生了"赛骆驼"这一体育项目。新疆的哈萨克族、塔吉克族、蒙古族等少数民族都以畜牧业为主，马是他们主要的生产、生活工具，从而产生了很多与马有关的体育项目，如赛马、骑射、马上角力、叼羊、姑娘追等。高山

族的挑担赛、南方的划船比赛、壮族的打扁担等，无不是与当地人民生产方式息息相关的体育项目。这些形式多样、生动活泼、具有鲜明地域特色的民族体育活动，为我们展现了丰富多彩的地域体育文化。

3. 文化心理

受各自文化的自然环境下的生产方式的影响，各地区人民逐渐形成与之相适应的相对稳定的心理结构，正如所谓的"南方好傀儡，北方好秋千""南拳北腿，东枪西棍"，这些都是文化心理学差异在民族传统体育活动的显现。它集中体现着当地人民的文化心理特征。例如，舞龙，就明显地反映出南北方民族传统体育风格的差异。南方以文为主，突出龙的灵活敏捷，展现出其变化自如的灵巧；而北方以武为主，强调龙的威武豪迈，展现出气吞山河的气概。

（三）民族传统体育是人类文化生活的重要组成部分

1. 民族传统体育是中国体育文化的丰富资源

据不完全统计，我国的民族传统体育项目达 977 项之多，其中汉族有 301 项，少数民族有 676 项，内容丰富，形式多样。我国是一个统一的多民族国家，以汉族为主体，55 个少数民族共同发展。各民族都有着勤劳、勇敢的特质，富有悠久文化传统，各类传统体育项目源远流长，极具浓郁的地方特色。这些民族传统体育运动项目各自伴随着本民族的历史，与其风俗习惯紧密相连。它们既能增强体质，又有益于精神，是祖国灿烂文化的一部分，是我国社会主义体育事业的一项重要内容。民族传统体育运动项目是各民族智慧的结晶，是各民族在体育实践中创造出来的，有着丰富的文化底蕴、深厚的群众基础、鲜明的地域色彩，承载着悠久的中华民族传统文化，是当代体育文化发展的基础和庞大资源系统。它不仅是富有民族特色的中国文化，也为世界文化的发展提供了丰富的营养。

2. 民族传统体育与社会相互作用

民族传统体育虽然多通过个人的行为方式体现出来的，但作为人类社会一项特殊的文化活动方式，其本质是物质文化的产物，既产生于社会同时又受制于社会。此外，民族传统体育还受到社会政治、经济、文化等的制约和影响，其发展始终处在一定的社会关系中。这种社会关系参与活动的行为包含着社会以人为中心所形成的血缘、地缘、行业的组织关系以及宗教信仰和风俗习惯，表现出固定性、规定性的链接方式，以使社会的人按照一定社会所提供的条件，按照一定社会特有的体育方式进行各种活动。

3. 民族传统体育是人类精神生活领域的文化

民族传统体育活动是人类精神生活领域的文化，是民族体育文化的核心部分，反映了民族意识、宗教信仰、价值观念、哲学思想、伦理道德规范、文化心理、审美心理等。这主要表现为以下三个方面。

首先，民族传统体育反映了人们浓郁的宗教情结。宗教文化在民族传统体育中占有重要地位，许多的民族传统体育项目起源于宗教，这些体育项目一般与传统节日紧密联系在一起，成为节日的主要内容。原始社会，由于生产力水平的低下，人们对一些自然现象无法解释时，通常通过祭祀活动中的舞蹈、竞技、角力来进行祈祷，娱乐神祇，祈求庇护。于是，这种具有体育和艺术双重属性的舞蹈与宗教祭祀活动结下了不解之缘。宗教祭祀活动对体育的发展与丰富有着不可估量的影响。例如，壮族尊崇蛇、龙图腾，他们的龙舟竞渡就是综合图腾的象征信仰。又如，各民族进行的舞狮活动与佛教有关。壮族、傣族、白族、水族等民族民间流传的龙舟竞渡其真正的宗旨在祭河祈年。

其次，民族传统体育反映了人们形神统一的审美情趣。以武术为例，中华武术强调形神兼备、内外合一的和谐美，既注重外在的"形"，又注重内在的"神"。"形"是指武术运动中人的整体外部形象或形态，是初级的、肤浅的；"神"是指人的精神、心志、意向等内在活动，是更高一层的追求，表现出"虚"和"静"的审美特征。实际上，练神的过程就是一种求"虚""静"的过程。例如，太极拳基本技法中要求"运劲如抽丝，迈步如猫行"，即要求太极拳运动要像抽丝那样既缓又匀、又稳又静。又如《十三势歌》中要求"静中触动动犹静，因敌变化示神奇"，即要求身体要保持放松静和，心静则体松。这种强调内外联系，内形于外，达到筑其内、强其外的追求，充分体现了形神统一的审美情趣。

最后，民族传统体育反映了中华民族的价值取向与追求。以我国民族传统体育的精粹——武术为例，它要求内外兼修，不仅对形体和内在神韵有着严格的要求，同时还对练武之人的武德和修养提高了严格的要求。武术既注重人本主义价值取向，又注重群体本位价值取向，是理想的人格价值取向。

受"大一统"文化哲学思想的影响，无论中国传统的养生活动还是健身活动，都特别注重形神兼备，要求"以心会意，以意调气，以气促形，以形合神"，讲究在"天人合一"的思想指导下，通过悟道，从而达到与"天、地、神"相通的最高境地。中国传统养生术和一些传统拳术、功法在练习时都要求与季节、时辰等相对应，以达到"天人合一"的境界，充分体现了人与自然以及身心和谐统一的生命价值追求。

（四）民族传统体育是中国体育文化兴盛的发力点

人们普遍认为，文化对人类文化贡献的大小是由其吸收他种文化和更新自身文化的能力决定的。欧洲文化发展到今天，之所以有强大的生命力，正是由于它能不断地吸收不同文化的某些因素，使自己的文化不断得到丰富和更新。由此可见，中国文化想要获得大的发展，就需要在不断吸收外来文化的过程中更新自身文化。在21世纪，哪种传统文化最能自觉推动不同文化传统和不同学科之间的对话和整合，哪种文化就会对世界文化的发展具有更大影响力。

一个民族的文化以其自身的民族文化的特性为精神主体，是自身民族的独立和尊严、进步和发展的体现。如果丧失了自己在精神上的主体性，就失去了独立存在的价值，就不可能自立于世界文明之林，就会成为人家的附庸。以奥林匹克文化为例，它虽然在向世界推广的过程中不断融合其他文化、融入外来元素，但始终保持西方的竞技精神及传统规则等因素，保持着西方体育的系统构架。

本民族文化是体育文化的根源。民族传统体育体系的核心在于：将人的身体、精神及客观自然界视为锻炼过程中的一个整体要素加以考虑，强调个人身心同步和谐发展，注重人的心理意识和内部生理功能的全面提高。因而，从某种程度上讲，不仅人的身体活动是运动，当形体处于静态而人的内在生理由于意念的作用而发生变化时也是运动。因此，运动不仅有"动"的体育方法，还有"静"的体育方法。这与西方现代的体育概念和理论方法存在着明显差别。这一传统体育体系越来越显示出其独特的健身功能，越来越受到世界的重视。如瑜伽等非竞技性体育活动，瑜伽与中国养生体育有着极强的共性，也是一种"静"的体育方法，强调身心同步发展。近年来，瑜伽以其独特的运动方式和良好的健身功效获得了世界的普遍认可，成为在世界范围内广受欢迎的健身方式。

一个民族的传统体育文化不仅是自身的历史文化，而且是现代体育发展的丰富资源，是国家或民族与世界进行体育文化互动与交流的基础，是自身体育文化在未来发展中的发力点。中国体育文化的发展要以发展自身文化为本，积极学习、借鉴、吸收世界上其他民族的文明成果。凡是对我们有价值的体育文化，都要有分析地学习和借鉴，博采众长，在交流中更好地丰富自己的民族体育文化，促进自己的民族体育文化的发展，并将自己的民族体育文化推向世界，从而将自身的优秀成果发扬光大，和世界上别的民族一起，共同推动人类体育文化的进步。

（五）民族传统体育是人类文明社会的显著标志

随着科学技术的不断发展，越来越多的体力劳动被机器所代替，人类社会的文明进程大大加快，正在逐步进入全面现代化的伟大时期。在这一时期，民族体育也呈现出前所未有的发展水平和高度，进入了崭新的发展阶段。体育社会地位的不断突出，是文明社会的显著标志。

随着经济的发展和科学的进步，人们的物质文化生活不断得到改善和提高，并由此产生了更新更高的需求。人类社会需求的不断增长，使社会生活日益丰富多彩，在一定程度上刺激并促进体育的职能向多样化发展演变。当社会进入高度自动化、信息化以后，体育必将成为现代社会文明、科学、健康生活方式不可缺少的组成部分，成为提高人们生活质量、满足人的机体需要和精神享受的重要手段。

随着体育功能和价值的不断向多元化发展，体育在人类社会中凸显出越来越重要的作用。体育不仅是劳动力再生产的一种形式，而且是一种重要的学校教育和社会教育的途径，更是丰富人类文化生活和精神生活、完善人自身的重要手段。同时，体育在政治生活中也占有重要地位。作为提升文化软实力的重要方法之一，体育在国际交往和国际竞争中发挥着不可替代的重要作用。

现代社会是科技迅猛发展的时代，科学技术的发展达到了前所未有的速度和高度。科学技术的影响渗透到人类生活的一切领域，给整个社会的发展和人类生活带来了深远的意义。科学技术对体育领域的影响，是使体育科学化，而体育化是民族体育发展的重要特征。

第二节 民族传统体育文化的内涵与特征

一、民族传统体育文化的内涵

与其他任何文化一样，体育文化是指体育文化系统内部相互联系、相互作用的诸要素之间在一定的排列组合后形成的一种相对稳定的、可以识别形貌的整体。在这一有机整体中，物质文化、精神文化和制度文化是民族传统体育文化系统的构成要素，我们也可以称为"子系统"，它们是民族传统文化中可被人们直观看到和感知的基本形式。其中，物质文化是基础，是精神文化和制度文化的前提条件；精神文化是主导，指引物质文化和制度文化的发展方向；制度文化是关键，协调物质文化和精神文化的发展。三者缺一不可，密不可分。

（一）物质文化

郑杭生在其著作《社会学概论新修》中认为，"物质文化"是"物质世界中，一切经过了人的加工，体现了人的思想的东西"。美国社会学家戴维·波普诺在其《社会学》中将"物质文化"界定为："一个社会普遍存在的物质形态——机器、工具、书籍、衣服等，称为物质文化，一个特定社会所产生的物质文化，其实质是技术水平可开发资料和人类需求的结合体。"民族传统体育作为人类社会一项特殊的文化活动方式，也不是孤立存在的，它存在于自然和历史环境中，它随自己的发展变化而发展变化，它始终离不开社会政治、经济、文化等的制约和影响，是物质文化的产物。

物质是通过制度和精神而物化的产物，民族传统体育物质文化是为了体育目的和需要而作用于自然客体的文化，它不仅包括各种体育器材、用品和场地，而且包括具有深刻思想内涵的物质成果。可以说，一切由于体育的目的和需要而作用的物质对象及人类生活方式都可以视为体育物质文化。民族传统体育物质文化可以分为以下三部分，各个部分之间的联系是十分紧密的。

1. 创造的各种体育器材和场地设施

在整个人类发展的进程中，把自身力量作用于客观物质是最基本的一项活动，这是人类为了满足自身的各种需要而进行创造的产物。但是，体育活动的特点决定了这类体育物质文化比其他物质文化更具象征性。相比人类的其他需要如吃饭、穿衣、住宿等，体育的出现要稍晚一些。可以说，体育作为一种以精神为内核的需要，在科技和信息含量方面占据着优势，但这并不影响人类满足自身全面发展需要的创造欲望。随着人类需求的丰富和升华，满足高层次的精神需要的创造动力会更加强劲，这会极大地推动体育物质用具以及设施的发展。

2. 进行的民族传统体育活动方式

运动是人类发展的生生不息的灵魂，各种运动方式是人类改造和完善自身的理想所系。插秧、耕田、锄草、纺织、印染、锻造等各种工业和农业的劳动动作是人类满足基本生活的活动方式。所以说，以追求身心健康为目的的体育活动方式不能脱离人类的劳动方式。为了获得食物，早期原始人的奔跑、跳跃、攀爬、投掷等行为既是一种劳动方式，又是一种孕育体育活动的方式。而随着人类文明的不断进步，为提高劳动的工作效率与能力作准备的纯粹体育活动方式不断繁荣，体育活动方式已经成为满足各种精神需要的极具生命力的一种活动方式，如拉祜族的射弩，水族的赛马和耍狮子，傣族的丢包、打陀螺、跳竹竿等，都属于体育活动的方式。

3. 创造且形成了物质的各种思想物化品

为促进民族传统体育发展而创造且形成了物质的各种思想物化品，是民族传统体育物质文化中最高层次的部分。人类的文化成果是在人类意识支配下所创造出来的产物，若是从历史和逻辑相统一的角度看，那么一切人类活动及其产物都可以看作是人类思想的产物。但是，在所有的人类物质成果中，其受思想支配的程度深浅和影响大小是不一致的，因此也是可以区分的。体育物质文化中由人们体育意识和观念直接形成的物质产物也归属于体育物质文化的范畴，它高于直接充当体育活动方式载体的体育设施和用具。如体育法规制度、裁判法、体育歌曲录音带、体育比赛录像带等都属于这类体育物质文化。

（二）精神文化

精神文化是人类在从事物质文化基础生产上产生的一种人类所特有的意识形态，是人类各种意识观念形态的集合。精神文化居于文化结构的内层，是最稳定、最保守的层面，是文化的核心和灵魂，是不同类型文化的标志。精神文化和物质文化一样，也是由人们在日常的生活中总结出的经验理论。精神文化具体表现为人的伦理道德、对美的事物的感受、对于艺术的品味和我们对精神世界的追求。体育精神文化是人类围绕着或依托着体育而改造主观世界的活动方式及其全部产物，又称为体育意识和观念文化。

民族传统体育精神文化是指精神因素占主导地位的体育文化，是人类借助或通过体育改造主观世界的活动方式及其精神的产物。它包括体育文化中传承的民族风情、道德规范、宗教信仰、科学、哲学、社会心理、审美评价和文学艺术等思想意识形态领域的反映等。民族传统体育精神文化可以分为以下四个部分。

1. 民族传统体育体现的精神世界、物质内涵和行为准则

体育精神文化与一般文化有所不同，它的物质文化与精神文化、制度文化之间的联系更紧密，因为它本身大多是一种身体活动行为。民族体育服饰、体育谚语、运动训练、体育选材等都属于这一层次的体育精神文化，它属于行为文化的范畴。当我们看一件民族运动器材或服装，对它的颜色、质地、形态等进行鉴赏时，注重的是体育物质文化；当我们注意其展示的民族个性、审美情趣等因素时，注重的是体育精神文化。当我们谈及该项目的运动训练，注意它的外在身体运动的场面表现时，关注的是体育物质文化；注意它的教学传授方式与人的规则时，关注的是体育制度文化；注意它的指导思想和民族思想时，关注的是它的精神文化。总之，传统体育的物质、制度、精神文化从一个角度和层面是无法将其区分清楚的。

2. 民族传统体育体现的思想观念及理论体系

人类活动领域的划分与活动方式的形成都受到人类思想观念的指引，各种具体的学科往往就是针对人类活动的某一个或大或小、或宏观或微观的领域进行探究的理论产物，这是人类有意识指导和改造自身实践的思想观念的结果。传统体育作为一项改造人的身心进而促进身心适当发展的活动，无疑需要在多个方面和层次上作出科学的阐释。民族传统体育学就是在民族传统体育活动的理论需要背景下产生的。民族传统体育学研究的传统体育基本概念、相关理论以及形成的理论体系，都属于民族传统体育精神文化的组成部分。

3. 依托民族传统体育改造人的主观世界的各种想法和打算

人类的文化中的物质文化和精神文化是并行不悖的。但在诸多的人类文化中，改造人的主观世界的文化的程度和范围是存在较大差异的。文学和艺术直接指向人的主观精神世界，它的产生源于人类精神世界的需求，它的实现方式往往贴近人的悲喜情感、欢愁情绪等精神内容，这些文化被认为是属于意识形态领域的文化。而民族传统体育文化一度不被认为具有改善灵魂的作用，因为它的直接表现形式是身体运动。但实际上，民族传统体育文化改造主观世界的可能性是十分巨大的。因为它较少限制人们的思维和情感，具有广阔和深远的精神展现力。民族传统体育道德、民族传统体育精神、民族传统体育人格、民族传统体育理想等心理文化范畴的内容都属于体育精神文化的一部分。

4. 民族传统体育蕴含的艺术文化

人类把握的世界不仅仅只有物质的和精神的单一形式，还有把精神物化的产物。这些文化形式表面看为实实在在的物质，但它十分直接地蕴含着人类的情感、意志和灵魂。这类方式以文艺为杰出典范。体育活动的直观、激越、宏大等特性使它往往成为文艺表现的对象，如体育诗歌、小说、音乐、绘画、雕塑等体育文艺都归属于体育精神文化的范畴。同样必须指明的是，我们在这里所谈论的体育文艺并不是体育物质文化意义上的体育文艺。一幅体育绘画，当我们注视它的线条、构图、着色时，关心的是它的体育物质文化的

方面，这属于体现民族传统体育精神文化的外在媒介；当我们探究其蕴含的体育思想、情感时，关注的是它的体育精神文化的方面，体育精神文化的这个层面属于艺术文化的一部分。

（三）制度文化

人类的行为受思想、观念、精神因素的个性支配，但同时它又是一种群体的、社会的共同行为，所以文化的精神因素必然会反映、萌生和形成习俗、法律、规则、制度等制度因素。当这些制度因素逐渐形成之后，人的精神因素就会通过制度因素转化为物质成果，人类在行为或活动中就取得了收获。因此，作为文化整体的一个组成部分，制度文化既是物质文化的工具，又是精神文化的产物，是两种文化之间的中介，在协调个人与群体、群体与社会的关系以及保证社会的凝聚力方面起着不可或缺的显著作用，深刻地影响着人们的物质生活和精神生活。制度文化是人类为了自身生存、社会发展的需要而主动创制出来的有组织的规范体系，主要包括国家的行政管理体制、人才培养选拔制度、法律制度和民间的礼仪俗规等内容。

民族传统体育制度文化是人类通过民族传统体育运动改造和完善自身的活动方式及其制度的产物，是调控和规范体育运动中人们的各种社会关系的组织机构和规章制度的总称，对体育文化的整体具有规定性。它既区别于物质文化，又区别于精神文化，主要包括体育社会组织、制度、政治和法律形式、体育伦理道德、群体风尚、风俗习惯、民族语言和民族教育等。在《体育史》一书中，体育这种复杂的社会文化现象被划分为三个层次：人们的体育行为和运动方式；分配、指导这些行为的观念和行为规范；人们为实现体育行为而形成的一定组织形式。即体育运动形态、体育观念形态和体育组织形态。所以，民族传统体育制度文化可分为以下三个部分。

1. 在民族传统体育活动中人的角色、地位以及各种体育活动的组织形式

人人都有自己的社会角色和地位，也不时地在各类活动中充当临时或固定、长期或短期的各类角色。这不仅是由人的能力差异决定的，也是由活动的组织形式需要多种不同的角色所决定的。民族传统体育运动中也存在裁判、教练、队长、队员、游击手、投手等角色差异和单败淘汰制、单循环制、交叉淘汰制等赛制，它们都是体育制度文化中最基本的内容。几乎没有一生只充当一个角色的人，运动员可能是子女、父母、兄弟姊妹，教师也可能充当足球场上的队长、家庭的父母。这些各种各样的角色在一定的组织形式的制约下共同维持活动的开展。与工作、生活中的角色有所不同的是，运动场上的角色具有更大的自由度、随意性。为人父母者的角色不能随意变更，做老师的角色也不会轻易改变，两者分别受制于家庭制度和学校的教育制度，而民族传统体育活动中的角色变换却可以具有变更的较大自由，因为它所依托的制度具有相对灵活性。

2. 为促进民族传统体育发展而形成的各种组织机构

作为一种人类改造自身、促进社会进步的文化产物，体育活动的各种社会组织及其自身的各种组织机构都是缺一不可的。运动竞赛组织、学校体育组织、民众健身娱乐组织、世界体育组织、大洲体育组织、国家体育组织等构成了体育制度文化的重要组成部分。一方面，体育组织机构受制于社会制度和政治制度等宏观条件；另一方面，体育组织机构也是体育运动本身发展的需要。如1881年成立的世界上第一个国际单项体育组织——国际体操联合会，不仅是当时合作的国际背景所决定的，也是体操运动自身国际化发展的要求；1894年成立的国际奥委会更是当时的国际社会渴望合作的环境和世界体育交流不断扩大的结果。现在我们国家的民族传统体育机构组织发展方兴未艾，从某种程度上说尚未起到推动民族传统体育文化传承发展应有的作用，这同我国的经济社会发展水平不无关系，但民族传统体育作为我国宝贵的文化资源，其组织化程度理应并且必须受到应有的重视。

当然，在人们成立各种发展民族传统体育的组织机构的过程中，应该在考虑符合社会背景的同时更多地关注民族传统体育活动发展组织化的需要和要求，这样才能真正推动民族传统体育运动向着合乎体育文化规律性的方向发展。

3. 围绕民族传统体育而创造的各种直接影响体育活动的原则、制度

每个社会群体如企业、学校等都有自己的制度，体育社团和体育群体也不例外，一般都拥有自己特有的制度，如实用体育学说、体育法制、体育管理体制等直接指导体育组织机构行为和活动方式的内容归属于体育制度文化。这些体育制度文化成果来源于体育活动的实践和体育精神领域的思考，是体育制度文化体系中作用最为突出的组成部分，是统领体育一般规范与体育机构的桥梁。如体育体制包括运动训练管理体制、学校体育体制、体育科研管理体制、体育市场管理体制、篮球联赛管理体制、足球训练及竞赛体制、民间体育社团管理体制等多种内容，对于调动人的主观作用起着不可替代的作用。体育体制不健全影响体育机构的建立与完善，体育产业制度不完善制约体育经营管理活动的顺利进行。因此，改善体育发展的状况，往往从改革这一层次入手。当前中国内地体育界正在进行的体制转换和机制转轨就属这类活动。

二、民族传统体育文化的特征

民族传统体育是各民族长期历史发展的产物，体育活动形式大多与他们的生存环境、自然条件相适应，与生产劳动相联系、与民俗相依存，是各民族政治、经济、文化生活的一种特殊反映，具有典型的民族特色，它可以从侧面来展现民族的日常生活和心理状态，鲜明生动地反映民族的社会和历史面貌。任何一种事物都有区别于他种事物的特别显著的征象和标志，即所谓一定事物的特征。民族传统体育文化作为一种人类社会文化的补充与完善，既具有人类文化的共性特征，同时又具有体育文化的特征。它是一个民族沿袭下来的具有深远历史意义的体育文化特质和体育文化模式，是整个民族社会文化中最活跃，也是影响最直接、最广泛和最深远的部分。民族传统体育的特征简要介绍如下。

（一）民族性与地域性

1. 民族性

人类的族别从特定的地域中产生，在各种因素的影响、制约下，存在于一定的时空条件下的民族就创造出一定的民族文化。任何一个民族都具有一些不同于其他民族的风俗习惯和生活方式的特点，这些习惯和特点升华为代表民族的标志。民族性是指民族传统体育体现在特定类别的民族文化中，并作为其基本内核而存在的民族文化心理素质的特征。而民族传统体育文化的民族性，是指一个民族的体育文化在其发展过程中，由于生存区域、生存环境、生产和生活方式以及文化的积累和传播等各方面的不同所形成的一种民族群体共有的、区别于其他民族体育文化的特征。

我国是一个多民族国家，各民族都有自己独特的传统体育项目，所体现出来的体育文化的民族性也非常明显。如蒙古族的赛马、朝鲜族的荡秋千、满族的珍珠球、壮族的抛绣球、侗族的抢花炮、苗族的跳芦笙，等等。这些传统体育项目与民族文化等密切相连，深刻地反映了各民族独特的民族特性。

民族性渗透在文化的各个层面，作为一种规约、民俗、精神传承下来，教育本民族的成员，使之作出符合民族体育价值观和民族体育心理的文化选择。在民族传统体育文化的物质层面、行为制度层面和精神层面都能反映出民族传统体育文化的民族性。

2. 地域性

民族传统体育文化的地域性，主要指民族传统体育在内容、形式等方面受到地理环境的影响而表现出的区域间差异。中国地大物博，人口众多，各民族的地理环境、自然条件、生存方式等方面存在较大的差异，因而起源于生产劳动以及与自然条件紧密相连的体育便有了相应的独特性。这种差异是一个民族区别于另一个民族、一个地区区别于另一个地区的主要标志，也是民族传统体育文化最大、最突出的特点。

各地区不同的生产方式，直接造成了各民族之间体育的差异。如蒙古族自古以来就繁衍生息在中国北方辽阔的草原上，"逐水草而迁移"的游牧生活使得蒙古族人精骑善射，摔跤、赛马、马术、贵由赤（蒙古语：赛跑）等体育项目都具有浓郁的草原民族特色。大理白族居住在云贵高原西南峡谷区，其传统体育有赛马、赛龙舟、霸王鞭、秋千、仗鼓等。而居住在东北地区的鄂伦春族，在绵延数千里的原始森林中，从事狩猎业生产，独特的生活环境使得鄂伦春族人性格豪放、勇敢强悍，其骏马、猎枪、猎犬世界闻名，射击、赛马、皮桦犁、桦皮船、斗熊是他们所钟爱的体育活动形式。俗话说，"十里不同风，百里不同俗"，这种地域性民族风俗习惯的差异体现，正是由各自的历史、经济、文化等因素在各自不同地域长期综合反映的结果。同时，民族传统体育活动的内容和形式，也从某个侧面反映了某一地区的生产、生活方式与社会风尚。

民族传统体育文化的地域性还表现为即使是同一运动项目，也因其产生的地域、民族不同而表现出方式和方法上的不同，其中所包含的内涵、技艺等也有较大差异，如中国各个地区都保存有赛龙舟的传统体育活动，但是各地的龙舟文化有极大的差异性。

（二）竞技性与娱乐性

1. 竞技性

从国际体育运动项目来看，竞技性是体育运动的最本质特征。虽然东西方体育文化存在着较大的差异，但是民族传统体育项目也具有竞技性的特征，只是相比于西方的直接和外显，中国民族传统体育文化的竞技性表现较为含蓄、内敛一些。

我国民族传统体育项目繁多，运动形式千姿百态，每个项目都有着浓郁的民族特色，有的对抗性突出，有的强调技巧，有的偏重趣味性，数量和形式都是现代体育项目难以相比的。很多体育项目只要加以改造，强化其竞技性、完善其比赛规则，就可以作为竞技项目加以普及、推广。例如，一些体育项目经过不断改造、提高，已制定出较为完整的比赛规则与胜负评判标准，且正在逐步适应国际体育竞技的要求，代表性的有武术、摔跤、赛龙舟等。另外，一些体育项目，诸如抢花炮、射弩、陀螺、木球等，经过完善和改革，已经成为全国少数民族传统体育运动会的正式比赛项目，成为全国各族人民共同理解、乐于参与的体育竞赛活动。

2. 娱乐性

民族传统体育具有娱乐性，它是一种以闲暇消遣、健身娱乐为主要目的，有一定模式的文化活动。民族传统体育的内容丰富生动，形式活泼多样，符合人们好奇、参与的社会特点并集锻炼、休闲、娱乐、趣味于一体。民族体育运动除了具有强身健体的功能外，还可以自由娱乐，从而尽享其中的快乐。许多民族传统体育都与文艺活动结合在一起，在节日、集会日举行，具备很大的观赏价值。例如，苗族的划龙舟。龙舟就是雕刻、制作成"龙"的样子的船，涂有红、绿、金、银、白各种颜色。划龙舟的人有鼓手、锣手、水手之分，分别负责指挥、敲锣和划水，他们穿着不同颜色、式样各异的服装。比赛时，几十艘披红挂绿的龙舟在大江中直奔，锣鼓声声，烟花阵阵，再加上两岸的观众的助威呐喊，更是气势不凡。

民族传统体育是人类在具备起码的物质生存条件的基础上，为满足精神的需要而进行的文化创造活动。无论是简单易行、随意性较强的项目，还是技艺精巧、有严格规则的竞技；无论是因时因地、自由灵便地嬉耍，还是配合岁时节令的大型文体生活广场，无一不体现了体育运动项目的娱乐性和趣味性。这些项目将体育融汇于宗教礼仪、生产劳动、欢度佳节、喜庆丰收中，使参与者与观赏者都置身于自娱自乐与娱乐他人的氛围，增强了民族传统体育发展的生命力，使众多体育项目得以流传至今。作为体育起源要素之一的娱乐成分在如今民族体育运动项目中占据相当的分量，逐步成为民族传统体育发展的重要动力。

（三）历史性与传统性

1. 历史性

民族传统体育文化的历史性是指其经过长时间的发展和传承，它包括历史上存在、现在仍完整地保留着的民族传统体育文化。而现代社会产生的体育项目、体育手段即使具有一定的民族特色，也不能将它们称为"民族传统体育"。

民族传统体育是各种文化交融构成的复合体，民族传统体育的发展进化是各民族历史发展的必然结果。随着历史的发展进步，文化内容也会随之发生变化，无论是增加还是减量，都会引起文化系统结构、模式或风格的变化，而民族传统体育文化在这种大的历史环境和文化背景下，必然会发生改变。这种改变表现为：有些民族传统体育项目由于环境的变化而消亡，而有些民族传统体育项目则会因具有生命活力而得以沉淀、保存并延续下来，最终成为我国人民喜爱并受国外友人喜爱的传统体育项目，如武术、摔跤、风筝、龙舟、舞龙（舞狮）、赛马等。

2. 传统性

张岱年先生指出："文化发展的一个基本的规律是文化的积累性和变革性。每一代都是在继承前人文化知识的基础上，增加新的知识内容，这是文化的积累性；同时，文化又随着社会经济变革发生变化和更新，这是它的变革性。当我们考察历史上文化的积累和变革时，我们会发现一些相对稳定、长期延续的内在因素，它们在文化积累中一再被肯定，在文化变革中也仍然被保留，因此把这样的东西称为传统。"❶

民族传统体育的传统性是指在社会发展的特定历史阶段上体育所受的根源性影响及其结果。传统性是民族传统体育的基本属性，它决定着民族传统体育的实践形态和观念形态的构建；在民族传统体育各种特性中，它是最基本的、主导的，是基本性质的理论前提和基础。

民族传统体育的体育传统可以分为有形和无形两部分，前者是指体育运动项目、器材设施、组织方式等，与民族的生产生活、宗教活动密切相关，即古人所谓形而下的"器"，易于发生变化；后者则是指体育的审美观念、价值取向、认知原则等，反映民族的精神风貌、伦理道德、思维方式、心理特征等，最不容易发生变化。

（四）哲学性与人文性

1. 哲学性

东西方体育文化所蕴含的哲学思想的不同，使东西方在体育运动的方式上也出现了极大的差别：中国传统体育注重行气，讲究动静结合；而西方体育则主张通过外在身体的运动恢复和超量运动来达到锻炼身体的目的。

"天人合一"的哲学体系是传统体育的指导思想和基本原则，学者李力研在《体育的哲学宣言》中指出："中国传统体育是一种哲学体育，其实质是人对宇宙的把握。"❷ 中国传统哲学注重人与自然的和谐相处，强调"天、地、人"之间的关系问题，认为人和天是合一

---

❶ 张岱年. 中国文化传统简论［M］. 浙江：浙江人民出版社，1989：45.
❷ 李力研. 体育的哲学宣言［M］. 北京：中国社会科学出版社，1998：230.

的，人是天的产物，人们的生活行为应该遵循自然法则，顺应四季，不能违背自然规律。

在生命本源问题上，西方传统哲学分为唯物派和唯心派。"唯物派"认为，宇宙本源为"水""火""原子"等物质，他们强调绝对运动。这种观点在体育上体现出来的就是从冒险、竞争、刺激中充分体现生命活力。唯心派认为宇宙的本源是"数"，"宇宙本身是一个和谐的数的合唱，和谐是一切事物不变的真理，而人的身体本身就是数的和谐"。因而，这种观点在体育运动中体现出来的是讲究通过体育锻炼使人体的每块肌肉、每一个器官都得到锻炼，使人体的每个部分与整体协调一致。

2. 人文性

民族传统体育作为民族文化的重要组成部分，有着深厚的人文特征。所谓人文，是指人类的社会历史发展过程中所创造的物质财富和精神财富的总和，特指精神财富。

中国传统体育人文精神源远流长。在民族传统体育中，可以看到中国传统文化许多特征的渗透，东方的传统生命观、健康观和与此相适应的保健体育，都蕴含着有关人体科学的丰富内容，里面所包含的重要辩证思想，如注重天人合一、身心统一、内外协调、动静配合等，对当今人类的保健活动仍然具有重要的指导意义。中华民族传统体育人文文化中的"重人"是指将个体融入群体中，通过人与自然、社会、人际和人自身心灵诸关系合乎中庸平和的协调，强调人对宗族和国家的义务，这种文化特质在某种程度上弥补了西方文化的不足。

民族传统体育蕴含了丰富、深刻的文化内涵，挖掘、提炼其中所蕴含的人文精神特质，弘扬和塑造民族传统人文精神，为当前民族传统体育的发展提供支撑和驱动力，是发展和振兴民族传统体育的历史必然。

（五）传承性与交融性

1. 传承性

作为一个民族物质与精神文化的纽带，民族传统体育文化是在原始的生产、生活方式演变及宗教祭祀过程中保留下来的，并在长期社会历史发展中被每个民族自觉或不自觉地加以继承和发扬，这些传承保存了许多民族传统文化中的精粹。民族体育文化的传承性是指民族传统体育文化在时间上流传的连接性，这种连接性也就是历史的纵向延续性，是民族传统体育的一种传递方式。

民族传统体育文化的传承性是民族传统体育文化中一个非常重要的特征，也是其发展不可或缺的一个条件。因为民族传统体育文化的传承不仅在于本民族对生活内容的继承，更在于对其所积淀的文化传统的继承，只有这样，才能使民族传统体育文化在传承的过程中保留一种潜在生命力，并对其族群起导向和规约作用。受经济发展水平和教育水平的制约，少数民族传统体育文化成为该民族传统文化的一个重要传承方式，通过各种类型的传统体育文化活动，将传统体育活动中所隐含的该民族的制度、习俗、审美情趣、价值趋向等进行有效的传承，从而达到民族文化传承之目的。例如，火把节是我国西南地区彝、白、傈僳、布朗、纳西、拉祜、普米等少数民族的传统节日，在节日期间，将会举行各种传统体育活动。无论男女老少，大家都排着火把的长龙一路高呼着，走遍田野地角，他们用火把祛除邪气，祈求吉祥、平安幸福。在参加传统庙会和宗教祭祀活动的同时，人们既受到本民族传统文化的熏陶，加深对传统文化的了解，又受到本民族传统文化的教化，从而使民族文化得以传承。

民族传统体育文化的传承性表现为两种方式：一种是某些体育项目是历史上曾有过的、从形式到内容并没有多大的改变就承袭下来；另一种是在变化之后被承袭，即从内容到形式都有较大的改变，但还保留着其重要的内容。前一种形式受宗教习俗和祭祀、禁忌等影响，往往都是一成不变地承袭；后一种则随着生活环境的改变，有些民族体育活动的形式会发生一定变化。

民族传统体育文化的传承性是民族传统文化得以发展延续的内在规律，从根本上符合本民族精神文化的内在需求。一种民族体育项目一旦形成，就会具有一定的稳定性和延续性，并进行世代的沿袭和传承，这种传承性对维系一个民族的凝聚力和趋同意识具有重要的作用。

2. 交融性

每一种传统体育项目最初总是从某一地区、某一民族中首先发展起来的。随着社会的进步和文明程度的提高，不同文化模式与类型的相互碰撞和交流以及民族之间的渗透，使民族文化进一步融合，民族产生时所具有的共同地域、血缘关系等都发生了不同程度的变化。在逐渐被不同自然条件的民族接受和改造中，民族传统体育项目渐渐成熟起来。这体现了民族体育发展规律中的一种交融性特征，此现象被某些学者称为"文化辏合"。

民族传统体育项目的交融性分为两种情况：一种是同一项目在不同民族间的融合；另一种是不同项目间的融合。例如，原始社会末期，在中华大地上各部族的体育文化交融中，黄帝部族的干戚舞、蚩尤部族的角抵等活动，逐渐为各族所接受。这种交融是同一项目在不同民族间的融合。而清代乾隆年间满族人把足球与滑冰结合起来，发明了一种称为"冰上蹴鞠之戏"的冰上足球，作为禁卫军的训练内容。这种现象则是不同项目间的融合，通过融合又产生了新的体育项目，丰富了传统体育文化。正是这种交融，使民族传统体育由简单到复杂、由单质到多质而不断地向前发展，具有强大的生命力。

（六） 阶级性与适应性

1. 阶级性

马克思和恩格斯说过："一个阶级是社会上占统治地位的物质力量，同时也是社会上占统治地位的精神力量。支配物质生产资料的阶级，同时也支配着精神生产的资料，因此，那些没有精神生产资料的人的思想，一般的是受统治阶级支配的。"❶国家作为统治阶级统治其他阶级的工具出现以后，体育文化同其他文化一样被统治阶级所支配，体育文

---

❶ 易剑东. 论体育文化的本质与特征 [J]. 南京体育学院学报（社会科学版），1999（3）：3-7.

化的阶级性特征出现了。

人类社会的发展经历了奴隶社会、封建社会、资本主义社会，各个统治阶级享有的特权同样体现在支配体育文化的生产和分配上。周代的"射礼"，因为等级制度的不同分为大射、宾射、燕射、乡射四类，不同统治阶级有不同的器材和仪式。唐朝盛行马球运动，但这些都是王侯将相们的游戏，一般老百姓没有马球运动必需的条件，很少有打马球的。西方体育史上也有类似的情况。古代埃及社会等级森严，狩猎是法老的特权。在体育对抗赛时，法老依仗社会地位能获得特殊待遇，从而体现其权威性。古代印度的骑马、武器练习以及瑜伽只有雅利安人才可以接触，非雅利安人出身的首陀罗阶层不能参加，不同种姓之间也不能进行体育比赛。这些都充分说明民族传统体育是具有一定的阶级性的。

2. 适应性

民族传统体育文化的适应性是指民族传统体育具有深厚的群众基础和很高的普及程度，适合于各类人群，作为满足人们需要的一种方式，不同阶级、阶层、地位、职业的人们都有自己的体育生活。民族传统体育内容丰富、形式多样，其动作结构、技术要求、运动风格和运动量也各具差异，个人可根据需要从中选择适合于自己的项目进行健身活动。民族传统体育经久不衰的根本原因就在于它的普遍适应性特点。它有着很多别的体育项目不可比拟的优势。其一，不受人数的限制，人数的多少没有明确规定。其二，不受场地、器械限制，对场地器械的要求不高。所用器材可以自带，它对场地和器械有极大的灵活性和随意性。其三，无论男女老少都可以参加，而且不受专业技巧的制约。它的动作一般不要求精雕细琢，程序也不要求严禁规范，有的项目甚至连动作也不求一律，允许表演者自由发挥。这种广泛的适应性，可以满足不同年龄、不同性别、不同层次、不同人群的需要，是传统体育发展推广的内在动力，推动着民族传统体育的发展。

（七）时代性与全球性

1. 时代性

民族传统体育文化的时代性是指体育文化对时代特征的反映，直接或间接地反映一定历史时期社会政治、经济和文化的发展水平，同时也反映了世界各民族在相同的时代或相同的社会发展阶段上的对体育文化的共同需求。民族传统体育文化，尤其是体育文化的精神层面依赖于时代的主流文化，受时代主流文化的影响和制约。

例如，我国古代汉朝和唐朝的人体健美观分别是"以瘦为美"和"以肥为美"，二者恰好相反，这也影响了两个朝代不同主流文化影响下的体育文化。

2. 全球性

民族传统体育文化的全球性是通过民族传统体育的全球化反映出来的。全球化进程的主要动力来自日新月异的技术革新、世界市场的扩大和各个国家对世界文化的渴求。技术的革新使地球成为日益"缩小"的地球村，使文化的传播克服了自然空间的阻隔，可以日益自由地流动。部分民族传统体育文化项目经过历史的考验和积淀，已经具备了成为全球体育文化构件的条件。全球范围内的文化市场为中华民族体育文化提供了更多机会和适宜的舞台展示其自身独特的魅力。

不同的民族传统体育文化在结构和表现形式上有很大的差别，但不可否认的是，它们的本质是相同的，都是一种以增强体质、娱乐身心为目的的体育文化。民族传统体育文化的这种结构不同但本质相同的特性，使各民族体育文化的交融成为一种可能。在不同的地区发展不同的体育项目，使其具备相应的地域特征，保持原有的文化性格，是体育文化持续发展的根本所在。民族传统体育文化只有具备了这些特性，才有独立发展的基础，才能在世界文化交流中走得更长远，才有可能为全人类提供服务。

综观当前形势，民族传统体育文化已成为奥林匹克运动的"基地"，它为其提供着源源不断的体育资源。伴随着奥林匹克运动会每四年一次的举办，每个主办者都提供一些自己国家发展成熟的、被全球范围内一定数目国家和地区人们所认可的民族传统体育项目。奥林匹克运动发展到今天，与第一届现代奥林匹克运动会 9 大项 43 个小项相比，其项目的数量已成倍地增加。可以说，民族传统体育文化与体育文化全球化两者之间是互相促进的关系，民族传统体育文化是体育文化全球化的基础，体育文化的全球化反过来又为民族体育的发展提供适宜的舞台。民族传统体育文化的发展要面向全世界，面向未来，必须以民族传统体育文化为基点，不断对自身精华和现代体育文化优秀成果进行创造性的吸收与借鉴。

第三节　民族传统体育文化的价值

民族传统体育来源于各民族的生产和生活，它深深扎根于各民族的文化土壤中，是中华民族灿烂文化的重要组成部分。作为一种传承的民族文化形式，民族传统体育深刻地体现民族心理和民族精神，并在传承的过程中体现自身的文化价值。在不断的发展演变中，民族传统体育逐渐成为现代体育的重要来源和有机构成。我们要紧跟时代的潮流，用发展的眼光去看待民族传统体育文化，根据现代体育的观念重新认识其价值。

一、强身健体，身心兼练

民族传统体育项目主要来自人们的生产、生活方式中，与身体活动有着密切的联系，它要求人们直接参与运动，在娱乐身心的运动中逐步改善民族体质，提高各民族人民健康水平。民族传统体育强调以健身为主，以强身健体、益寿延年为最终目的，强身健体就成为其主要的功能之一。通过参与运动锻炼能促进有机体的生长发育，提高运动能力，改善和提高中枢神经系统的机能，调节人的心理，提高人体对环境的适应能力。

在我国民族传统运动会中开展的 16 个竞技项目，均对身体素质有着较高的要求，能全面提高身体的各项机能。像拔河、打手毽、跳绳、跳皮筋、爬杆、荡秋千以及其他具有民族特色的各种娱乐游戏类项目作为健身的手段，更适合广大群众进行锻炼。经常参与这些运动，不仅可以培养身体良好的感知器官，达到锻炼心肺功能的目的，还能提高身体的柔韧性和轻盈性，达到愉悦身心的目的，促进身心全面发展。

民族传统体育的健身价值是由民族传统体育的各类活动的基本属性、早期民族各项活动较多依靠自然力的特点以及人们日益增长的健身需求所决定的。当今社会，生活水平的不断提高和交通工具的便捷，导致人类进行身体活动的机会越来越少，加之现代社会的高压力，导致"文明病"频发，追求身体素质的改善和体质的完善将成为越来越多人的主动选择。而民族传统体育有着独特的健身功能，能最大限度地满足人类健身的需求，其健身价值将得到更加深广的开发，在未来社会中发挥更重要的作用。

二、丰富精神生活，提高生活质量

体育运动不仅对增强体质、提高肌体活动能力和发掘人的潜力有极为明显的作用，而且对调节人的心理、满足人的精神需求、保持健康的精神状态和提高人们的生活质量有极为明显的作用。作为一种以娱乐身心为主要目的的活动，民族传统体育着重于人的身心需要和情感愿望的满足，以自娱自乐的消遣性与游戏性的活动方式展现在大众面前，使人们的身心都尽情参与其中从而得到情感的挥发和精神的愉悦。各民族不同的民族传统体育项目，不仅将民族体育融合进了宗教礼仪、生产劳动、欢度佳节、喜庆丰收中，而且将民族体育与文化艺术形式、民族舞蹈等融合在一起，丰富了民族传统体育的多样性，更充分地体现了其娱乐性。

我国各少数民族在长期的历史发展中，创造许多丰富多彩的传统体育项目。各种民族体育项目不仅具有高度的技巧性，还具有精美的艺术性，以其极具特色的魅力吸引着广大人民群众。在各色各样的民族体育活动中，人们在民族文化的熏陶下，享受着体育所带来的欢愉和美好。这些体育活动不但使参与者感到其乐无穷，而且可以拓宽社会交往，增进相互之间的情感交流，使人们形成积极向上、乐观开朗的心理状态。随着体育运动形式的日益丰富和多样化，体育功能也朝着多元化的方向发展，在一定程度上推动了体育的整体发展，为满足社会成员的精神需求和提高人们生活质量发挥了重要作用。

三、发展民族心理素质

体育运动具有广泛性和社会性使体育成为国家中最强有力和最直接的宣传鼓动工具之一。当今时代，要想在世界政治、经济和文化的激烈竞争中获得主动权，就必须振兴民族，使国家不断强盛。民族的振兴，离不开民族精神的发扬。作为传统文化和民族精神的象征，民族传统体育项目具有鲜明的民族特色，能传承民族文化、增进民族的团结。更为重要的是，民族传统体育项目还可以起到振奋民族精神、维系民族感情的重要作用。我国少数民族传统体育的绝大多数项目由于都具有广泛的群众性，因而举办少数民族传统体育活动是进行民族文化教育的生动的大课堂。一次重大国际比赛的开展，能使国民的民族感得到很大提升，使民族精神得以升华，爱国激情得以张扬，这些都会为国家的腾飞、民族的昌盛提供无法估计的精神力量。

民族心理素质是由民族情感、意志、性格、气质及民族自我意识等诸多要素构成的。民族文化背景的不同，决定了兴趣、情感等个性特点的不同。各民族人民通过感知、思维和行动接受不同的教育，从而形成自主的世界观和人生观。民族心理素质的差异，将会阻碍人际交往的良好运行，不利于改善各民族关系，对世界不同经济和文化的交流产生不良的影响。作为一种全球化的社会文化活动，体育运动有着通用而固定的体育规则和体育道德规范，在这种约束下，有利于人们发展良好的人际关系，拓展更广阔的人际交往渠道。比如，通过练武和比武，可以消除各族人民因地理环境、文化传统和生活方式的不同所带来的隔阂，为广大人民群众提供文化交往的社会环境和丰富的情感交流，有利于改善民族关系，促进各民族地区的经济与文化交流。

四、传承教育与文化

从产生到发展，我国民族传统体育始终与教育有着非常密切的联系。民族传统体育作为教育的内容和手段，在历史发展的过程中发挥了积极重要的作用。

在人类的早期教育中，民族传统体育是通过娱乐游戏、舞蹈等身体活动的方式来实现的，在那个时代，由于没有文字和书本，因此其教育主要靠口传心授、模仿等达到传授知识的目的，它具有早期启蒙的功能。据《中国古代教育史》载："人们不仅能在生产实践、劳动活动中受到教育，还能在政治、经济和文体活动中受教育，他们利用游戏、竞技、舞蹈、唱歌、记事符号等进行教育。"[1] 到了西周时期，教育内容得到发展和扩大，"礼、乐、射、御、书、数"六艺成为学校教授的内容；春秋末期，我国著名大哲学家、大教育家孔子将"礼、乐、射、御"等与体育有关的内容列入教育的范围；唐代创立了武举制，武举考试设有骑射、步射、举重等项目；宋、明、清时期，武技都是教育的内容；近代，以武术为主体的民族体育被正式列为学校体育课程，从而进一步确立了民族体育在教育中的地位；中华人民共和国成立后，民族传统体育在学校教育中得到了快速发展，部分高等院校为民族体育专业的学生开设了武术、八段锦、五禽戏等课程。与此同时，摔跤、围棋等也作为民族体育项目进行教学。此外，骑竹马、跳山羊、秋千、蹴鞠等被编入幼儿园和小学的体育课。

---

❶ 毛礼锐. 中国古代教育史 [M]. 北京：人民教育出版社，1983：17.

把民族传统体育的教学融入学校体育教育中，不仅可以丰富和充实教学内容，激发学生学习的积极性，而且可以培养学生坚强的意志品质和团结、合作、勇敢的精神，使中华民族谦虚、善良的传统美德通过学校教育得到更好的继承和发扬。民族传统体育也是培养民族认同感和民族精神的有效方式，在文化传承的过程中，充分体现自身的教育价值。

五、促进经济发展

体育需要物质的消耗和支撑，各类民族传统体育活动需要人力、物力和财力的支撑，因此，民族传统体育的广泛深入开展，具有巨大的经济价值，可以培植产业门类、带动经济振兴、促进经济发展。民族传统体育的广泛开展所带来的大量关注人群，是民族传统体育的经济价值得以发挥的社会市场。

可以说，几乎所有民族传统体育所创造出来的观赏效应和愉悦效果都可以作为产业来开发。对外，它以其神秘的样式和新奇的感受吸引人；对内，它以惯常的形式、亲和的感受感染人。无论是参与者还是观赏者，都有可能从中获得无可替代的乐趣。正是借助这样的关注度、参与面、辐射力，民族传统体育活动的组织者可以在商业开发的基础上获得显著的经济效应，进而带动村寨乃至整个地区和民族的经济发展。

宋代城市中的瓦肆就为广大的体育艺人提供了施展自己能力、获取经济报偿的条件，它在获取经济效益的同时也有力推动了古代传统体育活动的开展。而20世纪80年代后期以来，中国一些逐步走向国际化的民族传统体育项目也在大力拓展各自的活动空间，由此带来的联动效应推动了民族传统体育的产业化。中国100多家武术用品生产厂家就是在这样的群众基础上产生和发展起来的，而遍布全国各地的上万家武术馆校每年平均的习武收入据说也超过100万，由此带来了良好的经济效益。还有，像中国武术打擂台赛的广泛影响，也同样蕴藏着巨大的经济利益。全国几千万武术爱好者的关注和投入是支撑武术这个庞大市场的基石。据报道，20世纪90年代以来，中国举办的一系列武术节产生了良好的经济效益，部分城市因举办某个武术节而获得上亿元资金已经不是什么新鲜事了。至于国内各族人们参与的其他民族传统体育节日也聚合了大量人流、物流和资金流，成为拉动地方经济增长的重要因素。

随着时代的发展和社会的进步，人类对内在的精神实质和自我生命质量的追求日益提高，民族传统体育将迈出新的步伐，一定会越来越凸显其在人类社会生活中的重要地位和价值。

六、培养民族认同感，增强凝聚力

民族传统体育由于其普遍性、亲和性、地域性、民族性等特点，使得参与民族传统体育的人们很容易进行情感的交流、思想的交锋、意志的考验，不断增进相互间的了解和理解，达到培养民族认同感，增强民族内部认同的效果，从而实现一个国家和社会和谐的目的。

例如，能体现民族群体认同的凝聚力的活动是祭典仪式的图腾舞，图腾舞模仿各种图腾动物的动作及搏斗场景，它的宗教意义在于：重申血浓于水的道理，让共同祖先的子孙们更紧密地联系在一起。又如，歌颂英雄和祖先的功绩以及训练战阵的战舞，通过整齐划一的动作，让族民们增加认同感，同时也在整齐划一的动作规律变换的阵形中培养族民们的群体意识，使每个参与者更深地体会到群体的伟大和不可战胜。再如，舞龙、舞狮、踩高跷、赛马、拔河、斗牛、摔跤等活动，多是以集体为参赛单位，参与者除具有强烈的竞争心外，还有着集体荣誉感。著名的蒙古族"那达慕大会"就是一种培养民族文化认同极有效的群众性集会，对于栖息于草原上、过着游牧生活且一般集会机会不多的蒙古族人来说，这是一个极好的接触他人和互相交流的机会。这不仅有效地增进了民族成员间的感情，而且促进了蒙古族内部的文化认同。

通过参加集体性的民族传统体育运动，可以培养人们的团结、协作精神，使人们的群体意识得到加强，对增强民族认同感和凝聚力起到重要作用。

一些节日和特定季节里的民族传统体育活动是在以家庭、社区、村寨等为单位参加的体育活动中进行的，各个参与单元共同体验同一种体育活动的乐趣、感受同一种体育活动的意境。尤其是一些竞争性较强的运动，往往能够培植参与者的集体荣誉感，将个人的荣誉与集体的荣誉融为一体，达到群体成员间相互认同的效果。

民族传统体育作为一种文化载体，起着民族间相互联系和交流的桥梁与纽带作用。加快民族地区体育事业的发展，大力开展民族传统体育活动，对加强民族团结、政治统一，实现富民、兴边、康体、强国、睦邻具有十分重要的意义。

七、增进国际交往

体育运动作为一种全球化的社会文化活动，促使人们在一定的体育规则和体育道德规范的约束下，拓展人际交往的渠道，发展良好的人际关系。由于民族的文化背景不同，各民族人民因此而形成自主的世界观和人生观。通过体育比赛，人们相互学习、沟通和交流，从而为国家、民族间的相互理解和联系创造条件，缓和文化冲突，促进文化交流，加深不同国家、民族人民间的相互了解，减少乃至消除国家和人民之间的隔阂。

思 考 题

1. 民族传统体育文化的内涵是什么？
2. 民族传统体育文化都有哪些特征？
3. 民族传统体育文化的价值都体现在哪些方面？

第二章 民族传统体育文化的多元化内涵

民族传统体育文化具有多元化的内涵意义，本章就民族传统体育的物质文化内涵和精神文化内涵进行详细学习。

第一节 民族传统体育的物质文化内涵

人与动物的根本区别在于人有意识。动物只能依靠种族本能消极地适应环境，而人却可以主动、有意识地对环境加以影响和改造，留下人类活动的印记。物质文化就是人对环境能动影响的一种物化记载。换句话讲，物质文化是文化的一种载体形式，它包含着人对环境的改造与创造。美国的社会学家戴维·波谱诺在其《社会学》一书中指出："一个社会普遍存在的物质形态——机器、工具、书籍、衣服等——称为物质文化。一个特定社会所产生的物质文化，其实质是技术水平可开发资料和人类需求的结合体。"郑杭生的《社会学概论新修》把物质文化界定为："物质世界中，一切经过了人的加工，体现了人的思想的东西。"物质文化与非物质文化的差异，主要表现在物质文化因自然规律的作用，在使用过程中不断被损耗，非物质文化却可以被反复使用而不被损害。在对民族传统体育的物质文化研究中，我们认为：民族传统体育在其漫长的产生及其发展过程中，随着人类对自身以及自身与周围环境关系的认识的深入，不断地将这种认识物化于各种物质制品中，它是民族传统体育文化中最为活跃的部分，是民族传统体育文化的橱窗与标志。主要应包括运动项目、运动器材、器械及设备、体育服饰、体育书籍、体育象征物以及雕塑、壁画、出土文物等几部分。

一、民族传统体育项目的划分

中华民族传统体育，是中华民族悠久的宝贵文化遗产。据《中华民族传统体育志》记载：目前发掘、发现的少数民族传统体育有676项，汉族有301项，共计977项，其中龙舟、武术、气功、风筝等项目已走出国门，成为世界文化的一部分。梁柱平同志在谈及民俗与民族传统体育时指出："由于各民族所处的山川地理环境不同，从而形成了各民族的不同风俗习惯，产生了风格、形式各异的民族传统体育活动。"

民俗是产生民族传统体育的土壤，而信仰民俗和节日民俗是民族传统体育的主要载体。戴文忠在《云南少数民族传统体育的起源与发展》一文中，也曾指出："云南少数民族传统体育的起源有四：一是人与自然搏斗中产生的体育项目；二是人与人搏斗中产生的体育项目；三是宗教祭祀活动中产生的体育项目；四是娱乐活动中产生的体育项目。"由上述两位学者的论述可以得出：体育产生于人们的需要。由于从原始社会至封建社会，生产力发展水平及自然经济条件的限制，各民族传统体育既表现出人类需要的相似性的一面，又表现出不同环境对人的制约性的一面。因此，从其特点上看便有了区域性、娱乐性、大众性及健身性等特点。其中文化是影响其特征的主要因素之一，尤其是占主导地位的儒家文化。

中华民族传统体育可谓是源远流长、博大精深。战国秦汉时期，形成中国古代体育的主要价值规范、主要内容和基本形式，两晋到隋唐，中国体育以它的丰富和发达为世界所瞩目，并且这种局面一直延续到宋代。这些传统体育项目无论是可以挖掘、改造，成为当代文化的，还是作为一种历史遗产，都将是璀璨夺目的。

二、运动器材、器械设备

在900多种民族传统体育项目中，有相当一部分项目需要借助于一定的器械、器材来进行。如刀、枪、弓、箭等，这些器械、器材都是中华民族的祖先在生产劳动过程中创造，后又经历代人改进，不断发展和完善起来的。作为人类的一种文化创造，它凝集了无数人的智慧，是一些活的化石。因此，在民族传统体育文化的研究中，我们也应加强对这一部分的研究，解读其特有的文化内涵。

例如，龙舟竞渡中的龙舟，基本上是由三部分组成：一是船体；二是龙头、龙尾；三是各种装饰及锣鼓等。普通龙舟船体呈菱形，两头窄，中间宽。宽窄一般在1～1.2米，个别的宽1.4米。船的长度差距较大，长的可达30多米，短的约10米。龙头大多用整木雕成，竞渡前才装上。广州东江大头狗龙舟龙头的龙颈很短，龙头很大；广州西江鸡龙舟龙头，长1米左右，小而上翘，大多为红色，称为"红龙"，也有的涂为黑、灰色，称"黑龙""灰龙"；湖南汨罗市的龙头，短颈，上唇部夸张地向上高翘伸起；江西高安县均阳镇的龙头，上唇及鼻子像大象一样弯卷，远远伸出，并且在龙头之下、龙舟的正前方钉有一刻有兽纹的半圆形木板，兽纹似饕餮，又像狮子；贵州清水江苗族制作的龙头，用7～9尺长的水柳木雕刻而成，重达一两百斤，上涂金、银、红、绿、白各色，龙头昂首向天，头上有一对弯弯的龙角，酷似水牛角，龙颈上还有十多个木齿；贵州施秉县无阳小河村制作的龙头，长2米多，鼻孔拱穿，很像牛鼻；而西双版纳的龙头最大特点是，在龙嘴前方伸出长长的2根或3根大象牙似的长牙……龙尾大多用整木雕成，刻满鳞甲，各地龙尾也不尽相同。龙舟的装饰是指除去龙头、龙尾以外的东西，包括旗帜、船体上的绘画，以及锣、鼓、神位等，龙舟上的装饰各地差别更大，很难找出共同的、规律性的东西。例如：鹿门康帅府的三角形船尾旗，上方绣有一鹰，中部为一太阳，下方为一熊，称为鹰熊伴日旗。帅旗为长方形，每条船一至两面，一面绣有双龙，另一面绣有双凤，正中绣帅字，上方绣鹿门。罗伞绣有各种图案，有的绣八仙，有的绣八仙的各种宝物。除普通龙舟外，还有造型龙舟、独木舟、凤船、龙艇等，这些犹如一幅幅巨型画卷，向人们展示着人们的创造与智慧。

再如"风筝"，是中国古代重要的发明之一，是世界上最早的人造飞行器。风筝在中国极为普遍，但最具特色，各成一派的当属北京、天津、潍坊和南通。北京金氏风筝造型雄伟，画工粗犷。哈氏风筝骨架精巧，画工素整。天津风筝享有盛名的有张七把兄弟、老金记兄弟、帘子李等人，最著名的是魏元泰和周树泰。魏元泰创造的十几个风筝新品种，无不精巧别致、生动优美。做过七步长的"鲇鱼"，丈八的"麒麟送子"，不足一尺的"鹰"。大小风筝，形态不一。有人韵、有图案、有鸟虫、有鱼兽。他做的"八仙庆寿"更是别具一格。司树泰曾创作过"三百梅花竹眼硬膀蝴蝶"，轰动一时。同时，他又是第一位使汉字风筝飞上天的人。软膀风筝"虾"的升天，为风筝艺术的发展提供了宝贵资料。潍坊风筝工艺精巧，浑厚淡雅。潍坊风筝的样式结构有平板式、半立体式、立体式、立体与平板结合式4种。在构造上，有硬翅、软翅和活翅3种。风筝种类繁多，现已发展到500多种。鸟兽鱼虫、花卉草木、人物百戏，皆为风筝。潍坊风筝制作名家当推陈哑巴和王福斋。陈哑巴制作的风筝，竹框灵巧坚固，造型生动逼真，画工精细，放飞高稳。王福斋擅长人物绘画，把国画的传统技法，运用到风筝的绘制上，形象活泼，造型优美，提高了风筝的艺术水平。除此之外，还有各种各样的运动器械，它们同样也是一种物化的文化，是体育物质文化的重要组成部分。

三、文献典籍

人类自从创造出文字以后，一方面语言、文字促进人类的思维与交流，但更主要的是促进了文化的传递与传播。民族传统体育产生于人们的生产、生活、劳动、娱乐，产生于军事、祭祀，另一方面它通过人与人之间，一代与一代之间的直接经验传承与学习，而延续、保留至今，但有相当多的部分要从各种文献典籍中去寻找，去研究。文献资料法是我们研究民族传统体育的主要方法。因为自从有了文字以后，绝大多数需要靠文字来记载、传承，间接经验的学习可以节省人们大量的时间，同时又使人类在短时间内掌握人类文化遗产成为可能；也有相当一部分会随着朝代的更替，历史的演变，渐渐失去存在的合理性，而成为历史遗产。我们只有对其挖掘、整理，才会使其重放异彩。

自古迄今，有关民族传统体育的文献相当浩繁。如最早的《周礼》中就有关于乐舞和射、御的考核内容。

《礼记·月令》载："天子易教于田猎，以习五戎，班马政。""五戎"既弓、矢、殳、矛、戈五种兵器。"马政"即驭马驾车技术。

商代的《尚书·洪范》在所谓"五福"中，就有了"寿""康宁""考终命"的概念。

《六幞》记载了兵种选拔条件的各种规定。

《汉书·艺文志》记载了《剑道》38 篇，《手搏》6 篇，以及各种《射法》等与兵有关的著作。

《战国策·齐策》："临溜甚富而突，其民无不吹竽鼓瑟、末筑、弹琴、斗鸡、走犬、六博、蹴鞠者。"《蹴鞠》25 篇，就是一部关于蹴鞠竞赛与训练的专著。

东汉人李尤的《鞠城铭》关于竞赛的场地规则等方面就给予了详细的记载与论述。

《黄帝内经》内容丰富，论述全面，奠定了古代养生学的理论基础。

《汉书·艺文志》上有《黄帝杂子步引》《黄帝岐伯按摩》等有关西汉以前的导引著录。

齐梁间产生的《骑马都格》《马射谱》《马槊谱》《隋书·经籍志》《幻真先生内元气诀》，陶弘景的《养性延命录》《导引养生图》，孙思邈的《千金要方》《千金翼方》《保生铭》等都是主要的民族传统体育文化典籍。

明代汪云程的《蹴鞠图谱》是我国古代蹴鞠活动较完备的教科书，全书 21 节，包括竞赛规则、技术名称、技术要领、场地器材、球戏术语等蹴鞠活动的全部内容。

在养生学方面，宋代及其以后的专著相当多，宋末年官修的《圣济总录》、宋人的《回时颐养录》《寿亲养老专书》《八段锦》《云籍七签》，刘完素的《摄生论》，明代的《红炉点雪》《修龄要昌》《摄生三要》《养生四要》《寿世保元》《赤风髓》《万寿仙书》《遵生八笺》，清代的《勿药元诠》《寿世编》等。

到了近代，有关史料更是多如牛毛，有专著、论文，有图谱、秘籍，还有各种史料和地方志，这是民族传统体育研究的珍贵文献。由原国家体委文史委员会和中国体育博物馆编著、广西民族出版社出版的《中国民族传统体育志》，是一部有关各民族体育的大百科全书。该书挖掘、收集、整理民族传统体育项目 977 条。包括古代已有的，现代仍流传或已失传的，有文字记载的，或只有口头传说的，涉及武术、气功养生健身、棋类、文娱等几大门类。每一项目，从起源、流传开展情况，到规则、成绩记录、重要人物，以及在该民族人民生活中的地位与作用，都做了详细介绍，它是一本极其珍贵的资料。

四、出土文物、壁画及民族服饰

民族传统体育，一是因为它形成时间比较早，产生于各民族早期的生产、生活，是人类生产、生活最原始的记录与反映，它要比语言、文字产生早得多。在语言未产生之前，人们就在进行着各种社会活动，狩猎、采集、沟通等，而这一切都必须借助于身体语言，而对其记录也是由简单的线条、人物简画所组成。二是因为体育活动或者身体活动，因其有直观、形象的特点，人们在其活动中进行的思维也大多是直观的动作思维。因此，对动作、身体活动的记录也多是以图画的形式进行，大量的关于各民族早期民族传统体育活动情况记载在各种陶瓷制品及建筑壁画中，因此出土文物、壁画也是研究民族传统体育的一个重要方面。它是人类早期活动的一个佐证。

例如，20世纪70年代初，云南博物馆在江川李家山发掘出土的铜鼓，是古滇人进行秋千活动的有力说明。

1953年中国科学院考古研究所在西安半坡村北"半坡遗址"内发现"石球"，表明母系氏族社会时期，人类祖先就有"石球"游戏，由此提出蹴鞠活动起源于原始社会后期。

广西贵县罗泊湾汉墓的1号墓出土的铜鼓则是我国龙舟竞渡起源的佐证。

李重申、李金梅等在《敦煌莫高石窟与角抵》一文中指出：目前，我国对角抵的研究除文献资料外，还有相当一批出土文物待认真考引，尤其是西陲敦煌所保存的壁画和藏经洞发现的白描和幡画中，西魏第288窟、北周290窟、五代第61窟、北周第428窟、盛唐第175窟等都有角抵的各种珍贵资料。敦煌莫高石窟，千佛洞、榆林窟等石窟中，绘有数百幅精美的佛教故事图，绘有古人应用弓箭进行习武、竞赛、作战、骑射、射猎的行为等等。敦煌的古墓群、烽燧，古长城中出土的画像砖、箭镞、弩等，尤其是古墓群的画像砖为我们保存了大量弓箭文化的视觉资料。

在河南洛阳出土发掘的大量文物对于了解古代投掷运动的发展具有重要意义。例如：1954年，在洛阳孙旗屯遗址，发掘出了新石器时代的石铲、石球、石饼等文物，其中有一个直径9.8厘米，重量约为1095克，表面光滑，经过加工，呈青黑色的石球；1997年6月，在洛阳小浪底库区，位于新安县仓头乡盐东村的盐东遗址，发现了史前新石器时代的聚落遗址，其中出土了一个直径12厘米，重量约1140克，呈灰色的石球；1997年10月，在洛阳偃师宫殿遗址，出土一个直径为15厘米，重量约1850克，表面光滑，呈土黄色的花岩岗石球；1984年，在洛阳涧西出土西周时期的四文体尖状物，长15厘米，是可安装在木棒的类似现代标器的骨器；1998年1月，在洛阳解放路的战国墓出土了一个长27.4厘米，宽5.2厘米，厚11.5厘米的铜矛，矛上铸有"越王者旨于易"字样。

总而言之，上述出土文物、岩画、壁画、画像砖等这些重要的民族传统体育文化，是人们揭开历史谜团，正确再现历史的最重要、最充分、最有说服力的资料。

至于民族服饰，它属于服饰文化，也应属于体育文化的一部分。因为民族传统体育项目大多与民族传统节日结合在一起，在传统节日内举行。在节日里，人们着民族服饰奏民族音乐，进行民族传统体育游戏或竞赛，形成一道特殊的亮丽风景线，格外引人注目。因此也就具有了强烈的文化象征意义。

第二节 民族传统体育的精神文化内涵

精神文化，是文化的核心、灵魂，是不同类型文化的标志。它居于文化结构的内层，是最稳定、最保守的层面。也有人将这部分称为理念文化。如日本社会学家横山宁夫曾把精神文化区分为理念文化与制度文化。理念文化是处在思想、观念状态的文化，还没有变为社会规范。而制度文化则是已成为多数人遵循的规范，它反过来对人们的行为具有约束力。很显然，横山宁夫在使用精神文化一词时，是在与物质文化相对应的定义上使用的，其理念文化相当于本文中所定义的精神文化。由于在其具体定义上有一定的区别与混乱，因此明确定义其内涵就是非常必要的。

对于中华民族传统体育的研究，不仅要重视体育的运动形态，而且要注意它的制度与观念形态，因为理念文化是文化中最保守、最不易变化的部分。通过对民族传统体育精神文化中价值观念、思维方式、审美情趣、民族心理等部分的分析与研究，才能促使民族传统体育真正走向现代化。目前，我国体育精神文化处于现代体育精神文化与传统体育观念、思维方式不相适应的矛盾中。现代体育精神文化要求主体具有综合的体育价值观念，开放多元的思维方式，强烈的竞争意识，以及独立自主开拓进取的心理品质，而深深根植于传统农业型文化土壤中的中国传统体育精神文化缺少的正是这些。传统体育观念中，中庸、求静、求和、等级观念、贵义贱利等，实际上已成为中国体育走向现代化的心理障碍，体育改革已紧迫地面临着深层文化思想观念的变革。中国传统体育文化是一部不易轻易读懂的书，我们只有以高度的历史责任感与使命感，才能解读它的奥秘。

中华民族传统体育是在长达千余年的封建、农业型文化中发展起来的，中国传统文化必然会对传统体育产生影响，传统体育又同时必然折射出人们的传统观念。

关于中华民族传统体育的价值取向，有许多学者进行过研究和探讨。如有学者（于涛，《关于中西体育的分殊与融合的历史唯物主义思考》）概括为："以儒家'天人合一'和'气一元论'，为哲学基础，以保健性、表演性为基本模式，以崇尚礼让、宽厚、平和为价值取向的体育形态。"也有学者（高玉兰，沈阳体院学报，1991年第1期）总结为："中庸、求静、求和、等级观念特征和贵义贱利的价值观念。"民族传统体育是在民族传统文化影响下的一种文化创造，它必然以农业经济、中央集权、宗法家庭等因素为背景，形成与传统文化相一致的体育文化。

一、重教化、讲等级、崇文而尚柔

受占主导地位的儒家文化的影响，中国古代体育表现出：在目的作用上的伦理教化的价值趋向，尊卑有别的等级观念，崇文尚柔的运动形态。中国自汉朝以后的历代封建帝王和儒家先哲，把道德需要作为人的最高需要，最大的价值就是道德价值。"内圣外王"的贤人是人生的追求标准和理想境界。由于过于重视伦理教化而忽视了其余，致使其走向极端，形成悖谬。受此影响的中国古代体育，只是人"成圣成德，完成圆善"的手段。体育的健康、娱乐等其他价值与功能遭到抹杀。这不仅不利于中国传统体育的正常发展，而且也不利于人的身心健康。如射礼要求"内志正，外体直"；投壶要求"不使之过，亦不使之不及，所以中也，不使之偏颇流散，所以为正也，中正，道之根底也"。踢球应以"仁义"为主。尊卑有别的等级观念在传统体育中得到了最大的渗透。体育活动中的"君臣之礼，长幼之序"严重影响了体育的公平竞争。西周的射礼有大射、宾射、燕射之分，有弓箭、箭靶、伴司乐曲、司职人员的等级区别。"秋"在围猎最后阶段，要由皇帝所在的"黄帷"射出第一箭，歼兽活动才能开始。受"中庸""贵和""寡欲不争""以柔克刚"等思想观念的影响，中国传统体育表现出力量、刚强、竞争不足，而舒缓、柔弱、平和有余的性格特征。中国的儒家文化使得中国传统体育的体育特征几乎丧失殆尽。

二、追求人与自然的和谐与统一

在传统的农业经济条件下，人为了处理好人与自然之间的关系，就要法天地，法四时，"天人合一"。受此哲学观的影响，民族传统体育注重以整体的概念描述人体运动过程中形态、机能、意念、精神诸方面的活动以及这些状态与外部世界的联系。在体育上不主张事物的极限发展，没有对自然躯体的支配欲，强调人与自然的和谐，在宁静、冥想中悟道。如：中国传统体育的代表项目气功、太极拳等都是在意念的主导下，"以心会意，以意调气，以气促形，以形会神"，通过意识与肢体的活动使"心灵交通，以契合体道"。它借助于人体内部物质系统的信息流、能量流去维持与外界时空环境的有序活动，进而调节机体的新陈代谢，保养生命。锻炼过程中多采用基本功练习与完整练习相结合的方法，体现了中华民族追求平衡和顺其自然的主体化思维方式。这种观念和思想对于克服西方科学主义"主客之分，身心两分"所带来的科学危机已显示出独到之处。但是由于缺乏积极探索自然的精神和重视知觉思维方式的影响，对运动健康的奥秘很少像古希腊的学者那样彻底地探究，即使是医家、养生家，也始终停留在"阴阳平衡"前，未能更进一步。

三、群体价值本位

中国文化占统治地位的是尊尊亲亲的宗法观念。传统文化以家庭、家族为本位外推，把尊尊亲亲的价值观念扩大和延伸到整个社会群体之中，也就造成了中国传统文化以社会群体为本位的价值取向。

受此影响，以个人为基础的竞争在传统体育中不能充分发展。民族传统体育项目中，绝大多数是表演性的，即使有竞争，也往往是群体基础上的竞争。

四、重功利、轻嬉戏

中国古代的知识分子，以"齐家、治国、平天下"作为人生的最高理想。绝大多数是积极的入世者，步入仕途、高官厚禄是很多人的理想。在科举制、八股取士的时代，埋首于古纸堆中，皓首穷经。凡是考试内容，就是学子们学习的内容，不管其有用与否，这种特有的"功利"观，影响了消闲娱乐体育的发展。如汉朝对只满足于身心欢娱的体育活动，视为玩物丧志的技巧。汉代儒生提出"去武行文，费力尚德"，批评提倡"角抵戏"是"玩不用之器"，一些儒生认为蹴鞠费力劳体，有违"君子勤礼，小人尽力"的古训，而主张用其他合于礼仪的"雅戏"来取代。这种对消闲娱乐活动的基本价值观，在无形中影响着人们选择体育运动形式的意向，后世许多对消闲娱乐活动的偏见，皆由此产生。

五、以柔、静为美

中国古代以孔孟为代表的文化是一种阴柔文化。它要求人们在思想上"乐而不淫""哀而不伤"和"心宁、志逸、气平、体安"，在做人上多"隐"，使情感含蓄而不外露。所以说，中国古代文化追求静极之物，太极是万物之体，万物的最高之母便是静态中的太极。中国的太极拳理论、气功文化皆追求静和自然。这种静态变化，追求内在美高于外在美；追求静态美高于动态美；追求封闭的系统胜于开放的系统。顺从被视为美德。在中国古代传统体育中，温文尔雅的太极拳、导引养生、围棋等源远流长，经久不衰。太极拳要求"形不破体，力不尖出""有退有进，站中求圆"，技术动作趋向于"拧、曲、圆"的内聚形态。技击交手中讲究"声东击西，避实就虚，守中有攻，就势借力""牵动四两拨千斤"反映了中华民族以智斗勇，追求技巧的审美心理。

六、守内、尚礼、恋土的民族情结

中国体育的民族心理特征主要表现在：从体育原理上，体现出中华民族追求平衡和顺应自然的主体化思维方式；从技术特点上，反映出中华民族以智斗勇，追求技巧的审美心理；从竞赛规则上，中国传统的比武通常是表演性的，没有具体的动作规定和比赛规则，交手过招中强调礼让为先，点到为止，不战而胜，心服而已，反映了中华民族守内、尚礼的人格倾向。中国象棋的"将、帅"只能活动在"九宫"之内，不得越雷池半步。在对弈的攻守进退中，依靠"仕、相"的护卫，坐镇宫中"站、走、移、挪"，反映了"帅不离位"恋土归根的农业民族心理。

综前所述，中国是一个有着悠久封建史的国家。传统的农业型经济、高度统一的中央集权制以及与此相适应的儒家文化，造就了特色鲜明的中国传统体育。从教育史的发展来看，教育是人类社会的一种特有的社会活动，它随着人类社会的产生而产生，发展而发展，教育与政治、经济制度，与生产力发展水平之间存在着极为密切的联系。首先，社会的政治、经济制度决定教育的领导权，决定教育的目的和内容，决定着人受教育的权力，制约着教育的管理体制；生产力制约着教育目的的确立，制约着教育事业的规模与速度，制约着教育的内容，制约着教学的形式、方法与手段。其次，教育又能动地作用于政治、经济、制度，给予政治、经济制度以巨大的影响和作用。教育通过培养大批的符合统治者需要的统治人才，为其制度服务；在生产力方面，教育是生产力再生产的手段，是科学知识再生产的手段，是科学知识转化为生产力的必经途径。教育目的是社会对于人的培养结果和质量规格的总的规定和要求，是教育工作的出发点，也是教育工作的归宿。

在中国封建社会，以铁制工具为代表的生产方式，不需或很少需要科学技术，生产的科技含量相当低。因此，学校教育内容以治人、济世为主，同时也由于封建的政治、经济体制，决定了中国古代的教育目的是培养封建统治阶级的卫道士。脑体劳动的分离与对立，只能使人成为一种片面、畸形的人。封建社会的教育是片面的、畸形的，只重视对人的德育教育，以德作为取士的唯一标准。既无对学生的智力开发，也无身体健康方面的教育。因此，这种体制下的体育，是没有地位、没有存在和发展的条件与机遇的。所以，整个中国古代，学校教育中体育是不被重视的，有时还遭到排斥与打击。由于统治者的取士标准是德为先，所以社会风气也就重文轻武。只有养生、保健类体育在古代得到较大发展。中国长期的奴隶与封建社会，特殊的生产力与生产关系、经济基础与上层建筑，决定了体育功能认识上只能停留在养生、保健方面，休闲娱乐体育因为被视为"奇技淫巧"，因此多方加以挞伐，限制其发展。

由于中国古代对体育功能认识上把身心关系割裂开来，所以体育的发展是缓慢的、畸形的。与此同时，西方亚里士多德则提出：智力的健全依赖于身体的健全。美国独立宣言的起草人、第三任总统汤姆斯·杰弗逊称：强健的身体造就强健的精神。尤其是欧洲16世纪开始的宗教改革和文艺复兴运动，冲破了基督教神学的束缚，提倡人本主义，以人道代替神道，宣扬自由、平等、博爱和个性解放，抨击了基督教神学的"肉体是灵魂的监狱"的唯心主义说教，提倡"健全的精神寓于健全的身体"，为体育的迅速、蓬勃发展提供了前所未有的历史机遇和条件。中西方体育在不同文化因素的影响下，在近代越来越明显地表现出民族性和地域性差异，表现出文化特质的差异。中华民族的价值观念、思维方式、审美倾向和民族心理是中华民族传统体育特点的内在决定因素，是特有政治与经济体制的一种反映与折射。

思　考　题

1. 民族传统体育物质文化内涵体现在哪些方面？
2. 民族传统体育精神文化内涵体现在哪些方面？

第三章　民族传统体育文化项目

各具特色的中国民族传统体育，源于同天、自然环境和长期生活创造形成的丰富多彩的民族体育项目，由于其分布的不同特点，也决定了民族传统体育的项目分类也各有特色。本章重点对不同民族传统体育文化项目进行学习了解。

第一节　民族传统体育文化项目的分类

中华民族传统体育伴随着人民的生产劳动而孕育产生，其历史悠久、形态多样。经过历史的洗礼，民族传统体育在其发展过程中，不断相互融合、相互影响，发展到今天，传统体育项目更是丰富多彩。但是，随着全球化进程的加快和奥林匹克运动的不断发展，我国民族传统体育项目正在不断地遭受冲击，一些体育项目甚至处于濒临灭绝的边缘，抢救与保护民族传统体育将是当今从事民族传统体育研究与开发工作人员的重要职责之一。为了便于对民族传统体育项目进行认识，我们需要对其众多项目进行分类。

一、民族传统体育项目分类的依据

（一）民族的多样性

我国是一个多民族的统一的国家，具有明显的民族融合和多元文化的特征。除了汉族外，蒙古族、回族、藏族、维吾尔族、壮族、苗族等 18 个民族人口较多，其次为水族、佤族、傈僳族、东乡族等 15 个民族；再次有撒拉族、布朗族、毛南族等少数民族。历史上的几次民族大迁移，使各民族之间的文化相互渗透，相互融合。尤其是辽、金、元、清时期契丹人、女真人、蒙古族、满族进入中原，随之将少数民族文化带入全国各地，使汉文化一统天下的格局被打破，最终形成了既具有统一性又具有多样性的多元文化。近现代的民族政策，更是加速了各民族间的交流和传播，为形成具有多元体育文化形态创造了条件。

（二） 文化的多元性

各民族由于受政治经济因素和独特地理区域的影响，形成了语言、宗教、文化等各方面的差异。因此，民族文化包括传统体育文化也就形成了自己本民族的特色。我国的56个民族传统体育文化形成了民族文明之林的一道独特而又亮丽的风景。例如朝鲜族的荡秋千和跳板、蒙古族的那达慕等，这些民族传统体育项目与民族文化紧密相连，具有强烈的民族性。各民族人民的生活情趣、民风民俗、生产生活方式以及宗教信仰，为不同种类的民族传统体育项目形成奠定了基础。

（三） 地理的生态属性

民族传统体育是各民族民众的优秀文化传统的物化和表征。传统体育文化实践的主体是各民族民众，生态气候和地理环境一定会影响到各民族民众的活动。因此，独特的地理环境和气候就相应产生了独特的传统体育文化。

二、民族传统体育项目分类的原则

（一） 以实际任务为出发点

由于各种分类方法运用的分类标准不同，所要解决的实际任务自然也不同。所以，在具体运用时，要根据自身实际任务的需要，选择合适的分类方法。

（二） 坚持实用性与科学性原则

民族传统体育项目分类的实用性是指实用价值高，便于使用，总结出具有规律性的东西，反过来再促进普及推广和传承使用等实践。民族传统体育项目分类的科学性是指分类标准的一致性和分类标准逻辑关系的严密性。在对民族传统体育项目进行分类时，一定要坚持实用性与科学性相结合的原则，二者缺一不可。

（三） 主次分明，运用发展眼光

由于民族传统体育项目是多元的、错综复杂的，按一个分类标准进行分类解决不了多元的任务。所以，实践中应注意主次分明，既要按照主要的分类标准，又要注意运用多元分类方法。另外，民族传统体育项目中既有一个民族独有的传统体育项目，也存在多个民族共有一个项目的现象，还有由于一个民族传统体育项目不断地融合其他各民族的文化因素，逐步演化为不同运动形式的民族体育项目，不同民族的规则和方法有所不同。现有的任何一种分类标准都不能涵盖全部的民族传统体育项目。在对民族传统体育项目进行分类时，要以发展的眼光研究新的民族传统体育的分类体系。

三、民族传统体育项目的不同分类

1990年，国家体委组织各省、自治区、直辖市在全国范围内挖掘整理民族传统体育，出版了《中华民族传统体育志》，搜集到55个少数民族的676项传统项目和301项汉族的民间体育项目。学者们从不同的角度对民族传统体育项目进行了分类，可总结为以下几种。

第一种，按照人类学的观点，依其内容可将其分为五大类：与民族起源有关的活动、与种族繁衍有关的活动、与生产活动有关的活动、反映种族再生或复兴的活动以及带有军事性质的身体活动。但是这种分类存在着不足，随着社会文明的发展，某些传统体育的本源已经发生了较大的改变，对于一个不了解体育史的人，这仍然是个未知的领域。

第二种，根据传统体育的性质来划分，中国传统体育可以分为五大类：竞技类 [球类、射击类、技击类 (含摔跤)]，游戏类 (活动性游戏)，养生类 (各类保健活动)，游乐类 (少数民族歌舞及娱乐活动)，表演类 (百戏、武术表演)。这种分法的优点在于突出了中国传统体育的游乐性、表演性和保健特色，具有宏观认识的意义。其缺点在于从术语上混淆了"游戏"和"游乐"，存在着一定的争议。

第三种，根据内容和形式来划分，民族传统体育可分为竞技类 (武术、龙舟、射击、球类、棋类)，养生类 (导引气功、保健及其他)，表演类 (舞狮或龙、百戏与杂技及其他) 和游乐类 (节令类、歌舞类、游戏类)。相比于第二种分类，这一分类较为简单，但其缺点在对民族体育、武术等归类上存在着争议。

第四种，按照民族传统体育在现代社会中发展、成熟的过程来划分，民族传统体育可分为武术、养生导引气功、民间传统体育游戏和少数民族体育四大类。这种分类方法的缺点主要表现为以下三点：

第一，虽然将少数民族体育单独分出来了，但缺乏对汉民族传统体育进行表述。

第二，武术、养生导引气功与民间传统体育游戏、少数民族体育是不能相提并论的。

第三，民间传统体育游戏也应包括少数民族体育中的一部分内容，分类不清楚，内容有重复部分。

当然，关于民族传统体育项目的分类，还有其他多种不同的方法，这里我们就不一一赘述了。

本书根据各个项目的基本性质和运动特点，将民族传统体育项目分为武术类、棋类、球类、骑射类、水上运动类、空中运动类、表演类以及摔跤举重、跳跃投掷和其他运动。如表 3 - 1 所示。

表 3 - 1　民族传统体育项目分类表

运动分类	民族传统体育项目
武术类	喻家六合拳、峨眉坤门拳、意拳、清拳、养生术、导引与气功、马王堆气功、南拳、船拳、彭祖功、青龙动气功、武当气功、天河寺硬气功、陈式太极拳、八卦掌、通背掌、孙式太极拳、吴式太极拳、杨式太极拳、螳螂拳、秘踪拳、拦手、地趟拳、五龙通花枪、华拳、孙膑拳、文圣拳、大鸿拳、劈挂拳、梅花桩、邹家拳、硬门拳、翻子拳、绵掌、形意拳、车氏形意拳、傅拳、弓力拳、五法八象、少林拳、石头拳、苌家拳、八极拳、分手拳、戳脚、内八卦、顺手拳、三皇炮捶、东乡拳、㧟拳、九华山拳、五童气功拳、温州南拳、少林五祖拳、鹤拳、连城拳、地术犬法、龙尊、虎尊 (又称"永福虎尊")、儒法、字门拳、内家拳、花拳、浦东拳、六合拳、岳氏连拳 (又称"八翻手""子母拳")、唐拳 (又称"八卦唐拳")、武当、岳家拳、南京戴家功、常州气功、三线放松功龟牛拳、龙虎争巢拳、巫家拳、太乙游龙拳、梅山拳、自然门、盛氏武功、三十六闭手 (又称"天罡三十六")、七步云脚拳、西凉掌 (又称"阴阳掌")、高家拳、八宝拳、洪拳、刘家拳等

运动分类	民族传统体育项目
棋类	弹棋，六棋，插方，六博，六周，老虎吃绵羊（又称"西瓜棋""狼吃娃"），摆龙，摆龙镇（又称"摆龙""清趣"），打虎棋，兽棋，对角棋，赶牛角，下裢裢，走和尚，围和尚，"华容道"，智力棋，网棋，下方，掐方，成方，三棋，三三棋（又叫"打三棋""对三棋"），灌三壶（又称"赶牛胆""双并棋"），三六九，四棋，五棋（又称"五夫"），加五马，五子担担（又名"五马担担"），夹挑棋，赶五湖，九子棋，三子棋，猪拇棋，斜方棋子，十字棋，四子棋，旋转棋，双转棋，"老虎吃蚂蚁"，栽秧棋，到家棋，老虎棋，打虎棋，三虎棋，四光顶，擒敌棋，翻转棋，梅花棋子，天下太平（又叫"鸡毛蒜皮"）等
球类	木球，蹴鞠，蹴球，打瓦，步打球，踢石球，棍打球，打毛蛋，击壤，木射，牧球，马棒球，蹴球，珍珠球，抢花炮，打贝阔，保定铁球，捶丸马球，松江叶榭竹编球等
骑射类	射箭，骑射（又称"射潮"）等
水上运动类	水嬉，耍水，弄水，龙舟竞渡，跳水寻物，弄潮枪，荷花船赛，摇快船，踏白船，水上秋千，放皮筏，跳水，垂钓，挠彩舟（又称"摇梢船"），水球（也称"水傀儡"）等
空中运动类	风筝，调吊，皮条，杠子等
表演类	斗鸡，弹球，舞狮，腰鼓，花钹，跳幡，挑兵，舞龙，拾魁，扶卢（寻幢），秧歌，轧猪油渣，挤暖暖，玩旱船，高跷，捉骨牌，砍子，抓（石）子，枪卵子，卷席筒，推风车，散里丢丢，打宝塔，抖空竹，跳绳，跳皮筋，跳房子，踢毽子，鸡孵蛋，走羊窝，五虎杆箱，跳抬判，骑马战，旋鼓，踢鼓拉花，立马桩，扛金刚，校花棒，叠罗汉，望月亮，打髀殖，撞个与弹骨，凤阳花鼓，民间战鼓会，老鹰抓小鸡，踢鼓子（又名"踢鼓舞"）等
摔跤举重	相扑，搏克，负重，举鼎，千斤坠，中国式摔跤，角力（亦称"较力"），五兵角抵，石担石锁抓石，千把转等
跳跃投掷	扔包，投石，拔距，掷行头等
其他运动	疾驰，拔河，信鸽，登高，爬杆，游百病，背冰亮膘，拉地棍打稍，打炮儿，扳羊头，背碌，翻石滚，走浪桥，雁荡飞渡，踩泥马，发界鸡，风帆车，滑冰车，闯马城，骑马打仗，九连环，曳石（也叫"太平石"）等

第二节　竞技性民族传统体育文化项目

一、抢花炮

抢花炮是流行在侗族、壮族、仡佬族等民族中的一项具有浓郁民族特色的民间传统体育活动，已有 500 余年的历史，深受广大少数民族同胞的欢迎。抢花炮是一项勇敢者的运动。由于抢花炮具有强烈的对抗性、娱乐性和独特的民族风格，在湘、鄂、渝、黔等省边境地区有着雄厚的群众基础，深受该地区少数民族同胞的喜欢，所以数百年来长盛不衰。

据资料考证，抢花炮起源于华南地区，缘于商人为招揽生意、扩大贸易，在水陆码头等交通要道举行的群众性体育活动。此后由侗族先民传承至湘、黔、桂三省及毗邻地区，每逢三月三开展竞赛，一直延续至今，已有500余年的历史。

（一）民间风俗的抢花炮

抢花炮，在农历三月三或秋收以后最为踊跃。侗乡流行这样的诗句："侗乡三月风光好，天结良缘抢花炮，要得侗家姑娘爱，花炮场中称英豪。"在抢花炮的日子里，远近侗寨的男女老少，穿上节日的盛装，天刚亮就争先恐后地拥向节日聚会场地，有的是为了给本村寨的花炮选手呼喊助威，有的姑娘却是为了寻找如意郎君，但大多数侗胞还是去看热闹。凡是主持抢花炮的村寨，事先请编织手艺高的人用青细竹篾或藤条编织三至五个茶杯口大小的圆圈，外面缠以红布，再以红绿丝线扎牢。主持人宣布抢花炮开始时，将红炮圈放在铁炮的筒口上，然后点上火药放炮，红炮圈被射上高空中，各村寨的选手争先抢夺，顿时全场欢声雷动。红炮圈有时落地，有时也可能落到水塘里或山崖上、屋顶上、树枝上……不论落在哪里，大家总是争先恐后地跳到塘里，爬到山崖、屋顶、树枝上去寻找，个个奋不顾身，人人勇往直前。

侗族抢花炮一般放三炮，即头炮、二炮、三炮，抢完头炮，再抢二炮，依次类推。抢得头炮者，象征人财兴旺；抢得二炮者，象征五谷丰登；抢得三炮者，则象征万事如意。抢花炮多以村寨为单位，按传统习惯，抢到花炮的村寨，奖给一个镜屏，但是到了次年，这个村寨若要继续参加抢花炮，就必须将另外一个镜屏送到抢花炮指挥部，谁能夺冠，镜屏则归谁所有，俗称还炮。此赛过程中谁抢到红炮圈之后，还必须在人人争抢中，一路"过关斩将"将其送到规定的裁判台上才算获胜。因此，抢一炮一般都要争夺两个小时左右。当选手把红炮圈送到规定的裁判台上后，庙里顿时钟鼓齐鸣，并鸣炮三响，以表示"头炮"胜利结束。接着还要进行二炮、三炮的争抢，一般是抢三炮结束比赛。但有的地方抢到四炮、五炮后，还钟鼓齐鸣，鞭炮声不绝，最后放三炮才宣告抢花炮活动结束。

凡是抢得"头炮"者，来年的抢花炮活动便由该村寨主办，并要求下一届奖品和本届相同。如果今年的奖品是一头染红的大肥猪，明年该村寨仍得准备这些奖品，这叫作"还色"。哪个村寨连续抢到花炮，说明该村寨连年五谷丰登，也是侗家姑娘向往的村寨。

（二）抢花炮的历史沿革

光绪《贵县志卷》中描述壮族抢花炮情景为："城厢初二日，众会社前放花炮，大小不等。大者高丈余，小者亦尺许，通体糊以花纸，名曰花炮。有头、二、三等名目，结草环为标识，轰起时，接得者谓之得炮头。会董用鼓吹，仪仗送琉璃镜一座，至其家香花酒烛供奉堂中……"广西三江侗族自治县《民国志卷二》记述："花炮会，六甲人，幢人皆盛行，而全县率参加……于集会地点演剧舞狮及各种游艺助兴，届时男女咸集。其竞赛以冲天铁炮内装铁环，若实弹然。燃炮后，铁炮直冲霄汉，观众闻炮声，即以铁环为目标蜂拥争取，以夺得铁环者按头、二、三炮依次领奖，其友族皆簇拥庆贺，欢声如雷。"

传统的抢花炮不限人数，也不分队数，每炮必抢，三炮结束，属于"单打独斗"。场地通常设在河岸或山坡上，无一定界限，漫山遍野皆为活动范围。对抢花炮者提出了更高的要求，要求抢花炮者必须具有健强的体魄、顽强的意志、坚韧不拔的毅力、快速敏捷灵活的反应，以及高尚的道德品质等。

一旦花炮分清得主，顿时唢呐声，欢呼声、锣鼓声、鞭炮声响成一片，有享受胜利后的喜悦，有祝贺别人的胜利，谈笑风生，久久不愿离去。

仡佬族每逢重大节日所举行的抢花炮活动，通常由上届花环得主（共有五名）联合主持。每届放五炮，每炮为一个花环。当主持者宣布"花炮节开始"时，就依次点燃五只土炮，土炮响后，抢花环者随着花环飘落的方向移动、追逐，第一个抢到花环的人在其队友的掩护下，奔向裁判后，以将花炮交到裁判手中为胜，抢得花环的优胜者被视为村中的英雄，受到男女老少的崇敬。

从第三届全国少数民族传统体育运动会开始，抢花炮已列为正式比赛项目之一。比赛中的抢花炮，规定了每场比赛时间为40分钟，分为上、下半场，每半场20分钟，中间休息10分钟；比赛不受三炮的限制，在规定时间内，以将花炮攻入对方花篮的次数多少来判定胜负；比赛以队为单位，每队上场队员为10名；比赛场地长60米，宽50米，两端设炮台区，各放一个花篮。

经过十多年的实践，抢花炮的技巧、战术不断发展，竞赛规则逐步改进和完善。对抗竞争的激烈程度有增无减，为了更具观赏性和公平竞争性，将花炮由原来的5厘米铁环改为15厘米的橡皮扁圆形，类似田径赛的铁饼。因而，抢花炮这项民族传统体育运动与现代竞技体育运动逐步接轨，有人称为中国式的"橄榄球"。抢花炮有强烈的对抗性、娱乐性和独特的民族风格，数百年来长盛不衰。

（三）抢花炮竞赛规则

1. 场地

（1）比赛场地。为表面平坦的长方形草坪或土地，长60米，宽50米。线宽12厘米。线的宽度包括在场地之内，长线叫边线，短线叫端线。

（2）接炮区。以场地的中点为圆心，画一半径为5米的圆圈为接炮区。

（3）炮台区。在距离端线中点两侧4米处各向外画一条4米与端线垂直的线，再画一条线把其顶点连起来，与端线平行，这个区为炮台区，在炮台区两侧架设高2米以上的网墙。

（4）罚炮区。以端线中心点为圆心，划一条长20厘米、宽12厘米的平行线，为罚点炮线。该线包括在距离花篮架的2米之内。

2. 器材

（1）花炮。花炮为直径 14 厘米的彩色圆形外饼状，外圆呈轮胎形，厚 2.5～3.0 厘米。用不会伤及队员的橡胶做成，重 20～240 克。

（2）送炮器。能把花炮冲上 10 米以上高度并落在接炮区内，并能发出声响的发射器。

（3）花篮架。高 80 厘米，放在炮台区内端线中心点处。花篮架用直径不超过 20 厘米的圆木做成。

（4）花篮。篮口内沿直径为 40 厘米，高为 30 厘米的圆柱体，用竹或塑料做成，花炮固定在花篮架顶端。

3. 队员

一场比赛有两个队参加，每队上场人数不得多于 8 人或少于 5 人，其中 1 人为队长。全场比赛替换队员不能超过 5 人次。

4. 比赛

无论何方抢得花炮，可用传递、掩护、假运动、奔跑等方法，力图攻进对方炮台区；另一方可用拦截、阻挡、追赶、搂抱（合理部位）、抢截等方法，抢到花炮和阻止持花炮运动员前进。持花炮运动员越过端线进入对方炮台区，把花炮投入花篮内即为得分。每投进一次花炮得一分。进炮后，由司炮员重新发炮。持花炮队员误将花炮投入本方花篮内算对方得分。

第六届全国少数民族运动会，为了加强竞赛安全，避免人身伤害事故，提高竞赛质量，组织工程技术人员研制了科学、安全的电动发炮器。采用以电机旋转为动力带动花炮高速飞旋，其发炮方向、角度均可调节。既保持了原始方法发炮、声音、炮烟三者齐出的民族项目特色，又增强了比赛的安全性。经过技术改革，抢花炮项目更能适应现代体育的发展，使这一具有悠久历史的民族传统体育运动项目更加蓬勃发展。

至今抢花炮项目已在全国得到普及和推广，今后抢花炮这一民族传统体育运动项目将会随着时代进步、发展得到升华，跨出国门走向世界。

二、毽球

毽球俗称"踢毽子"，又称为"攒花"，是一种用鸡毛插在圆底上做成的运动器具，是流传于湘、鄂、渝、黔地区的民间传统体育运动项目。毽球在中国一向流传很广，是有着悠久历史的民族传统体育活动。进行毽球活动，可以活动筋骨、促进健康。毽球是一项新兴的体育项目，20 世纪 80 年代中期才亮相国内赛场。毽球的比赛场地类似排球场，中间挂网，两项团体赛每方各 3 人，每局 15 分。决胜局为每球得分制。比赛时运动员用脚踢球，不得用手、臂触球，在本方场区内最多只能击 4 次球。

（一）毽球运动概述

踢毽子源于古代的蹴鞠，与蹴鞠同宗同源，是蹴鞠的一个分支。据文史资料考证，蹴鞠起源于五千多年前新石器时代的黄河流域,其原始形态为用脚在地面蹾蹴石球相撞击。西汉是比赛型蹴鞠和表演型蹴鞠成型的时期,而六朝、隋、唐、宋乃是蹴鞠盛行的年代。现代毽球类运动包括毽球和花样踢毽子两个项目类别,起步于20世纪中期。现代毽球类运动从最初的兴起时就得到了政府及社会各界的积极倡导和大力支持,到20世纪80年代,现代毽球类运动得到迅速普及,广泛开展于学校、工厂和机关事业单位中。随着毽球运动的蓬勃兴旺,全国和地方性毽球组织相继成立。与此同时,竞赛体制逐步改进与完善,全国性的锦标赛、职工赛、学生赛、国际邀请赛等竞赛制度相继建立。进入20世纪90年代,毽球类运动又先后跻身于全国少数民族运动会、全国农民运动会和全国中学生运动会等大型综合性运动会。同时,毽球运动跨出国门走向世界,先后在亚欧美等多个国家开展起来,并成立了相应的国际毽球协会组织,建立了世界锦标赛制度。

踢毽子是在中国流传很广,具有悠久历史的民族传统体育活动。经常进行这项活动,可以活动筋骨促进健康。在古都北京,踢毽子还有个富有诗意的名字称为"翔翎"。有一种传说认为:"毽"创自黄帝,当时叫"毱"不叫毽,是武士练习的一种器具。

据历史文献和出土文物证明,踢毽子起源于我国汉代,盛行于六朝、隋、唐,唐《高僧传》二集卷十九《佛陀禅师传》中记载:有一个叫佛陀的人到洛阳去,在路上遇到了12岁的惠光,在天街井栏上反踢毽子,连续踢了五百次,观众赞叹不已。佛陀是南北朝北魏时(公元467—499年)人,为河南嵩山少林寺的祖师,他非常喜欢惠光,并将他收为弟子,惠光便成了少林寺的小和尚。惠光可以站在十分危险的井栏上,一连反踢五百次毽子,可见控制毽子落点的技术是十分熟练的,而佛陀以踢毽子为边戏,也表明作为一种游戏,踢毽子在当时社会已是较为流行。

宋朝高承在《事物记源》一书中,对踢毽子有较详细的记载:"今时小儿以铅锡为钱,装以鸡羽,呼为毽子,三四成群走踢,有里外廉、拖抢、耸膝、腆肚、佛顶珠等各色。"明、清时期,踢毽子进一步发展,关于踢毽子的记载也就更多了。

明代进士、我国历史上有名的散文家刘侗在《帝京景物略》中写道:"杨柳儿青放空毽,杨柳儿死踢毽子。"踢毽子已成为民谚的内容,而且发展为数人同踢的技巧运动。

至清末踢毽子已达到鼎盛时期,参加的人越来越多,不仅用来锻炼身体以作养生之道,而且把踢毽子和书画、下棋、放风筝、养花鸟、唱二黄等相提并论,一些人以会踢毽子而自荣。民间踢毽子爱好者更是用功苦练,以口传身授的方法代代相传。因此踢毽子的活动更加广泛,特别是青少年参加者更为普遍。当时就有这样的童谣:"一个毽儿,踢两半儿,打花鼓,绕花线,里踢外拐,八仙过海,九十九,一百……"说明踢毽子已经到了相当普及的程度。以北京为例,每遇城乡庙会,各路能手,步行相聚,观摩,比赛,培养新手,甚是热闹。

潘荣陆在《帝京岁时纪性》中形容踢毽子时说:"手舞足蹈,不少停息,若背若面,若背若胸,团转相击,随其高下,动合相直,不致坠落。"可见当时踢毽子活动很盛行。

　　到清代，踢毽子不仅是娱乐游戏，还是一项竞赛活动，在社会上得到广泛的开展，北京、上海、广东、浙江、山东等省、市都举行过规模较大的踢毽子比赛。

　　清末，学校以传统体育项目作为教材，其中踢毽子就是最受学生欢迎的一个项目。1931年，福建国民体育运动会设踢毽子赛。山东为提倡、发展踢毽子这一民族传统体育活动，于1935年3月举行了全市第一届踢毽子比赛。

　　中华人民共和国成立前的第六届全国运动会上，也把踢毽子列为国术比赛项目。但是，此后踢毽子运动衰落了，直到中华人民共和国成立后，这项民族体育运动才逐渐得到了恢复和发展。

　　中华人民共和国成立后，毽球运动得到了更广泛的开展，1950年北京市吸收了在街头靠踢毽子糊口的艺人参加了杂技团，专设了踢毽子节目，并组织出国进行表演，受到了国外观众的热烈欢迎。

　　1963年，踢毽子和跳绳等运动，一同被列入国家提倡开展的体育活动，踢毽子运动还被编入了小学体育教材。1961年6月，中央新闻电影制片厂拍摄了"飞毽"的电影，介绍了踢毽运动的历史和踢法，推动了这一运动的发展。

　　1984年国家体委将毽球运动列入全国正式比赛项目，使古老的毽球进入了一个新的发展阶段。1985年4月国家体委在苏州市举办了全国第一届毽球锦标赛，全国各地掀起了开展毽球运动的热潮。1988年2月正式成立中国毽球协会，1991年国家体委审定并颁布了第一本《毽球竞赛规则》，此后又制定了《毽球竞赛裁判法》。1995—2011年的全国民族运动会和1996—2011年的全国农民运动会，也将毽球列入比赛项目。由于前国家体委和现体育总局的大力倡导和扶持，毽球运动已在全国各省、市普遍开展，成为全民健身活动中的热门项目。

　　毽球这一民族传统体育项目，不仅在国内得到迅速发展，而且很快传播到亚洲、欧洲、美洲等十几个国家和地区。1999年国际毽球联合会成立，目前有13个成员。欧洲还成立了毽球联盟，2000年第一届毽球锦标赛在匈牙利举行，此后国际毽球联合协会每年都举行一次世界毽球锦标赛，可见毽球运动正一步步走向世界。

　　踢毽子是一种良好的全身性运动，它简单易行，不需要任何专门的场地和设备，运动量可大可小，男女老幼都可练习。经常参加踢毽子活动和比赛，不仅对增强下肢肌肉力量、提高柔韧性具有良好的效果，而且对增进和提高灵巧、反应、协调、平衡等都有积极的作用，尤其是青少年经常参加这项活动，有利于身体的全面发展。

（二）毽球的基本技术

　　毽球运动的基本方式是在流行于东南亚藤球运动的基础上演变与发展而形成的，发球、主要的攻防基本技术动作和集体项目设定方面都与藤球十分接近。在进攻技术动作方面，目前毽球的"高腿踢毽"和"外摆脚背倒钩攻球"，就是藤球在20世纪60年代盛行的进攻动作。在防守动作方面，都允许进行跳起封网和以头击毽过网，也与藤球的规则完全相同。花样踢毽子是踢毽子运动中的一种，分规定动作赛和自选动作赛两项。规定动作有盘踢、磕踢、落、上头、交踢五个套路，自选动作则由运动员即兴发挥，花样更繁，难度更高。在竞赛分类上，花毽属于动作技巧竞争性比赛，具有很强的观赏性，与毽球所属的对抗性竞争比赛属于完全不同的竞赛类型。

踢毽子的基本活动方法有脚踢、膝垫、身触、头顶等，其中踢的方法有远踢、近踢、高吊、前踢、后勾、倒钩、侧身勾踢、旋转、穿环等百余种，踢的形式有单踢、对踢、集体踢等。

现在的毽球比赛，两队各上场 3 名队员，在用球网隔开的各自的场地上，按照规则运用发球、踢球、垫球、传球、拦网等技术进行攻防对抗，不使球在本方落地。比赛由站在靠近端线的队员在发球区用脚将球踢向对方场区即比赛开始。每方最多只能有三人共击球四次就要过网，每名队员可以连续击球两次。手、臂触球或身体触网均属违例。比赛应连续进行，直到球落地、出界或某一队不能合法将球击回对方时，对方得 1 分。某方先得 15 分为胜一局，比赛采用三局两胜制。毽球技术是运动员在参加毽球比赛中所采用的合理动作，为了适应比赛场上不断变化的复杂情况，运动员必须熟练掌握毽球的各种技术。毽球技术有踢球、垫球、挺球、顶球四种。

1. 踢球基本技术

主要有脚内侧踢球、脚外侧踢球、正脚背前踢球和膝盖踢球四种。

（1）脚内侧踢球。两腿自然开立，左手持毽子于胸前，然后将毽子垂直向上抛起，下落至膝部时，右腿屈膝外展并正摆，用脚内侧中上部向上击毽子，等毽子下落后，再重复用右脚内侧上踢毽子。每踢一次，右脚落地保持身体平稳，然后，再继续踢毽子，踢中高度可在肩以上，熟练后可两脚交替踢。在比赛中，可踢上飞高球和斜飞高球，这种踢法主要用来传球，也可将球踢往对方场区，但攻击力不强。

（2）脚外侧踢球。两腿稍分开，左手自然垂下，右手持毽子于身体右侧，上体微向右转，右手将毽子向上抛起，当毽子下落至膝部外侧时，右腿屈膝，小腿向右侧上摆用脚外侧将毽子向上踢起，等毽子下落至膝外侧时再重复踢毽。在比赛中，可踢上飞高球和斜飞高球。

（3）正脚背前踢球。右手持毽子，两腿自然开立，右手将毽子向正前上方抛起，等毽子下落到膝盖下方时，屈膝，脚背抬平向上踢毽，上体微向前倾，注意体会球感并控制踢毽高度，脚背垂直向上用力。熟练后可两脚交替踢。其动作有踢上飞高球、侧身扣球和踢倒钩球三种。

（4）膝盖踢球。右手持毽子，两腿自然开立，右手将毽子向正前上方抛起，左腿支撑，右腿屈膝向上抬起（约与地面平行），用膝盖上方平面部位击毽，当毽子下落至膝部上方 20 厘米时，大腿再向上摆发力击毽。动作熟练后可两膝交替进行。

2. 垫球基本技术

主要是指大腿正面垫球。垫球时，体重在支撑脚上，垫毽腿以髋关节为轴，大腿上抬并屈膝，小腿和踝关节放松，用大腿前端将毽球垫起。

3. 挺球基本技术

主要是指胸部挺球。面对来球，两脚平行开立或前后站立，双膝微屈，上体后仰。当球与胸部接触时，两脚蹬地（若两脚前后站立，则先蹬后脚），用胸部迎球上挺，将球挺起。

4. 顶球基本技术

主要是指头顶球，包括前额正面顶球和前额侧面顶球两种。

（1）前额正面顶球。身体正对来球，两脚前后站立，两膝微屈，上体和头后仰，身体重心放在后脚上，双臂屈肘自然张开，当头快触及球时，后脚用力蹬地，迅速收腹收胸，快速甩头，用前额正面将球顶出。

（2）前额侧面顶球。两脚前后站立，两膝微屈，上体往出球方向的异侧侧屈，两臂自然张开，头与球接触时，与出球方向异侧的脚先蹬地，同时上体迅速向出球方向摆去，用力甩头，用额侧面将球顶出。

（三）场地、器材和竞赛方法

1. 毽球比赛场地

毽球比赛场地采用羽毛场双打场地，长 11.88 米，宽 6.1 米。场地上空 6 米以内（由地面计算）和场地四周 2 米以内不得有障碍物。球网居中将比赛场地分割为左右两个场区，每个场区内均设有发球区、限制区等，场地上标有明显的界线，中间有一条中线，距中线 2 米处叫限制线，长边叫边线，短边叫端线，中间挂网（见图 3-1）。

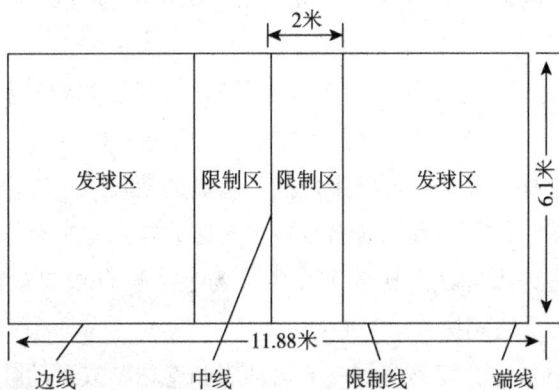

图 3-1 毽球比赛场地平面图

比赛场地应按平面图（见图 3-1）画出清晰的界线，线宽 4 厘米，线的宽包括在场地面积之内。连接场地两边线的中点与端线平行的线叫中线。中线将场地分为均等的两个场区。在中线两侧各画一条与中线平行的线叫限制线（此线包括在限制区内）。中线至限制线的距离为2米。

2. 发球区、球网与毽球规格

发球区距两端线中点两侧各1米处向场外各画一条长20厘米与端线垂直的短线叫发球区线（此线不包括在发球区内）。发球区线向后无限延长的区域叫发球区。

球网长7米，宽76厘米，网孔2厘米见方。球网上沿缝有4厘米宽的双层白布，用绳穿起，将球网张挂在网柱上。球网必须挂在中线的垂直上空。

球网为深绿色。网柱装在中线以外，距边线50厘米处。

球网的中部顶端距地面垂直高度为1.60米（男子），1.50米（女子）。网的两端距地面的垂直高度必须相等，两端的高度与中间的高度相差不得超过2厘米。

在球网的两端，垂直于边线和中线交接处，各系有一条宽4厘米，长76厘米的白色带子，叫标志带。在球网上连接标志带外侧应系有两根有韧性的杆，叫标志杆。两杆内侧相距6米。标志杆长1.20米，直径1厘米，用玻璃纤维或类似的材料制成。标志杆应高出球网上沿44厘米，并用鲜明对比的颜色画上10厘米长的格纹。

毽球由毽毛、毽垫构成。毽毛为四支白色或彩色鹅羽成十字形插在毛管内，每支羽毛宽3.20~3.50厘米。毽垫直径3.80~4厘米，厚1.30~1.50厘米。毛管高2.50厘米，毽球的高度为13~15厘米，毽球的重量为13~15克。

3. 毽球比赛规则要点

（1）比赛。队由6人组成，上场队员3人。其中队长1人（左臂应佩戴明显标志）。比赛设单人、双人毽球竞赛项目，规则与3人制大体相同，记分可采取直接得分法。

（2）双方队员必须站在本方场区内。站在靠近球网的两名队员从左至右分别为3号位和2号位队员，靠近端线的队员为1号队员。场上队员的位置必须与登记的轮转顺序相符合。

（3）发球的位置。发球的一方，2、3号位的队员在发球队员的前方，彼此间相距不得少于2米。球发出后，双方队员可以在本方场区内任意交换位置。

（4）队员的轮转顺序。每局比赛结束之前，队员的轮转顺序不得调换。

（5）比赛成死球时，教练员和队长有权要求暂停或换人。在暂停时间内，教练员可以进行场外指导，但不得进入场区。比赛进行中，场上队长有权向裁判提出询问或要求解释，但必须服从裁判的最终判决。

（6）服装。比赛队员应穿着整齐划一的运动服和毽球鞋或运动鞋。上衣的前后须有明显的号码，号码颜色须一致，并与上衣颜色有明显区别。背后的号码至少高20厘米，胸前的号码至少高10厘米，笔画至少宽2厘米。

（7）比赛赛制。比赛采用三局两胜制，第三局采取每球得分制。比赛前选择场区或发球权。第一局结束后双方交换场地和发球权。决胜局开始前，正裁判员召集双方队长重新选择场区或发球权。决胜局比赛中，任何一队先得 8 分时两队应交换场地。

三、珍珠球

珍珠球来源于生产劳动——采珍珠，是满族人民传统的体育项目，现为全国民运会竞赛项目，珍珠球是在有水区、限制区、封锁区和得分区的场地内，双方运动员各 7 名的一种体育比赛，珍珠球比赛不仅要求水区内的 4 名队员具有良好的个人技术、良好的配合意识，还要求水区运动员与抄网队员默契配合，珍珠球比赛具有很高的观赏价值。

（一）珍珠球项目来源及比赛方法

珍珠球是满族传统体育项目，是由模仿采珠人的劳动演变而来。珍珠，满族称"尼楚赫"，满族人把珍珠当成光明和幸福的象征。满族先世女真人曾在牡丹江里采珍珠。满族人民群众中还流传着许多关于采珍珠的传说，蕴藏着丰富多彩的以模仿采珍珠生产活动为内容的儿童游戏和体育活动。采珍珠这项体育活动来源于满族民间，运动器材比较简单，场地的选择也不严格，具有广泛的群众性，适合在山区和农村开展。至今，在一些满族聚集的村屯，仍有开展这项体育活动的习惯。

珍珠球竞赛具有激烈的对抗性，又具有娱乐性。珍珠球运动竞赛方法是在参考篮球、手球规则的基础上制定而成，它具有场地、器材的简易性和游戏形式的大众性等特点，其在水区的运动与篮球、手球运动有一定的共性，而在封锁区持拍防守队员又具有足球守门员和排球拦网队员的特点，珍珠球的比赛双方各派出 7 名运动员出场，用球拍和网兜争夺一个颜色为珍珠白色的圆球，被喻为"球篮移动的篮球赛"，比赛时间共 40 分钟，分上、下半场，双方的争夺甚至比篮球更激烈。因而具有较强的观赏性。

珍珠球竞赛方法比较简单，双方对垒，每队出 6 名运动员，其中 1 名队员站在一端准备持网捕捞，3 名手拿蚌形木拍的队员站在对方捕珠者前面拦截珍珠球，其他 3 名队员与那名队员争夺珍珠球，夺到后把珍珠球投向自己队的持网人，而对方的队员又要设法用蚌形木拍把投来的珍珠拦截回去，只有让珍珠球躲过对方蚌形拍的拦截，把珍珠球投入自己队的持网人网里才算得分，投入一次即得一分，投入十分为一局，三局决定胜负。

参加比赛的队员个人既要有高超的技艺，又要具备全队整体配合的战略战术。比赛时，水区内双方各有 4 名运动员负责进攻或防守，进攻者可将球向任何方向传、拍、滚、运，目的是向站在本队得分区内的持抄网队员投球得分。封锁区内有两名持蛤蚌（球拍）的对方队员，用封、挡、夹、按等动作，阻挡进攻队员向网内投球。每队有 1 名持抄网队员在得分区活动。用拍网试图抄（采）中本方队员投来的珍珠（球）。每抄中一球得一分。在规定的比赛时间内，得分多者为胜队。

场上攻守往复，银球穿梭飞舞，4 只蛤蚌忽张忽合，一对抄网频频有所斩获……其紧张激烈、精彩绝妙、令人目不暇接。珍珠球象征为民族体育之珠，将体育运动之矫健与生活劳作之优美，两者紧密融汇在一起。

（二）比赛规则简介

1. 器材规格

珍珠球的圆长为 54~56 厘米，重 300~325 克。

2. 比赛场地

珍珠球场地长 28 米、宽 15 米，分为水区（内场区）、蛤蚌区（封锁区）和威呼区（得分区）。

3. 队员组成

每场珍珠球比赛有两队参加，每队上场 7 名队员。

水区（内场区）内双方各有 4 名队员负责进攻和防守，进攻者可将球传到任何方向，向抄网内投球争取得分。

蛤蚌区（封锁区）内双方各有 2 名运动队。持蛤蚌（球拍），用封、挡、夹、按等技术动作阻挡对方进攻队员向抄网内投球。

威呼区（得分区）内双方各有 1 名手持抄网的运动员，他们的任务是用抄网抄（夺）本方队员投来的珍珠球。

4. 比赛方式

比赛分为上下两个半场，每半场比赛时间为 20 分钟。中间休息 10 分钟。竞赛采用单循环赛制。珍珠球比赛不仅要求水区内的 4 名队员具有良好的个人技术、良好的配合意识，还要求水区运动员与抄网队员配合默契，珍珠球比赛具有很高的观赏价值。水区内双方各有 3 名运动员负责进攻或防守，进攻者可将球向任何方向传、拍、滚、运，目的是向站在本队得分区内的持抄网队员投球得分。

封锁区内有 2 名持蛤蚌（球拍）的对方队员，用封、挡、夹、按等动作，阻挡进攻队员向网内投球。每队有 1 名持抄网队员在得分区活动，用拍网试图抄（采）中本方队员投来的珍珠（球）。每抄中一球得一分。在规定的比赛时间内，得分多者为胜队。

5. 裁判用具及器材规格

裁判用具：

（1）比赛计时钟和计秒表各一块，比赛计时钟为比赛时间计时，计秒表为暂停计时。

（2）25 秒装置。具备数字倒计数型，用秒来指示时间从停住的时间处继续计时的功能。

（3）信号。至少要有两种信号，一种是计时员、记录员所用信号，另一种是 25 秒计时员所用信号。

（4）记分牌能让与比赛有关的每一个人看清楚。记录使用珍珠球比赛特定的记录表。

（5）队员犯规次数标志牌。共有 5 块，牌上数字的最大尺寸为高 20 厘米，宽 10 厘米。1~4 数字为黑色，5 为红色。全队犯规标志，2 个，最小尺寸高 30 厘米、宽 20 厘米。

6. 珍珠球球拍与球体

拍柄为椭圆柱形。长15厘米,最大直径4厘米。珍珠球球拍外壳用皮革或橡胶制成,内装有球胆,表面应有珍珠(白)色。比赛球拍为蛤蚌壳形状,用具有韧性的树脂材料制成,颜色最好与蛤蚌壳颜色相仿。球拍部分长35厘米,最宽部分25厘米,厚度0.3~0.5厘米。球拍边缘要用橡胶或软质材料包裹,宽度不超过0.4厘米,厚度不超过0.2厘米。拍柄为椭圆柱形。长15厘米,最大直径4厘米。球拍总长50厘米,重量390~410克。

球体的圆周长54~56厘米,重量300~325克。一个符合比赛标准的用球是当球充气后,从1.80米(球的底部量起)的高处自由落地,反弹起的高度不能低于1.20米,也不能高于1.40米(球的顶部量起)。

7. 比赛抄网

抄网兜口为圆形,网圈用圆形金属条制成。圈条直径0.4~0.42厘米,兜口直径25厘米。网兜用细绳或尼龙绳织成,网深30~35厘米,网眼为3~3.5厘米。网兜颜色应为深色。网柄为圆柱形,长15厘米,直径3~4厘米。抄网重为180~250克。

8. 竞赛规则要点

(1)违例及判罚。水区违例及判罚:水区队员的违例及判罚基本与篮球相同,可参照篮球裁判法执行。只有两种情况除外:

①珍珠球规则规定进入前场的球可以传回后场,因此在珍珠球比赛中没有回场球和其判罚。

②5秒违例与篮球有所区别。珍珠球规则规定罚球队员、发界外球队员、在场内外的接球队员或球落入本方封锁区内,裁判员认为属于可控制球,开始计算时间,如果在5秒内,不运、传、射球,不论是否有防守都判为违例。

(2)封锁区违例及判罚。以下三种情况均由副裁判员参照珍珠球规则判违例,由对方队员在就近的边线发界外球:

①持拍队员踏线或越出线外触及地面后夹球。

②持拍队员用手或腰部以下部位主动触球。

③持拍队员挡夹住的球或挡下落入限制区内的球,在5秒内未传给本方水区队员。

判罚注意事项:持拍队员挡下的球落入限制区内,持拍队员可以进入限制区内夹球抛给本方水区队员。持拍队员在封锁区内向前、向边线、向后起跳越出线外时,只要在落地前将球传出,又未接触水区和得分区的队员或空中没有犯规动作,不判违例。

(3)得分区违例和判罚。出现下述三种情况副裁判员应根据珍珠球竞赛规则判罚违例:

①抄网队员踏线。

②抄网队员身体的某一部位抄球时越过得分区前线。

③抄中的球入网后弹出或在副裁判员宣布得分有效前将网中的球拿出。

判罚注意事项：抄网队员向边线、端线外跳出时。只要起跳前在界内、落地前在空中将球抄入网中，不判违例，得分有效。抄网队员在得分线前的空中或在持拍队员的拍上方将球抄入网中，不判违例，得分有效。

（4）犯规和判罚。当违反规则涉及与对方队员发生不合理的身体接触或不道德行为时称犯规。在判断身体接触是否犯规时，应参照以下两条基本原则。

①每个队员都要尽可能避免与其他队员发生身体接触。

②任一队员只要在占位时不发生身体接触，都可以占据没有被对方队员占据的位置。水区队员的侵人犯规和判罚，根据以上两条基本原则，水区队员的侵人犯规可参照篮球裁判竞赛规则进行。

在判罚时应注意：

①防守队员在进攻队员射球时造成的侵人犯规，以及技术犯规，均判罚点球。

②队员有意识地接触对方队员身体造成侵人犯规，判故意犯规，出示黄牌，并判罚点球；再次故意犯规，出示红牌，取消比赛资格。

③凡属十分恶劣的不道德行为，出示红牌，取消其该场的比赛资格。

（5）封锁区、得分区的侵人犯规与判罚。

①持拍队员进入得分区，通过臂、肩、髋、膝或身体用不正当的顶、推、撞、拉等动作阻挠抄网队员，甚至与抄网队员相撞阻碍抄网队员抄球，裁判员记持拍队员侵人犯规一次，并判罚点球。

②抄网队员采球时进入封锁区与持拍队员发生相撞或用球拍阻碍持拍队员挡、夹球，判抄网队员侵人犯规一次，由对方发界外球。

③如果发生了身体接触犯规，应判造成身体接触的队员犯规。

④队员在每场比赛中犯规累计达6次必须自动退场，该队换人后继续比赛。每个半场中，本队犯规累计达9次后的犯规均判罚点球。

（三）珍珠球基本技战术

战术的基础配合中针对水区队员有采取篮球的传切、掩护、反掩护、策应、"8"字绕进等战术。

珍珠球的部分动作训练类似于篮球。以持拍为例有：多点移动挡球练习要求做到手快脚快起跳快移动快。多点移动挡夹球要求持拍队员根据来球的高远情况选择并起跳或后撤垫步起跳。右侧站位练习与左侧相同方向相反。多点移动夹挡球练习要求正确应用夹挡技术，对边线界外球和后抛球，采用同侧单拍可增加封锁的高远度。而对前高抛球、中低平球或反弹球，采用双拍夹挡可扩大封锁面。持拍队员移动、转身均要求用前脚掌完成动作，并且转身要尽量减少转动角度。

1. 个人战术

在珍珠球比赛中个人应用的方法和谋略称为个人战术。个人战术是根据本队战术的需要，针对对手的攻、防特点以及临场变化的情况所运用的策略行为，是队员有针对性地运用身体、技术、战术进行独立作战的行为。

水区队员的个人战术行动包括：

（1）水区无球队员的个人战术行动有变速摆脱、变向摆脱、转身摆脱、虚位摆脱与抢位。

（2）水区有球队员的战术行动包括持球突破、运球突破。

（3）抄网手个人战术包括多球多点的抄网、假摆脱跳起抄时差快球、假跳起、真摆脱错位抄快球、假摆脱后跨跳接高抛球以及同侧移动、反向错位移动抄球或跳抄球和边线外腾空接应抄球。

（4）持拍队员的个人战术包括多点移动挡球、多点移动夹球和多点移动夹挡球。

2. 移动技术

移动技术是珍珠球各区运动员应具备的基本技术，通过各种快速、突然的脚步动作，达到进攻时摆脱防守、防守时防住对手，争取攻防主动的一种手段。

内容主要有：

（1）基本站立姿势与启动包括跑、急停、转身。

（2）基本移动时的假动作。

（3）基本防守姿势。

（4）防守步法包括侧滑步、碎步、前滑步、后滑步、后撤步、攻击步、交叉步、绕前步和绕后步。

3. 运球技术

运球是控制球、支配球、组织战术配合及突破防守的重要手段，同时也是珍珠球运动员熟悉球性，提高水区单兵攻击能力的重要手段。

运球的主要方式简要介绍如下。

（1）快速高、低运球、运球急停、急起。

（2）正面变向运球、正面单手虚晃变向运球突破。

（3）背后运球突破、转身运球突破、胯下变向运球突破、胯下接背后变向运球。

（四）珍珠球运动价值

1. 较强的实用和观赏价值

珍珠球运动是在参考篮球、手球规则的基础上制定而成的，它具有场地、器材的简易性和游戏形式的大众性等特点，其在水区的运动与篮球、手球运动有一定的共性，而在封锁区持拍防守队员又具有足球守门员和排球拦网队员的特点，因而具有较强的观赏性。同时，珍珠球运动的场地面积不大，所用器材较为简单，对场地器材要求不高，除正规比赛需要标准的场地与器材外，比赛可随意在街头空地或别墅花园、草坪之内进行，不受场地大小和地面质地的限制，无论是男女老少、亲朋好友、中小学生，都可以找一块平整的空地，根据场地规定人数进行比赛，具有较强的实用价值。

2. 强身育心价值

珍珠球运动是综合的非周期性集体运动，其技术、战术系统的实践操作与实践运用过程，是通过在对抗变化着的特定时间、位置、距离、场地、设施、环境条件要求下，运用跑、跳、投等手段来完成的。在这一过程中，无论智力、生理、心理都要承受各种复杂因素的影响，因此科学地参加珍珠球活动，对提高人体内脏器官与感受器官的功能和中枢神经系统的支配能力，增进健康、提高身体素质、促进心理修养、培养集体团队精神等都起着积极的作用。

3. 教育价值

少数民族传统体育是民族精神的象征。通过对珍珠球运动的学习，让学生了解我国少数民族存在着多种多样的民族文化，树立民族自豪感、增强民族凝聚力、加强民族团结、弘扬民族精神。同时，通过参与珍珠球比赛，可以有效强化参与者的拼搏意识，敢于进取，学会尊重规则，尊重对手，使竞争心态更为健康，实现身体和个性的健康发展。

四、龙舟

龙舟就是船上画着龙的形状或做成龙的形状的船。赛龙舟是中国民间传统水上体育竞赛项目，已流传两千多年，多是在喜庆节日举行。龙舟是一项在各民族中广泛开展的传统体育活动，壮族、苗族、傣族、白族、土家族等诸多南方少数民族均有在节日赛龙舟的风俗，是集体性多人划桨竞赛。史书记载，赛龙舟是为了纪念爱国诗人屈原而兴起的。由此可见，赛龙舟不仅是一种体育娱乐活动，更体现出人们心中的爱国主义和集体主义精神。

各个民族在赛龙舟时都将舟装扮成龙形，并以锣鼓为号令或助阵。比赛过程中群舟竞发、锣鼓喧天、百桨击水、舟行如飞。两岸观众欢声笑语，加油助威，充满欢乐祥和的节日气氛。

（一）龙舟运动概述

龙舟最早是做成龙形或刻有龙纹的船只，古代时帝王行水路时一般都要乘龙舟。《隋书·炀帝记》记载"上御龙舟，幸江都"。皇帝乘坐的龙舟，高大宽敞，雄伟奢华，舟上楼阁巍峨，舟身精雕细镂，彩绘金饰，气象非凡，南宋画院待诏李嵩画的大龙舟，即是一例。民间用来竞渡的龙舟和皇家龙舟不可比肩，一般都做得窄小狭长一些，以利赛事。

龙舟，其形制因时代而变化，因地域而不同。据资料记载，古代的龙舟约四五丈长，头尾高翘，彩画成龙形。中舱上下两层，船首有龙头和秋千架，旁列弓、弩、剑、戟等十八般兵器和各式旗帜。尾有蜈蚣旗，中舱下层敲打锣鼓。

1. 各地龙舟特色

苏州的龙舟分成各色，四角插旌旗，鼓手伏在中舱，两旁划手16人。篙师执长钩立于船头，称作挡头篙。船头亭上，选面端貌正的儿童，装扮成台阁故事，称龙头太子，船尾高丈余，牵系彩绳。

当代用来竞渡的龙船，形制比旧时简化了许多。船以色彩划分赤龙、青龙、黄龙、白龙、黑龙等。船身、船上的罗伞旌旗等装饰，以及划手们的服装乃至船桨，都要求同一颜色。湖北、湖南等地的龙舟短则七丈多，长则十一丈余，划动时有如游龙戏水。福建的龙舟，船首雕刻龙头，口能开合，舌能转动。贵州的龙舟由三只独木船联合而成，中间较长的一只称"母船"，船上有鼓手指挥，两边的两只船身稍短，称"子船"。

温州各乡都有龙船，各庙宇设香官神，专管划龙船。每逢端阳节，有些地方要做新龙船，四月初一就擂鼓开殿门，祭香官神，开始造船。各地乡风一般都是五月初一才开殿门，祭神后即开划，俗叫"上水"，斗龙结束叫"散河"或"洗巷"。龙船头各处大同小异。有的在船身绘画龙鳞，头尾安置活动的龙头龙尾，形状较小，有的船身稍画上几笔龙鳞，也无头无尾，但形状较大。每乡龙船，各有固定颜色的旗帜。

傣族是每年清明节后十日左右的"泼水节"举行龙舟赛，每船有60名水手、4名舵手和4名引道手，比赛时，由一人敲锣指挥，水手按锣声节奏划桨前进。

2. 竞赛龙舟的制作

杉木和樟木是造龙舟的上好木料。造大龙舟，最困难的是寻找木材。要寻找25米长以上的整木，将其切分成5片接成船底，这样造出的龙舟才会坚固结实。这样的木材现在只能在深山老林中才能找到，树头的直径必须有20厘米才能符合条件。

3. 龙舟船体规格

龙舟船的大小因地而异。比赛是在规定距离内，同时起航，以到达终点先后决定名次。我国各族的龙舟赛略有不同。汉族多在每年"端午节"举行，船长一般为20~30米。苗族是在每年5月24~27日的"龙船节"举行，船长约20米，宽1米，由三根直而粗的杉树挖成槽形，捆绑而成，中间是母船，两边为子船。比赛时，炮声响处，各水手即按锣鼓节拍划桨前进。

（二）龙舟运动基本技术

龙舟竞赛时通常人数额定为23人，在竞赛时不调头，而是人转身反方向坐。龙舟的鼓声很有节奏，转身的鼓声为密集点鼓，鼓在船面最中，两旁划的人要听鼓声，两头是梢桨，即船舵，靠此端正舵向，旗是招牌，使岸上观众能够辨认。

龙舟运动由划手、鼓手、锣手、舵手组成，每人的姿势各不相同。划手的姿势大概可以分为坐姿划、立姿划、单腿跪姿划，鼓手的姿势可分为站立打鼓、坐着打鼓、单腿跪姿打鼓，锣手的姿势可分为站立打锣、坐着打锣，舵手的姿势有站立把固定舵、站立把活动舵和坐着把活动舵。划手动作方法包括握桨、坐姿、划桨技术、集体配合等基本技术。

1. 握桨

右排坐姿的握桨是左手在桨把的上端，掌心紧贴桨把，四指并拢从外向内弯曲握住，拇指从内向外握住桨把。右手在桨的下端（桨叶与桨把的交界处），四指弯曲并拢从外向内，拇指从内向外握住桨把，划行时要保持自然放松。

左排坐姿的握桨要领与右排一样，只是左右手上下位置相反，通常把握在上端的手叫"上手"或"推手"。握在下面桨柄处的手叫"下手"或"牵引手"，上手臂的肩叫"推肩"或"上肩"，下手臂的肩叫"牵引肩"或"下肩"。

2. 坐姿

右排坐姿是左脚在前，全脚掌踏实在舟板上，左腿半屈，右脚在后，位于臀部下方，前脚掌踏在舟板上。脚跟提起，大腿和臀部的外侧紧贴在舟的内沿。左排坐姿的技术方法和要求与右排坐姿相同，只是左右腿动作相反。

3. 划桨技术

划桨时桨入水的角度一般以80°~90°为宜，用力划行时，身体前倾，上手向前推，下手向后拉，形成高肘动作。在桨入水瞬间，上手臂用力向下压桨至拉水完毕。向上抬提桨时要求上手臂放松，下手腕内扣，使桨叶卸水。

4. 集体配合

赛龙舟很讲究集体配合，要求握桨的技术动作一致、入水角度一致、入水深浅一致和用力均匀协调一致，全体参赛者要听从指挥，随哨声或鼓声划行，其节奏是咯（鼓声）、喳（划水声）。划桨动作要与呼吸协调配合，起桨时吸气，划桨时呼气。

（三）龙舟制作和比赛方法

龙舟的制作较为简单，一般来说，龙头大多用整木雕成，不管是专业龙舟还是业余龙舟，竞渡前才装在船上，它是区别各队龙舟的主要标志。龙尾也用整木雕成，刻满鳞片。龙舟的装饰，包括旗帜和船体上的绘画，以及锣、鼓、神位等。赛龙舟分为民间比赛和正式比赛。

1. 民间比赛

民间比赛时龙舟的龙头、龙尾都装饰成龙的形状，其大小因地而异，龙船的形状、重量也不一样。比赛时，以龙头的颜色和划船者的头巾与服装的颜色为准分为黑龙、黄龙、白龙、青龙、红龙，比赛距离根据场地情况由组织者确定，在规定的距离内以先到达终点者为胜。

2. 正式比赛

正式比赛按照竞赛规则的要求，龙舟长 11.59 米、宽 1.07 米、高 0.64 米，人数（包括鼓手和舵手）不得超过 23 人。比赛设有男女 400 米、500 米、600 米、800 米、1000 米直道竞速。比赛在静水水域（航道是直的，起航线与终点必须平行，并与航道线垂直）进行，每队登舟队员为 23 人，包括舵手、锣手、鼓手各 1 人，划手 20 人。比赛采用两船一组对抗赛的传统竞赛方式，根据参赛队数安排预赛、复赛、决赛等不同赛次，最终以到达终点的先后顺序及时间判定名次。

3. 主要规则

（1）竞赛项目。按照第八届全国民运会龙舟竞赛规程的规定，龙舟竞赛项目包括标准龙舟和小龙舟两个项目，标准龙舟比赛有男子直道竞速、女子直道竞速、男女混合直道竞速 250 米、500 米、800 米、1000 米等比赛项目。小龙舟比赛有男子直道竞速、女子直道竞速、男女混合直道竞速 250 米、500 米等比赛项目。

（2）航道。根据河道条件，设男女 400 米、500 米、600 米、800 米、1000 米直道竞速（可按当地条件变更距离）。比赛应设在静水水域，航道是直的，起航线与终点线必须平行并与航道线垂直。根据参赛队数及场地条件，设 2 条、4 条、6 条或 8 条航道，每条航道宽度可按 9 米、11 米、13.5 米布置。航道最浅处水深不得少于 2.50 米，航道内不得有水草、暗礁和木桩，航道外 5 米内应无障碍物。

（3）器材与附属装置。按各地传统龙舟式样规格制造，制作材料不限。舵桨及划桨规格按有关规定要求统一制作。

传统龙舟可按各地习惯制作龙头和龙尾，并备有锣、锣架、鼓和鼓架等，另可带水标 2 个，预备划桨若干个。

（4）队员。队员必须身体健康，会游泳，熟悉水性。龙舟参赛队员为 25 人。每队设队长一名（运动员兼），比赛时必须佩戴标志。每队登舟比赛队员为 23 人，包括舵手、锣手、鼓手各 1 人，划手 20 人。每队替补队员 2 人。替换时需经裁判员验明资格，并于检录登舟前替换完毕，登舟后不得替换。

（5）选龙舟。根据中国龙舟协会竞赛规则要求：龙舟长度为 12 米（由龙头至龙尾）。船身长度为 9.6 米，龙舟宽度为 96 厘米（中舱最宽处），龙舟重量不设统一标准（要求同一赛事所用之最重龙舟与最轻龙舟差距不得超过 5 千克）。

五、木球、蹴球和秋千

（一）木球

木球是回族传统体育项目，是由回族青少年放牧时"打篮子""赶毛球"活动演变而来。木球比赛近似曲棍球和冰球。运动员持击球板快速奔跑、传接配合，被击出的木球快速飞出，瞬间入门得分。木球竞赛充分显示个人高超技巧与集体配合默契水平，深受回族青少年喜爱。木球比赛在长 40 米、宽 25 米的场地上进行。每队上场队员 5 人，手握击球板，运用传、接、运、抢和击球射门等技术，避开对方防守，将球击入对方球门得分。全场比赛时间 40 分钟，每半场时间为 20 分钟，两半场中间休息 10 分钟。木球的形状为长圆柱体，球体长 9 厘米。击球板由竹、木或非金属合成材料制成，全长 70 厘米，由板柄和板头两部分组成。球门宽 1.20 米，高 0.8 米，球门后装球网。

目前的竞赛器材在试制改进中，从加强对运动员的安全防护出发，选定韧性较强的槐木作为球板材料，在板头部位做了包胶处理，以防止板体开裂伤人和增加缓冲力。对木球也做了相应改进，在保留其木质球体的基础上，以软海绵和橡胶在外层做了双重防护。

在紧张激烈的对抗性活动中，在安全方面有诸多改进，使木球运动竞赛更安全、实用，木球运动将更易于在群众中流传，具有更强的生命力。木球又俗称平民高尔夫，作为一项体育运动，木球在大多数人眼中还很陌生，这项颇具民族特色的传统体育项目在中国的台湾地区、香港和澳门特区发展迅速，在全世界也吸引了越来越多爱好者的参与。红色的木球，绿色的运动是木球运动发展的主题思想。

木球运动起源于中国台湾地区，由于木球适合各年龄层的人参与，很快风靡台湾省。目前，世界上已有 21 个国家和地区成立了木球协会，在东南亚一带尤其盛行。亚洲之外的奥地利、意大利、匈牙利、英国、加拿大、美国等国也有不少的木球爱好者，亚洲木球总会也已获得亚奥理事会的承认。

在木球比赛中，每 4 人一组轮流挥杆击球，选手需完成 12 道的比赛，每一赛道终点有一球门，累计各赛道将球击进球门的杆数，杆数少者为优胜，规则酷似高尔夫球。木球是一种集休闲与娱乐于一体的运动，倡导环保理念，运动量适中，老少皆宜，使人们更能亲近自然。木球运动不受年龄、性别的限制，将竞技、休闲和健身性融为一体，公园、学校草地都可作为场地，非常适合在学校及民间进行推广。

（二）蹴球

蹴球（蹴鞠）流传了两千三百多年，它起源于春秋战国时期的齐国故都临淄。唐宋时期最为繁荣，经常出现"球终日不坠"，"球不离足，足不离球，华庭观赏，万人瞻仰"的情景。宋《文献通考》载："蹴球盖始于唐。植两修竹，高数丈，络网于上，为门以度球，球工分左右朋，以角胜负。"唐德宗、唐宪宗、唐穆宗、唐敬宗都喜蹴球，《州府元龟》载："唐德宗贞元十二年二月寒食节帝御麒麟殿之东亭，观武臣及勋戚子弟会球，兼赐宰臣宴馔"，宋代也有《太祖蹴鞠图》。

蹴球比赛是在一块 10 米×10 米的正方形平整土地上进行，分两队进行比赛，每队两名运动员。有单人赛、双人赛、团体赛等形式，竞赛项目分男子单蹴、男子双蹴、女子单蹴、女子双蹴、混合双蹴球等。使用地掷球，每队两只球。分蓝红两色。甲队编为 1 号和 3 号，乙队编为 2 号、4 号，比赛按 1、2、3、4 号的顺序轮流蹴球。比赛时脚跟着地，脚掌触球，用力蹴球。击中对方球，得 1～2 分，把对方球击出场外得 4 分，先积 50 分者为胜方，三局两胜。

蹴鞠类似于中国古代的足球运动，是我们中华民族的体育明珠，蹴球的挖掘整理成功，使千年古书上记载的蹴鞠以新的面目得到新生，为新形势下的全民健身运动做出了贡献。蹴球是北京市民族传统体育协会挖掘整理的一个传统体育项目，它来源于清代的踢石球，经过十几年来不断的表演、比赛，现已形成了比较完善的规则，进入在群众中推广普及的阶段。蹴球由于器材简单，场地面积小，可进行单人、双人、团体赛。竞赛起来既有锻炼身体价值，又有趣味性和观赏性，老少皆宜，很受群众欢迎，是开展全民健身运动的一个好项目。

（三）秋千

秋千在我国的汉族、壮族、土家族、朝鲜族、彝族、纳西族、傈僳族、景颇族、维吾尔族、普米族、锡伯族、高山族、怒族等民族都十分流行，有着悠久的历史，各民族开展的秋千活动各有特色。在各民族流传的荡秋千活动中，最享有盛誉的当首推东北地区的朝鲜族。朝鲜族姑娘荡秋千驰名中外，她们荡秋千突出的特点是高、飘、悠、巧、柔、美等，显示了朝鲜族妇女的美丽、善良、健康、勤劳的风貌。

荡秋千是中国古老的民族传统体育活动，据《古今艺术图》记载，中国古代中原地区的秋千，是从生活在北方的一个少数民族山戎族那里引进的。

山戎族很喜欢荡秋千，用秋千来培养人的矫健、敏捷等特别重要的战斗素质。春秋时代，齐桓公北伐山戎时，看到当地人踩着两根带子吊在空中晃来荡去锻炼身体，于是就把这种游戏带回中原。相传这就是后来盛行于民间的秋千游戏的来历。秋千是一些少数民族的传统体育项目，而且各地的秋千活动形式不一，具有不同的称谓，如荡秋、磨秋、观音秋、纺车秋、转轮秋、二久秋、担子秋等。

在我国汉族和西南少数民族地区流行着一种名曰"转秋"的秋千，也称"转转秋"或"纺车秋"，其活动特点是：在两根立柱中间挂一个十字交叉的秋千架，十字交叉的每头置一副秋千坐板，上各坐一人，当转到下面这个人的蹬地力量和空中另外三个人下拉、下坐的力量结合，做上下旋转运动。贵州东南苗族地区的转秋，每块坐板上坐两人，四块坐板上可坐八人，谓之"八人秋千"。每逢节日，男女青年身着盛装，在转秋千上飞快旋转，人影绰约，欢快无比。到高潮时，对歌之声此起彼伏，热闹非凡。我国北方汉族也多有打转秋千之举。山东荣成一带称为"龙门秋千"。打龙门秋千时，人们要选择一条冬季干涸的小沙河，然后在河两岸各竖一柳木桩。两柳木桩间横架一木轴，轴两端装摇把，轴上穿一个大纺轮，轮上有六个小横梁，由小横梁上各垂下两条绳索拴踏板。然后让六名青年女子分别坐在踏板上。此时柳木桩下的数名小伙子合力摇动木摇把，使木轮飞快转动，于是秋千踏板上的女子便上下翻飞不止。居住在湘西的苗族，在每年的"赶秋节"上要举行荡八人秋千活动，这是一项男女青年都尤为喜爱的一种传统体育。

秋千的另一种形式就是磨秋，它流行于土族、哈尼族和彝族等少数民族地区。磨秋按其特点又分转磨秋和磨担秋两种。转磨秋是中立一柱，其顶端有轴，上系数条绳索，下以绳索拴数块踏板或铁环。转磨秋的人们坐在踏板上或抱环旋转为戏。转磨秋在不同地区的制作方式及玩法有所不同，我国青海省的土族人就地取材，因地制宜，拆下大板车轮，将车柱竖起，下轮压重物固定重心，上轮绑一架梯子，在梯子两端拴上等长的皮绳（似秋千索）即成，故又称为"轮子秋"。比赛时，参赛双方各坐在梯子两端的皮绳套环上，再用手握紧皮绳两侧，然后旋转轮子。比赛结果以转得时间长、头不晕、眼不花者为胜。磨秋的另一种形式为磨担秋。磨担秋是竖一直木于地，直木顶端有圆形尖顶，再以一横木杆（中心处有一圆孔）合在上面。横木杆两端各坐一人（也有趴在上面的）。以蹬地作动力，使之绕直木上下或转圈活动，很像"跷跷板"。节日里，男女青年骑上磨担秋，互相追撵比赛，气氛欢快热烈。这一活动主要在我国云南哈尼族、彝族等少数民族中流行。

新疆维吾尔族的秋千比较高大，维吾尔语叫"沙合尔地"，汉语称"空中转轮"，它类似土族的轮子秋。所不同的是在平坦的广场上竖立一根约 15 米高的木柱为主轴，主轴上端安装一个木轮，木轮边圈上对称地系着两根或 4 根约 20 米长的吊绳，活动者牵附吊绳，众人向一个方向边跑边蹬地，身体渐渐升高盘旋起来。有时主轴下面有人帮助转动横木，人在悬空旋转时，脚不能蹬地，由他人推动横木，使活动者不停盘旋，越来越高，颇有一番扣人心弦的惊险。

荡秋千可以锻炼身体和意志品质，尤其是能有效地提高人体在急速升降和悠荡时的适应能力以及身悬高空时的心理平衡感。在许多少数民族的风尚习俗中，荡秋千还有着祈求丰收，祝愿老人长寿吉祥和为未婚青年男女搭鹊桥等种种含义。现代大城市中的许多游乐中心，所设的电气化大型高空转椅、转塔等游戏器械，可以说是传统秋千的延伸和发展。

传统秋千比赛只限女子参加。第七届全国民运会设个人高度和触铃、双人高度和触铃及团体赛五个项目。高度比赛是以在规定的试荡次数内荡达的最高点计算成绩。触铃比赛则是以在规定的高度上和时间内以运动员触铃的次数计算成绩。

六、射弩、打陀螺、押加和武术

（一）射弩

射弩是一项古老的射箭活动，在中国有着悠久的历史，在我国南方的瑶族、傈僳族、怒族、苗族、彝族等民族中，都有着使用弩箭的悠久历史。少数民族的先民们为了生存和自卫，在狩猎、觅食的原始生活中，发明并逐渐完善使用弩箭，不断培养与提高族人的射弩技能，他们不仅用弩狩猎，还将弩作为装饰品和定情信物。据史料记载，山地民族"善用竹，入林射飞禽无不中，用木竹为弓"，相传贵州苗族弩箭是苗族先民作为作战武器而留存的，称为"药弩"，人或鸟兽中箭即中毒而死，见血封喉。据元代《秋涧先生大全文集》记载："百夷兵械有刀枪、弓弩。"今日之射弩活动和古代相比，在方法上没有多大改变。所不同的是，古代的弩主要作为狩猎工具和防御外侮和自卫的兵器，而今日随着社会的发展，原作为生产工具和防卫兵器的射弩已演变为竞技体育项目，成为人们寻求竞技、健身、娱乐的手段。许多地区的少数民族每逢节日都组织开展射弩活动，并以具有射弩技能为荣。如居住在中国西南怒江峡谷两岸的傈僳族人，弯弓和箭就是傈僳族男子的标志。他们有句谚语："拉不开弓的人不算男人"，所以男孩五六岁就开始射弩。每年在新年节日进行射弩比赛，射程为男子 20 米、女子 10 米，每人射 20 箭，分立姿和跪姿两种，每种姿势射 10 箭，均为无依托，以射中的环数计算成绩。

随着时代的变迁及社会文化与科学的发展，民族传统体育的射弩运动将绽放绚丽多彩的光彩。

（二）打陀螺

打陀螺，是用鞭子抽击圆锥物体的陀螺，使其在平滑地面上旋转的一种民族传统体育活动。各民族对陀螺具有不同的称呼，如"地黄中""冰猴儿""老牛""牛牛儿""菱角""格螺"等。20 世纪 20 年代在山西夏县西阴村灰土岭文化遗址曾出土一个陶制小陀螺，经考证表明在 4000 多年前我国就有这种与现代陀螺形状大致相似的娱乐玩具。陀螺至宋代时已十分流行，那时陀螺与现在的形制已基本相同。

陀螺也称为"格螺"，有木制、竹制、石制、陶制及砖瓦磨制的不同质地，通常以木制陀螺为多见。一般用质地坚硬的木质材料制成，其形状均匀利于旋转。在我国，很多民族每逢年节来临时，都要举行打陀螺的竞赛活动，不同地区民族的打陀螺活动，其形式也有所区别。

拉祜族的陀螺多用紫杨木制成，既大又沉，有的重一公斤，打陀螺的场地长 4 米左右，地上画两条线，分前、中、后三场。前场较大为旋转陀螺的地方，中场是打陀区，后场是甩陀区。参加活动的人轮流旋陀与打陀。开始比赛时放陀人先在前场旋转陀螺，打陀人要在打陀区外，扔出自己旋转的陀螺来打击前场的旋转陀螺，以将其砸出界外，自身又保持旋转者为胜。打不中，第二人接着打，如打中，但未砸出界外，接打的人就要退到甩陀区去打陀螺。这种活动可以一对一比，也可进行团体赛，但人数要相等。

瑶族人打陀螺有近距离和远距离两种。近距离比赛是由一个队先放一只陀螺，另一个队在距离 4 米左右的地方用旋转的陀螺去打击，击中后仍旋转者为胜。远距离的打法先商定距离是 5 米或 10 米，由一队在画好的圆圈内把陀螺全部放转，让另一队在规定距离外逐个用陀螺旋打，以击中的多和陀螺旋转时间长者为胜方，第二轮由负方旋转，胜方打击，不断打下去，时间可长可短。瑶族人打陀螺用的鞭子是用沙皮树的树枝搓成的一头粗一头细的绳索。把绳索细的一头缠绕在陀螺底尖的上部，把粗的一头捆握在手的虎口上，用力脱手甩开旋放，陀螺便会在平整的场地上飞快地旋转起来。瑶族青壮年打的陀螺一般重约 2 斤，少年儿童打的陀螺虽然较轻，但也有 1 斤左右重。

打陀螺在佤族、瑶族、壮族等西南少数民族中流传已很久，玩法多样，陀螺形式各异，最大的可达四五斤重，比赛时间用鞭绳缠绕陀螺，互相旋放击打，互撞之后，以陀螺旋转时间较长者为胜。

（三）押加

押加又称"大象拔河"或"藏式拔河"，藏语叫"浪波聂孜"，意为大象颈部技能，在西藏已有百年的历史。在四川藏区，类似活动被称为"贡牛"。

甘孜藏族自治州还有一种把腰带套在脖子上、面对面站立的拔河游戏，称为"格吞"。

押加这一民族传统体育项目在藏区最普及，现已被列为全国民运会比赛项目。押加的活动形式为颈力比赛、腰力比赛和手力比赛等。在藏区每逢节日庆典活动各地都举行押加比赛。平日农牧闲暇时，在牧场上或田间，人们相互把两条背带或腰带连在一起，以游戏的形式练习和比赛。由于押加的基本技术、比赛规则和场地设备比较简单，因此是一项比较容易开展的民族传统体育项目。押加比赛按体重分级别，此项运动不受年龄的限制，男女老少都可以参与，因此它可以吸引更多的群众来参加这项运动。

押加比赛在平整硬质地面上进行。先在地上画两条平行线作为河界，中央又画一条中界线，准备一条长约 4 米的绳子式布带并两端打结。比赛场地为长方形，宽 2 米，长 9 米。比赛时，由两名运动员在比赛场地上，将一条长绸布带做成的圆环分别套于颈部（带子从两腿间通过），两人相背，将赛绳经过腹胸部从裆下穿过，然后趴下，双手着地，赛绳拉直，绳子中间系一红布为标志，垂直于中界。听到比赛开始的口令后，两人用力互拉前爬（爬拉动作模拟大象）。用腿腰肩颈的力量拖动布带奋力向前爬，以将红布标志拉过河界者为胜。

传统的押加项目是在西藏特殊的自然环境和独特的民族生活习俗基础上产生的，并以独特的形式世代相传，深受广大藏族群众的喜爱，具有深厚的群众基础，因此得以保存和发展。

押加比赛要求运动员要着民族服装，胶底鞋，双手不能增加任何辅助器材。一场比赛的参赛者为两人，年龄不受限制，每场比赛均采用三局两胜制。

比赛时间一般也不受限制，但在一局比赛中如遇双方相持达一分半钟不能决出胜负，应暂停比赛，休息一分钟后重新比赛。

（四）武术

武术源于古代民间自然搏击与打斗方法的演变，古代时期由于人类社会生存区域的争夺与战争，逐渐形成了各种搏击方法与武技，如徒手搏击（拳术）和器械搏击（刀、枪、剑、戟等兵器技击术）。武术是中华民族传统体育文化中的经典运动项目，通常是指徒手搏击和使用兵器按照一定技击规律与动作结构所组成的各种攻防格斗动作、套路和武技练习等进行械斗的技术。其内容包括踢、摔、打、拿、跌、击、劈、刺等攻击性动作和闪、展、腾、挪等防守性动作。武术在我国具有极其广泛的群众性基础，是中华民族在长期社会实践中不断积累和丰富起来的宝贵文化遗产。

武术的文化性质既体现了中华民族对技击之道的理解与观念，又体现了民众强身、健体、育心的目的性。在一定层面上彰显了民众对武术练习的多种价值追求，并从中折射出中华民族的发展历程及其道德品值。

武术作为一个名词概念，始见于南宋朝的《皇太子释奠会作》："偃闭武术。阐扬文令。"但其中的武术主要是针对军事而言。作为一个属于体育文化范畴并包含多种价值功能的技艺名词概念，武术一词始于晚清。1908 年 7 月的《东方杂志》第 6 期上引载了

《神州日报》的一篇文章，其名曰"论今日国民宜崇旧有之武术"。在相当长的历史时期内，被后人称为武术的人体运动方式，史料中记为"技击"或通称"武艺"，有时又写成"技勇"等。武术是以技击动作为主要内容，以套路和格斗为运动形式，注重内外兼修的中国传统体育项目。武术的概念是人们认识武术的一个重要逻辑起点，在充分理解、把握武术概念的基础上，才能加深对武术运动理论与实践的学习、掌握与应用，才能更加深入地对武术运动理论与实践进行研究和探索。

武术是中华民族文化的重要组成部分之一，是我国民族传统体育文化的典型代表，它的文化属性随着社会历史的变迁而发展。在古代，社会军事武艺是古代武术形成、发展的一个重要文化源泉。随着社会的发展，人们逐渐认识到武术的价值取向具备多元的影响因素，武术的价值取向和结构内涵丰富，除了军事武艺的技击属性外，还具有强身健体、修身养性及娱乐等文化价值和功能。在武术科学的结构体系中武术对武艺的吸取，必然要经过与民族文化的融合与筛选，在武术的传承与发展过程中受到军事武艺、文艺舞蹈、戏剧艺术、杂技娱乐及导引健身等多种文化形式的影响。

中华民族的传统武术是在军事武艺、文艺舞蹈、戏剧艺术、杂技娱乐及导引健身等多元因素的促进与制约条件下，在与外来文化的融合过程中逐渐形成、发展和完善的。

武术运动项目的组成有两部分：一是套路，即各种拳术的套路，别看没有什么技击作用，但这是武术的基本组成部分，套路可以锻炼身体的柔韧性、灵活性、协调性、平衡、力量、耐力等；二是攻防，你打我防，我打你防，只要哪一方防不住，哪一方就输了。从攻防再延伸出来，就可以去思考、模拟。虚拟一个对手，对你进行各种攻击，你怎样去防守和反击，把这些防守和反击动作组合起来，加以一定的动作技术原理，配合身体的灵活性、柔韧性和力量，充分发挥动作的速度、力度达到运动的目的。

七、马术、高脚竞速、摔跤、板鞋竞速和独竹漂

（一）马术

马术也称为赛马，是众多民族喜爱的传统体育项目。在西藏、内蒙古、新疆、青海、甘肃、云南、贵州、四川等地区尤为盛行。由于各地民族习俗不同，赛马项目与形式各有千秋。历届运动会马上项目设有速度赛马、走马、跑马射击、跑马射箭和跑马拾哈达五个项目的比赛。

赛马是藏族人民最喜爱的体育运动项目，藏语称"达久"，在所有民间传承的藏族节日中，几乎都少不了赛马。据藏史记载，第一次赛马会是在公元779年，桑耶寺落成庆典时举行的。藏区每年均举办各种赛马会，如羌塘赛马会、那曲赛马会、昌都赛马节等。其中那曲赛马会规模最为盛大，是藏北草原规模最大的传统节日，每年公历8月1日举行，为期5~15天。这一传统节日近年得到进一步发展，除赛马、射箭和马术表演等传统项目外，还增加了举重、拔河、说唱格萨尔等活动。在藏历五月至六月，昌都地区的江达、类

乌齐、贡觉、察雅、八宿一带都要举行各种形式的赛马盛会，这种盛会已成为昌都农牧民群众中最持久、最普遍的社会性活动。1974 年，在第二届西藏自治区运动会上，赛马被纳入现代竞技体育比赛项目中。

马术包括马上技巧性体育活动，主要有骑射、骑马拾哈达、骑马敬献青稞酒等项目内容。参赛者头戴大红帽，身着民族盛装，在飞驰的马背上做行礼、仰卧起坐、左右转身、左右弯腰、倒骑马背等各种惊险动作。

骑射是在相距 50 米处各放置一个红底黑心的射靶，由射手高举火枪飞速射向第一靶，然后迅速将火枪背起，左手取弓，右手抽箭射向第二靶，骑马拾哈达是骑手身跨在马背的一侧，在马飞奔中将跑道上的哈达拾起。

骑马敬献青稞酒由三名骑手共同配合完成，第一名骑手擎着空杯飞马驰过跑道，把酒杯放在跑道上，第二名骑手擎着酒壶飞马从酒杯旁驰过，将酒杯斟满酒，第三名骑手驰马端起酒杯，不得将杯中酒洒泼，把这杯酒献给在场最受尊敬的人。马术多在藏区的望果节上表演，经过规范化的骑射和骑马拾哈达已经成为全国少数民族传统体育运动会上的正式比赛项目。

（二）高脚竞速

高脚竞速俗称高脚马，即截竹为马，故又称竹马。高脚竞速是在湘、鄂、渝、黔四省边境各县市广大土家、苗寨盛行的一项民间传统的体育活动。多少年来一直为该地区各民族青少年儿童所喜好。高脚竞速是由运动员双手各持一个高脚马，同时脚踩马上的脚踏蹬，在田径场上进行的比赛，以在同等的距离内所用的时间长短决定名次，是队员在高脚马上进行速度的比赛。

高脚竞速是现在的名称，以前叫作"高脚马"或"竹马"，它与我国北方的踩高跷有近似之处。高脚竞速是比赛运动员双手各持一杆，听到出发令时脚快速踩上杆的脚踏蹬，在田径场上进行的以追求速度的比赛，以在规定距离内所用的时间最少、最先到达终点者为优胜，高脚竞速是比赛运动员在高脚马上进行速度和力量的竞赛。

高脚竞速在土家语中称其为"吉么列"。相传在新中国成立前的少数民族地区，由于浅水河流比较多，在雨季或过浅水河流时为了不湿鞋袜，而以此作为代步的工具，特别是对于喜欢穿布鞋的土家族群众来说，它不失为一种极好的蹚水工具。

到目前为止，各省市、自治区少数民族传统体育运动大会比赛的项目中都有高脚竞速，进行竞速和对抗两项比赛。高脚竞速就是比谁跑得快，可在平地或田径场上进行。比赛的距离有 50 米、100 米、200 米、400 米和 2×200 米接力跑。此外，高脚竞速比赛也可以因地制宜，跑适当的距离，在条件相等的情况下，看谁首先跑完全程。

高脚竞速所使用的器材称为"高脚马"，高脚杆为竹、木或其他硬质材料制成。高脚杆高度不限，从杆底部向上 30～35 厘米处加制踏蹬，踏蹬高度的丈量从杆底至杆枝点的上沿。所有场地为标准田径场。

根据第八届少数民族传统体育运动会高脚竞速竞赛规程规定，高脚竞速竞赛项目包括男子、女子100米、200米和2×200米接力。高脚竞速作为一项在田径场上进行的运动，其技术要求比较复杂，需要参与者具备良好的身体素质和勇敢、坚毅的意志品质。这种运动的最大特点是运动中肌肉活动达到最大强度，整个机体处于极其紧张的状态中，尤其是大脑皮层兴奋抑制过程要迅速频繁地转换交替。在竞速过程中人体的味觉感受能得到有效改善，对提高人体平衡能力起着显著的作用。

1. 高脚竞速方法的特点

人们根据这一活动可以用来比赛耐力和技艺、比赛速度的特点，将其加以发挥，逐步发展为一种民间体育运动——高脚竞速。因为这一运动是削竹为马，类似于以竹代马，故此项运动又称竹马，是高脚马上速度和力量的比赛。

比赛时，两脚分别踏在两个竹马的脚蹬上，前进或后退。比赛主要有竞速和对抗。竞速，是比谁跑得快，可在平地或田径场上进行。

高脚马的比赛，除了竞速和对抗外，还可以进行越野、障碍和竞艺比赛。

越野赛跑，就是在郊外赛跑，需要跨过溪沟、通过泽沼或稻田、走过沙滩、穿过小林等。有上坡，也有下坡。障碍赛跑，就是在竞速的途中设几个障碍物。竞艺，就是骑到竹马上，在规定场地上，在不下竹马的条件下比谁骑的姿势多、姿势优美、难度大等。

目前，高脚竞速训练所采取的方法和田径训练方法基本相似。田径训练跑采取的是异步路，出左脚，伸右手。高脚竞速是一根竹竿上面绑了两个脚蹬，右脚动，左脚也要动，所以是顺步跑，技术难点、要求关键在这个地方。因为竹竿比较细，接触点比较小。再一个是顺步跑，就是同步跑。对运动员灵活性、协调性和平衡性的要求是比较高的。

2. 高脚竞速的基本技术

高脚竞速作为一项对人的肢体平衡、肌肉控制强度均有较高要求的竞技活动，对于初学者有一定的难度。高脚竞速基本技术包括握马、上马、起跑、起跑后加速跑、途中跑和终点跑等几个阶段。

高脚竞速运动强度大，特别是在有弯道的200米跑的过程中，需要合理地分配体力，要根据自己的实际情况、对手的速度、耐力和能力以及根据比赛名次来确定自己的跑法。通常100米跑的比赛中应力争每次都尽力取得好名次，决赛跑出最好成绩。200米跑中要合理安排前后100米的体力，前100米要以接近自己平时最好成绩的速度完成，进入直道时要以惯性放松自然跑，然后再次加速跑。在接力比赛中，要将起跑速度快的队员安排在前面，弯道要安排相对个子小、弯道技术好的队员，最后安排冲刺速度好的队员。

高脚竞速的完整技术完成关键是在高脚杆上从平衡到行走，直至奔走的过程。为了提高骑马跑动的技术，就要增强腰部、臀部和相关肌肉的力量，提高神经系统的灵活性及全身协调用力的能力。

3. 高脚竞速的基本规则

高脚竞速在标准的田径场上进行比赛可分为无直接对抗比赛和角斗比赛。

无直接对抗比赛的规则为：参赛队员必须站在起跑线后起跑，并在规定的跑道内进行比赛。在何处落下必须在何处上高跷，2×200 米接力时必须在接力区内完成交接，运动员必须两脚踩在高跷上完成比赛。

在一些民族地区节庆活动中，高脚马还有另一种表演形式，即所谓"高脚马对抗"，是指表演者在规定的场地上，骑在竹马上，各自在规则允许的范围内运用各种攻防技巧，将对方撞倒下地或打下高脚马，自己仍骑在竹马上为胜利。

高脚马可用木质、竹质、铁质或其他材料制成，高脚马踏镫可用绑马褡或用绳索系成。马脚高度为 30~35 厘米，马脚底部可配金属防滑耐磨的材料。

（三）摔跤

摔跤在我国源远流长，历史悠久。根据文字记载，早在四千年前原始社会就有了摔跤活动的雏形。当时的人们为了求得生存，在与自然界进行斗争和在部落之间的冲突中，利用自己的力量、技巧取得食物和进行自卫而产生古代的摔跤。

摔跤是我国不少民族共同喜欢的体育活动，是民族节日活动中不可或缺的活动内容之一。如彝族的传统节日"火把节"要进行摔跤比赛，朝鲜族每逢端午、中秋等节日要举行摔跤，哈尼族在苦扎扎节要组织摔跤，蒙古族在那达慕大会上更离不开摔跤活动。侗族还专为摔跤定节日，如侗族的摔跤节分别在农历二月十五日和三月十五日，源于一个古老的传说：古时有一位侗族英雄与老虎摔打搏斗，在二月十五日和三月十五日打死了两只猛虎，周围侗寨的人们为了纪念他，便在每年的这两天举行摔跤比赛，再现英雄与老虎相搏的场景。我国辽阔的疆域自古就繁栖着许多生活习俗不同的民族，由于这些民族居住地理环境的差异，生活特点的不同，所以各民族的摔跤方式方法也各有不同，并各自具备较完整的比赛规则和奖励办法。

1. 民族式摔跤的类别与方法

藏族式摔跤叫北嘎，藏式摔跤比赛有固定式、自由式、背抵背式和马上摔跤四种形式。固定式摔跤要求双方互相交叉抓住对方的腰带，或搂抱对方腰部以上的部位，用摔、拉、掀、提等方法将对手摔倒，使对手背部着地，连续三次摔倒对方者为胜；自由式摔跤要求双方互相抓住对方的肩膀，用脚勾、踢对方的脚，将对方踩倒即为胜；背抵背式要求双方背抵背而立，双方向后与对方双手相挽，同时用力，将对手背起双脚离开地面为胜；马上摔跤要求在奔驰的马上两人互摔，谁先从马上摔下为输。

早在唐代，松赞干布年间即已盛行。比赛时不能用脚绊，比赛者上身赤裸，有时还涂酥油，下穿短裤，腰束布带，足登藏靴。两两相搏或捉臂握腕或拦腰绊足。以被摔倒者为负，一局决胜负。比赛结束，败者献给胜者一条哈达。

现时比赛，比赛场地一般选择较平坦、松软的草地或田地（也可用摔跤垫）。比赛采用方形或圆形场地均可，方形场地为边长 14 米的正方形，圆形场地半径为 7 米。场地各线宽均为 10 厘米。比赛时，运动员必须双手抓好对方腰带（可一手在前，一手在后，或双手在对方背后握抱）。运动员仅靠腰臂之力提起对方将其旋转摔倒，禁用脚绊或蹬踹对方。比赛中一方运动员肩、背、腰、臀、髋、头、体侧任何一个部位着地即为负，对方即胜一局。比赛采用三局两胜制，胜一局得 1 分，根据得分，确定一场比赛的胜负。平局的处理为先得分者胜，受罚次数少者胜，体重轻者胜，各项条件相同时抛币决定胜负。蒙古族式摔跤也称博克，比赛有个人赛和团体赛。个人和团体赛均不分体重级别，以两人相遇进行一搏（摔跤）定胜负。比赛中的胜负标志是，先倒地或膝关节以上任何部位先着地者为负。

彝族式摔跤也称为格力，贵州、云南山区的彝族式摔跤采用从站立摔转为跪撑摔的循环式动作。采用抓对方腰带、抱单腿、过背、夹背拐等主要动作使对方肩着地而获胜。四川凉山彝族式摔跤比赛的方法是双方先抓好腰带，然后用肩、臂和腰等动作将对方摔倒为胜。维吾尔族式摔跤叫作且里西，比赛方法是先抓好对方腰带，用扛、勾、绊脚等动作将对手摔倒（肩、背，或侧身着地和臀着地为摔倒）为胜。比赛不分年龄，主要按体重划分为五个级别分别进行比赛。

2. 摔跤运动竞赛规则简介

摔跤运动历史悠久，开展广泛，深受各民族喜爱。每逢年、节及重大喜庆日都要举行摔跤比赛或表演。

摔跤已作为全国民运会的比赛项目，比赛分为个人赛与团体赛。个人比赛以个人在所属级别内竞赛所得的成绩，确定个人名次。团体比赛以每个团体所有被录取名次的运动员的成绩总和，确定团体名次。比赛采用循环制或淘汰制，运动员年龄不受限制，按体重分为五个级别，为 52 公斤级、57 公斤级、62 公斤级、74 公斤级和 90 公斤级。全部比赛只称量一次体重，开赛前一天称量。每场比赛三局，比赛时间为每局净摔 3 分钟，中间休息 1 分钟，每局中谁胜一跤即停止比赛，获胜者即胜一局，如运动员需连续比赛，场与场之间至少有 10 分钟的休息时间。比赛中双方运动员同时倒地分不出上下、先后则判平跤，互不得分。进攻者膝先着地，判进攻无效。

（四）板鞋竞速

板鞋竞速是壮族民间传统体育项目，起源于明代。相传明代倭寇侵扰我国沿海地带，广西河池地区的瓦氏夫人率兵赴沿海抗倭。瓦氏夫人为了让士兵步调一致，令 3 名士兵穿上一副长板鞋齐跑。长期如此训练，士兵的素质大大提高了，斗志高涨，所向披靡，打败了倭寇。后来南丹那地州壮族人民模仿瓦氏夫人练兵方法，开展 3 人板鞋竞技活动自娱自乐，挖掘了这项民间体育活动。

该项目体现了通心协力、同舟共济、团结奋进、拼搏进取的时代精神。专家们认为，该项目思想内容健康，同时具有浓厚的民族性、传统性、竞技性、开放性、普及性，是全民健身运动的理想项目。该项目作为一般的竞技体育和趣味体育项目，已影响到法国、美国、加拿大、日本、澳大利亚、泰国等国家和地区，有较高的知名度。

1. 板鞋竞速的方法

板鞋竞速是由多名运动员一起将足套在同一双板鞋上，在田径场上进行的比赛，以在同等距离内所用的时间多少决定名次。板鞋竞速在标准的田径场地上进行，场地线宽为5厘米，跑道分道宽 2.44 ~ 2.50 米。比赛板鞋以长度为 100 厘米、宽度为 9 厘米、厚度为 3 厘米的木料制成（以三人板鞋为例）。每只板鞋配有三块宽度为 5 厘米护足面皮，分别固定在板鞋规定的距离上，护皮以紧酵面为宜。第一块护皮前沿距板鞋前端 7 厘米，第二块护皮在第一块护皮与第三块护皮的中间，第三块护皮后沿距板鞋末端 15 厘米。

2. 板鞋竞速的竞赛项目

男子组有 60 米、100 米两个单项和 2×100 米接力，女子组有 60 米、100 米两个单项和 2×100 米接力。

（五）独竹漂

独竹漂比赛是指运动员赤着脚站在漂于水面的单棵竹漂上，利用手中的划竿划水使其前进，以在同等距离内所用时间的多少决定名次。竹漂和划竿可根据比赛的需要选用天然竹子或用复合材料制作。第九届全国少数民族传统体育运动会中所用的竹漂和划竿是用玻璃钢制作的，竹漂长度 7.5 米，直径 16 厘米，重 30 公斤；划竿长度 4.5 米，直径 4 厘米，重 3.5 公斤。

独竹漂是发源于赤水河流域的一种独特的黔北民间绝技。独竹漂高手们脚踩一根楠竹，漂行水上如履平地。"独竹漂"是指运动员脚踏漂流在水面上的单棵楠竹，依靠小竹竿划动实现水上漂行的一项民族传统体育项目，选手表演时赤着脚，手执一根细竹竿为"桨"，表演"乘风破浪、倒退、转身、绕弯、换竿"等绝技，颇有一苇渡江之妙。

独竹漂所用的竹子，是大头直径在 15 厘米以上无扭曲的大毛竹。其浮力足以承载一个人的重量。这种大毛竹要在毛竹林海的深处，水土丰茂的阳坡上才能选到，大的直径可达 20 厘米左右，长度大于 10 米。用作独竹漂时，截取 8 米左右的长度，无须任何加工，自然风干 20 多天。划行用的划竿则选用直径约 5 厘米，长约 4 米匀称笔直的斑竹或水竹，独竹漂手上竿后就靠这根划竿前行倒退，平衡转向。"赤水独竹漂"已被列入贵州省第三批省级非物质文化遗产保护名录，在第九届全国少数民族传统体育运动会上，独竹漂第一次被正式列入运动项目，此项比赛于 2011 年 9 月在贵州著名风景区红枫湖进行。

第三节 表演性民族传统体育文化项目

由各民族传承与发展的表演类民族传统体育运动项目，主要来源于少数民族生产、生活的民间传统体育项目，具有浓郁的民族风格与特色，这些表演类民族传统体育运动项目内容健康，充分体现了民族传统文化内涵和历史底蕴。通常是指民族特色项目、健身韵律操、民族体育舞蹈、硬气功等具有民族性、体育性、观赏性的各类传统体育运动项目。

一、舞龙

舞龙起源于中国的传统舞蹈，古时是在一年中的大型节日举行舞龙表演。随着华人移民到世界各地，现在的舞龙文化，已经遍及中国、东南亚以至欧美、澳大利亚、新西兰各个华人集中的地区，成为我国民族传统体育文化的一个标志性运动。世界上凡是有华人居住的地方都把龙作为吉祥之物，在节庆、贺喜、祝福、驱邪、祭神、庙会等期间，都有舞龙的习俗。

龙在神话中是海洋的主宰，威力无穷，而海洋主水，龙也就很自然地做了农作物的司雨神。民以食为天，谷物是维持生命的根本，间接也就操纵了人类的生命。在古代先民看来，龙的重要性竟是超逾了祖宗——帝舜、尧和后羿。龙是华夏民族世世代代所崇拜的图腾，中国人就把龙看成能行云布雨、消灾降福的神奇之物。数千年来，炎黄子孙都把自己称为"龙的传人"。

公元前206年至公元220年的汉代，就有杂记记载为了祈雨，人们身穿各色彩衣，舞各色大龙。渐渐地舞龙成为人们表达良好祝愿、祈求人寿年丰的祈祷仪式进行表演，全国的舞龙有上百种，经过几千年的流传和发展，表现形式更是多种多样、丰富多彩。

龙在我国古代历史文籍记载中出现的时间极早，而且舞龙包含风调雨顺、国泰民安，原有"祈年"的意思。舞龙的时候，少则一两个人，多则上百人舞一条大龙。最为普遍的叫"火龙"，舞火龙的时候，在夜里常常伴有数十盏云灯相随起舞，所以舞火龙又称为"舞龙灯"。舞龙灯时有几十个大汉举着巨龙在云灯里上下穿行，时而腾起，时而俯冲，变化万千，其间还燃放烟火、鞭炮，大有腾云驾雾之势。旁边簇拥着成百上千狂欢的人们，锣鼓齐鸣，蔚为壮观和热闹。这种气势雄伟的场面，极大地激发了人们的情绪，振奋和鼓舞了人心。因此舞龙成了传承与发展民族传统体育文化不可缺少的标志性运动，充分体现了中国人民战天斗地、无往不胜的豪迈气概。

灯节虽始于汉初，盛于唐宋，但舞龙的习俗，则源于继承段周"祭天"的遗风。中华民族是一个富有创造力的民族，综观各地、各族人民的舞龙表演，种类繁多，各具特色。

常见的有火龙、草龙、毛龙（贵州石阡）、人龙、布龙、纸龙、花龙、筐龙、段龙、烛龙、醉龙、竹叶龙、荷花龙、板凳龙、扁担龙、滚地龙、七巧龙、大头龙、夜光龙、焰火龙等近百种之多。龙灯的节数一般为 7 节、9 节或 13 节。从久远的年代起，舞龙活动经久不衰，代代流传，舞龙属于全民族的体育文化。

舞龙主要包括以下几类。

（一）舞龙头

舞龙头是福建畲族祭祖活动中的一种仪式，由日、月、星等组成仪仗队。

龙头用木雕成，涂上色彩，显得古朴、庄严。祭祖时，执龙头者随着鼓点做出各种动作，或进或退，或舞或止，或跳或蹲，有一定章法。舞龙头表现了"九龙"出世及成长的过程，包含了"九龙出世""东海嫁水""行云布雨""深潭求亲""九龙归位"等套路的表演。

（二）舞麻龙

舞麻龙流传在四川济州龙溪一带羌族人民之中，是祭祖中的一项体育活动。近年来羌族人民对舞麻龙这项活动加以改进，取其精华，弃其糟粕，保留了耍花棒、龙凤相会、神棍戏麻龙、跳神棍、麻龙追彩霞等套路动作。表演者腰间系一串铜铃，女的手执一根扎有彩球和彩带的彩花棒，棒上镶铁环扣和铜铃；男的手中的彩棍，一端用麻扎成精美龙头，另一端用拖有 7 米余长的麻髯为龙身。锣鼓声起，龙首时低时昂，麻龙飞舞，花棍旋转，龙击花棍，球戏麻龙。龙身甩动中发出的啪啪响声，与腰间的铃声、棍上的铁环声、歌声、鼓声、呼喊声交织混合，风格独特。

（三）舞草龙

舞草龙是仡佬族游艺习俗。草龙用禾秆草编成。编织者先编一条长长的草帘，编到最后分三个叉略往上翘起象征龙尾；把草帘的另一头反折一层做两个弯角翘起，形似龙头；中间每隔约 2 米扎一小捆椭圆形禾草，串上一根竹子做龙身。在龙头前面单独做一个圆形草团作为龙宝（龙珠），再进行一些装饰，在龙头、龙身、龙尾挂上一些彩纸，便在村头村尾舞起来。平时如果村子里遇到什么灾害，或者久旱不雨，也扎草龙去河边焚烧，祈求"龙王"消灾、降福或降雨。

（四）苏庄舞草龙

浙江省衢州市开化县苏庄镇的舞草龙又称草龙、稻草龙或香龙。草龙捆扎以稻草搓成粗大绳索，再扎成龙首龙尾，形同长龙，绳索上插上点燃的香枝。相传唐代便有迎草龙送龙神活动，一直延传至今。中秋节晚上舞草龙，是苏庄镇各村村民的一件"要紧事"。每年中秋之夜，苏庄镇各村农民高擎香火草龙，或穿梭于村中大道，或起舞于晒场田野。传说朱元璋在苏庄镇毛坦坞口村休整时，当地百姓为他献了宝马，并在中秋佳节迎舞草龙。朱元璋非常高兴，认为这是龙位做天子的预兆。登基后御敕当年舞草龙的毛坦坞口村为富楼村，并赐联"百世安居金溪富楼胜地，千年远脉越国传裔名家"。

（五）泼水龙

泼水龙是湖南湘西土家族祭神求雨的仪式，一旦出现旱灾，当地头面人物就会出来组织泼水龙，演出极其隆重。表演时有龙头 1 个，龙身 9 节或 11 节，都不糊纸，不披布，只通插柳条，取"愿得柳枝甘露水"之意，并有鱼、虾、蚌、蛤等执事陪衬。表演时赤膊者沿街舞龙，围观者以水泼之，舞龙人被淋得全身湿透，以此祈求天降大雨，水越多则预示雨越大，故周围村寨人人参加。舞龙和执事者无特殊要求，但龙前执龙珠者须有武功，按"四门架子""八虎拳""苏公背箭""猛虎跳涧"等套路表演。相沿民间民俗新年有闹龙灯之戏。闹龙灯时因龙灯长而且重，锣鼓声中昂首摆尾，蜿蜒游走，由几十个壮汉，举竿来回奔走，不足以操御。舞龙之日，以旌旗、锣鼓、号角为前导，接上龙头龙尾，举行点睛仪式。龙身用竹扎成圆龙状，节节相连，外面覆罩画有龙鳞的巨幅红布，每隔五六尺有一人掌竿，首尾相距约莫有数十丈长。龙前由一人持竿领前，竿顶竖一巨球，作为引导。舞时，巨球前后左右四周摇摆，龙首做抢球状，引起龙身游走飞动。龙灯的节数一般为 7 节、9 节和 13 节。

（六）香火龙

香火龙流传已久，在湖南汝城县志早有记载，其南乡一带较为盛行，多在元宵佳节举行。表演香火龙时，必有两龙（母龙和子龙）、两狮（母狮和子狮）陪随而舞，一狮在龙前引路，一狮在龙尾跟随。

香火龙的全身用竹子和稻草扎成。"母龙"长度一般为 7 节，"子龙"长度一般为 5 节，用当地特制的"罗汉香"（约 0.53 米长）插满龙的全身。当夜幕降临时，以土炮三响为号，管弦乐器、花炮齐鸣，众人手持火把点燃龙身全部香火，抬龙出游，情景十分壮观。香火龙的表演程序上有：翻滚、喷水、沉海底、跳跃、吞食、睡眠等动作。"沉海底"和"吞食"表演技巧上难度较高。引路和尾随的两头狮子，除各自做翻滚跳跃的动作外，还做些引龙和随龙"护驾"动作。民间舞香火龙常在虫灾发生时举行，点燃的香火插在龙身上，点点火光组成了一条光闪闪的龙在夜空遨游，虫萤追逐龙身的点点火光飞来，"香火龙"穿过街巷，舞至田边地头，飞虫追逐香火，越集越多。突然，舞龙队伍在水塘边停下，猛地将草龙连头带尾深深扎入水中，水淹没了龙，也淹没了飞扑香火的虫群。香火龙在除害虫这一点上，较其他形式的舞龙有更高的实用价值。

（七）百叶龙

浙江省流行的百叶龙，是一种构思、制作均极奇巧的龙，舞者手执荷花灯、荷叶灯、蝴蝶灯，翩翩起舞。人们只见朵朵盛开的荷花，在片片荷叶中飘移、舞动，似一只美丽的蝴蝶在花丛中飞翔。一段优美抒情的舞蹈后，舞者齐聚场中，突然间，一条巨龙在人们的眼前腾跃而出。原来那一朵特大的荷花灯（或聚宝盆），背面绘制的是一个辉煌壮丽的龙头，朵朵荷花紧紧相扣，组成龙身，片片花瓣，变成龙身上的片片鳞甲，美丽的蝴蝶成了抖摆的龙尾，而荷叶则成了朵朵白云。舞龙的姑娘们喜欢一尘不染的荷花，就把天性神秘、时而神形毕露、时而隐身藏形、时而又依附在各种物体上招摇过市的龙与荷花连缀一体，舞起了荷花龙，让气吞万里的神龙平添一股妩媚之气。

（八）烧火龙

烧火龙又叫舞火龙，是流传于广东丰顺一带的独特的民间传统项目，一般在春节和元宵夜举行。烧火龙是用纸扎成的，长 15～20 米，分为 5 节，四周扎满五颜六色的鞭炮。起舞前，先燃响鞭炮，以引龙出海。然后一队赤膊袒胸、举着火棍的舞火龙者，随着快速的锣鼓声在场上快跑，反复三次，名叫"请龙"。接着，火龙出场在场上绕着大圈子，先从龙嘴中喷出火来。然后，龙身上扎着的鞭炮被点燃了，从头至尾，火光四射，霹雳连声。巨大的龙身就在烟火和爆响的包围之中上下翻飞、左右腾舞，煞是好看。此时，预先准备在场上的烟花架朝天射出串串烟花，五彩缤纷，璀璨夺目，从而把舞火龙推向高潮。整个活动持续十多分钟，待烟火熄灭，火龙也被烧掉了。

从久远的年代起，舞龙活动经久不衰，一代又一代流传下来。舞龙不再是某一民族独有的项目，而是属于各个民族共同的体育文化。在我们祖国这个多民族的大家庭里，龙已成为整个中华民族的象征，舞龙的创造和流传是中华民族光辉历史的一部分，为我们的民族和人民所喜爱。

二、舞狮

舞狮，又称"狮子舞、狮灯、舞狮子"，多在年节和喜庆活动中表演。狮子在中国人心目中为瑞兽。象征着吉祥如意，从而在舞狮活动中寄托着民众消灾除害、求吉纳福的美好意愿。舞狮历史久远，《汉书·礼乐志》中记载的"像人"便是舞狮的前身。现存舞狮分为南狮、北狮两大类。

舞狮在南北朝时期开始流行，至今已有一千五百多年的历史。表演者在锣鼓音乐下，装扮成狮子的样子，做出狮子的各种形态动作。中国民俗传统认为舞狮可以驱邪辟鬼。舞狮代表着欢乐，代表着幸福，代表着人们心中的祝福，是美好生活的象征。故此每逢喜庆节日，如新年庆典、迎春赛会、传统节日等，都喜欢敲锣打鼓，舞狮助兴。舞狮这一民族传统体育文化亦随着华人移居海外而传播至世界各地，马来西亚、新加坡等地相当盛行舞狮。聚居欧美的海外华人亦组成不少舞狮协会，每逢春节或重大喜庆、节庆活动，都会在世界各地团聚并举行舞狮活动以示庆祝。

舞狮最早是从西域传入的，狮子是文殊菩萨的坐骑，舞狮的活动也随着佛教传入中国。据资料记载，中国早期没有狮子。在中华文化中，狮是和龙、麒麟一样都只是神话中的动物。到了汉朝时，才首次有少量真狮子从西域传入。当时的人模仿其外貌、动作做戏。至三国时发展成舞狮，将狮子当成威勇与吉祥的象征，并希望用狮子威猛的形象驱魔赶邪，制造狮形以镇压或以示威武。南北朝时舞狮随佛教兴起而开始盛行。狮舞的技艺是引自西凉的"假面戏"，也有人认为舞狮是公元5世纪时产生于军队，后来传入民间的。

到唐代时舞狮已成为盛行于宫廷、军旅、民间的一项重要社会娱乐活动。唐段安节《乐府杂寻》曰："戏有五方狮子，高丈余，各衣五色，每一狮子，有十二人，戴红抹额，衣画衣，执红拂子，谓之狮子郎，舞太平乐曲。"舞狮是唐朝大型宫廷舞蹈的一种表演形式，当时的"太平乐"亦称为"五方狮子舞"，出于天竺与狮子国等国。白居易在《西凉伎》诗中对此有生动的描绘："西凉伎，西凉伎，假面胡人假狮子。刻木为头丝作尾，金镀眼睛银帖齿。奋迅毛衣摆双耳，如从流沙来万里。"

中国社会历来以农为本，配合节气变更与农事生活，各种节日或迎神喜典应运而生，在这些节庆中，人们为了所求生活平安祥和，以神或瑞兽来驱鬼娱神演变下来，这种形式便渐渐具有娱乐民间的意义。随着人们对狮子的喜爱，就不满足于立门墩、屋檐、石栏、印章、年画上静止的狮子艺术形象，他们要让狮子活起来，于是便创造了模拟狮子行为的舞蹈，再加以改进和发展成为中华民族的一门独特艺术。舞狮在亚太地区广泛流行，作为民间传统体育文化表演，舞狮的表演者在锣鼓音乐下，装扮成狮子的样子，模仿狮子的各种形状与形态动作。

民间舞狮活动虽然由来已久，但这门艺术起源却是众说纷纭。行家遍翻群书，追根究底也只能从各种记载中悟出一些头绪。这又包括种种传说。最初北狮在长江以北较为流行，而南狮则是流行于华南、南洋及海外。现代亦将二者的舞法相互融合，主要是用南狮的狮子、北狮的步法，故称为"南狮北舞"。

（一）北狮

北狮的造型酷似真狮，狮头较为简单，全身披金黄色毛。舞狮者（一般二人舞一头）的裤子，鞋都会披上毛，看起来已经是惟妙惟肖的狮子。狮头上有红结者为雄狮，有绿结者为雌性。北狮表现灵活的动作，与南狮着重威武不同。舞动则是以扑、跌、翻、滚、跳跃、擦痒等动作为主。狮一般是雌雄成对出现，由装扮成武士的主人前领。有时一对北狮会配一对小北狮，小狮戏弄大狮，大狮弄儿为乐，尽显天伦，北狮表演较为接近杂耍。配乐方面，以京钹、京锣、京鼓为主。

河北是北狮的发源地。徐水县北里村狮子会创建于1925年，以民间花会形式存在，中华人民共和国成立后得以迅速发展。徐水的舞狮活动主要在春节和寺庙法会期间举行，表演时由两人前后配合，前者双手执道具戴在头上扮演狮头，后者俯身双手抓住前者腰部，披上用牛毛缀成的狮皮饰盖狮身，两人合作扮成一只大狮子，称太狮；另由一人头戴狮头面具，身披狮皮扮演小狮子，称少狮；手持绣球逗引狮子的人称引狮郎。引狮郎在整个舞狮活动中具有重要作用，他不但要有英雄气概，还要有良好的武功。能表演前空翻翻过狮子、后空翻翻上高桌、"云里翻下梅花桩"等高难度动作。引狮郎与狮子的默契配合，形成北方舞狮的一个重要特征。北狮的基本特征是外形夸张，狮头圆大，眼睛灵动，大嘴张合有度，既威武雄壮，又憨态可掬，表演时能模仿真狮子的看、站、走、跑、跳、滚、睡、抖毛等动作，形态逼真，还能展示"耍长凳""梅花桩""跳桩""隔桩跳""亮搬造型""360度拧弯""独立单桩跳""前空翻二级下桩""后空翻下桩"等高难度技巧动作。

（二）南狮

南狮又称醒狮，造型较为威猛，舞动时注重马步。南狮主要是靠舞者的动作表现出威猛的狮子形态，一般只会二人舞一头。狮头以戏曲面谱作鉴，色彩艳丽、制造考究，眼帘、嘴都可动。严格来说，南狮的狮头不太像是狮子头，有人甚至认为南狮较为接近年兽。南狮的狮头还有一只角，传闻以前会用铁做，以应付舞狮时经常出现的武斗。舞狮之前通常由主礼嘉宾进行点睛仪式，把朱砂涂在狮的眼睛上，象征给予生命。舞狮动作要配合音乐的节奏，舞南狮时会配以大锣、大鼓、大钹，有时还会有一人扮作"大头佛"手执葵扇带领。南狮的狮头以佛山装狮为代表，狮头较大而圆，额位宽而有势，嘴较平阔；传统上，南狮狮头造型上有"刘备狮""关羽狮""张飞狮"之分。三种狮头，不单颜色、装饰不同，舞法亦根据三个古人的性格而异。

南狮的舞动造型很多，有起势、常态、奋起、疑进、抓痒、迎宾、施礼、惊跃、审视、酣睡、出洞、发威、过山、上楼台等，舞者透过不同的马步，配合狮头动作把各种造型抽象地表现出来，故此南狮讲究的是意在和神似。

南狮有出洞、上山、巡山会狮、采青、入洞等表演方式。其中"采青"最为常见。相传"采青"原有"反清复明"之意，现代一般是取其生意兴隆之意。为了增加娱乐性，采青有时还会用上特技动作，如上肩（舞狮头者站在狮尾者肩上）、叠罗汉、上杆（爬上竹竿），或者过梅花桩（经过高低不一的长木桩）等。

南狮比赛种类可分为高桩狮艺竞赛和传统狮艺竞赛，其中较主流的为高桩狮艺竞赛。马来西亚、中国和美国等地，每年都会举办世界性的醒狮大赛。而较著名的国际比赛有两年一度在马来西亚举行的云顶世界狮王争霸赛。

舞狮是一门集武术、舞蹈、锣鼓于一体的综合性艺术，舞狮的形式有单狮、双狮、地狮、高桩狮、高桩单狮、高桩双狮等，形成独具特色的舞狮文化风格。遂溪醒狮属于南狮，曾代表中国出访多个国家，遂溪醒狮协会多支舞狮队在全国大赛上获奖，还到法国巴黎参加"中法文化年"展演，2003年12月遂溪县被中国民间文艺家协会命名为"中国醒狮之乡"。

三、斗牛

斗牛在民族民间节日中是一项主要的娱乐性项目，有其悠久的历史。据说古代先民为了庆祝丰收，将象征丰收的牛作为求神、酬神的祭品。在祭祀活动中为了表示对神的崇拜，通过人与牛、牛与牛之间的斗力、斗技并表演各种各样的动作，这种为敬神而表演的动作便是斗牛活动的起源。关于斗牛的起源虽然众说纷纭，但作为一个传统体育文化现象的斗牛活动，显示了当社会生产力和人们的生活水平发展到一定水平时的体育文化价值。根据考古资料研究表明，在汉代一些画像和扣饰中出现了人与牛斗的题材，如南阳汉代画像中的斗牛图，画中一人赤裸上身，头戴假面，做下蹲状，左手执物斗一牛，牛惊恐回视，狂奔而逃。1996 年云南晋宁石寨山出土的一件双人斗牛琉金扣饰，反映的就是双人与牛相斗的形象。

数千年来，随着社会的政治、经济、文化、宗教和人民生活方式、生产形式及民族习俗的变化和发展，斗牛活动在形式规模等方面虽也产生了一定变化，但数千年后的今日，在中华大地上流传、盛行的斗牛活动，仍然是在古代斗牛活动基础上传承与发展形成的具有民族特色的体育娱乐活动。斗牛活动表演前要给牛身披红戴花、梳妆打扮，斗牛者则身穿民族服装进行表演斗牛。斗牛时，斗牛者先走到牛的前面，用双手分别抓住牛的两角为预备式，也有的在抓住牛角后用头顶住牛的天灵盖等为预备式，接着斗牛者做一些假动作和牛玩耍一阵，这主要是激发观众的兴趣和寻找进攻的机会，然后斗牛者开始与牛较劲，用劲硬把牛头向一侧拧，再用一手握住牛角，另一手握下额，继续向一侧拧，直至牛失去重心摔倒在地；也有的用劲将牛首拧向一侧后，再用劲把牛翻倒在地。这种主要依靠斗牛者的力量和技巧把牛摔倒在地的斗牛活动，在不少地区也称损牛。斗牛的"损"含义较广，有抛、扔、擦、摔等多种意思。在斗牛比赛中，分"单臂摔、双臂摔、肩摔、扛摔"等多种方式。根据将牛摔倒状态将成绩分为"失蹄、倒地、四脚朝天"三个等级，能使牛"四脚朝天"的成绩最高。这种活动在我国的甘肃、宁夏、河北、浙江、广西、云南的少数民族地区及汉族居住的一些省市农村较为流行。

除上述斗牛活动外，在我国的陕北地区，还流行着一种与众不同具有独特风格的斗牛活动。斗牛时斗牛者先用右手拇指和食指猛地一下套坍牛鼻孔，把牛拉到观众跟前，再牵着牛绕场踱步一圈，以示炫耀。接着，伸出粗壮的胳膊忽地把牛拦腰抱住，"嗨"的一声，身子向后仰，将一头壮牛抱离地面，拧着身子转一圈，然后放下。此时围观者齐声喝彩与欢声如雷，笑声似潮。

四、跳板

跳板同秋千一样有着悠久的历史，它是朝鲜族妇女喜爱的一种以蹬跳为特征的全身运动游戏。在每年元宵节、端午节和中秋节等节庆日子里举行跳板活动。妇女们通过这种活动，锻炼体魄。在朝鲜族民间流传着"姑娘谁不跳跳板，出嫁之后准难产"等俗语，可见跳板活动是朝鲜族妇女十分重视和喜爱的活动。

跳板是一块长约 5 米、宽约 0.5 米的木板，中间垫一稻草捆或结实的东西即可。跳板中间坐一人，两端各站一人，彼此轮番跳起，借一方跳起后下落的重力将另一方弹起腾跃空中。有直跳、屈腿跳、剪子跳、旋转跳、空翻跳、屈体跳、左右分腿跳等，动作各式各样，充分显现其跳跃技巧。

跳板竞技比赛通常有两种形式。一是比跳起的高度。比高度常用抽线的方式进行，聪明的朝鲜族妇女利用一根长线，一端系在跳板者脚踝处，当跳板者腾空而起时，将线绳抽出，从抽出线长度来测定高度。二是比赛腾空过程中完成各种动作的姿势和造型，也就是比跳跃技巧，有自选和规定动作之分。自选动作要求参赛者创造性地编排和完成各种有连贯性的新颖的动作，可以选用一些精巧的轻物器，如花崩、藤圈、花环等，拿在手中映托出姿态的优美和动作的灵巧。裁判员按技术标准给予评分。几位裁判打出成绩，除去最高分和最低分。其余成绩取平均分数，作为参赛者的最后所得成绩。

五、布鲁

布鲁为蒙古语译音，即投掷的意思。居住在草原上的蒙古族牧民常用布鲁打低空飞行的鸟或击地上的走兽。它既是一种投打飞禽走兽的狩猎工具，又可作随身防卫的武器。布鲁是一种像镰刀似的弯状木制品，用铅皮、铜皮、铁皮或其他金属包扎在外层。精制的布鲁在其表面还雕刻上花纹或吉祥文字，然后再用烧熔的铜汁、铅汁、铁汁等浇铸而成。根据所要投击目标不同，布鲁的形状大小不同，重量也不一样，通常较重的为450克，次重的为300克，较轻的也有150克。

蒙古族的布鲁比赛表演有两种方式：一是比投掷的距离长短，类似标枪、手榴弹的掷远比赛一样，以投得最远的人为优胜；二是投准比赛，类似击木比赛。一般在投掷线外一定距离，放置三个高5厘米，下底面直径60厘米，上底面直径4厘米的圆柱体。3个圆柱之间相隔10厘米。参赛者投出布鲁，同时击倒3个目标者计10分，击中两个者计6分，击中1个得2分，每人投掷3次，以累积得分多少确定名次。有些地方比赛要求十分严格，规定间接击中和直接击中的计分标准不同。

根据用途，布鲁一般可分为三种，即吉如根布鲁、图拉嘎布鲁和海木勒布鲁。吉如根布鲁，在布鲁的头上绑有铜或铁制物，主要用作打大野兽。图拉嘎布鲁，在布鲁头刻上花纹，用熔化了的铅灌在花纹里，主要用来打小动物。海木勒布鲁是一种日常练习用的投掷器具，用木棒制成，呈扁形。投掷布鲁活动不论是投远还是投准，对锻炼和发展臂力和灵巧性等身体素质有良好的作用，是一项力量加技巧型的传统体育活动，因而深为蒙古族人民所喜爱，常在庆典等节日活动中开展。

六、跳火绳、叼羊

（一）跳火绳

四川凉山彝族聚居区，每逢节日夜晚，青年男女常常喜欢举行"跳火绳"的民族传统体育活动。所谓跳火绳，就是采用当地野生的细藤编制而成，再在藤条外缠上浸泡过松油、桐油或煤油的布条，长短因人而异，一般通常用的单人跳绳，比赛时将其点燃即为火绳。

跳火绳比赛时，选择一块平地为赛场，平地的两端画上比赛界限，即起点线和终点线。比赛者站在起点线上，手持火绳。待比赛号令响，各自点燃火绳，像单人跳绳一样，几个人一边从起点跑出。不停地摇跳火绳前进，途中不能断跳，先达终点者为胜。在比赛过程中，只能跳绳前进，若带着火绳（违规）奔跑，则判为犯规，跳火绳比赛在黑夜进行尤为壮观。如一个个金光耀眼的火环向前翻滚，火环中映现出一个个充满生气，活泼健壮的年轻人，宛如将人带入神奇的童话世界。

（二）叼羊

叼羊是维吾尔、哈萨克、柯尔克孜、塔吉克等民族所喜欢并普遍盛行的马上体育项目，一般多在节日或欢乐喜庆的集会时举行。此项活动可以说家喻户晓，妇孺皆知，被誉为"草原上勇敢者的运动"。不少民族还流传着一些关于该活动的民间谚语。如"摔跤靠力气，叼羊要勇气""雄鹰要在天空中展翅飞翔，小伙子要在叼羊上显示英勇刚强""姑娘要有摘葡萄能力，小伙子要当叼羊能手"等。

各民族、各地区叼羊比赛方式各不相同，但都需要参加叼羊比赛的人具有强健的体魄、勇敢的精神和娴熟的马术。赛前由若干名骑手分为几队，聚集在平坦开阔的草坪上等候，将一只羊放置于数百米外作为目标。比赛开始后，众骑手疾驰上前，先得羊者将羊夹抱着或置于马背上左躲右闪，其余人纵马追逐，施展各种技巧夺取，羊常为数人所争得，以最后得羊并首先到达预定终点者为胜。参加叼羊的人事先都结成团伙，有的就是两队的比赛。每一队都有冲群叼夺、掩护驮遁和追赶阻挡等分工，并且讲究战略战术。一旦夺得羊羔，其他同伴有的前拽绢绳，有的后抽马背，前拉后推，左右护卫才能冲出重围。它既需娴熟的个人技巧，又要集体的密切配合。

综观各民族叼羊活动的方式，大体上可分为以下三种。

1. 柯尔克孜式叼羊

参加者自愿分成两队，平行立于相距30米左右处。准备好的羊由另外一人驮着，由5人一同向预先商定的起点出发。走到半途每方各留下一人作为接应。其他人到达起点后，驮羊的人把羊丢在地上。双方开始争夺。先把羊抓到手的一方向终点奔跑，另一方进行追赶，双方接应者开始争夺羊，以一方先把羊丢在对方队前为胜方。

2. 哈萨克叼羊

把宰好的羊丢在场地上，参加者骑马蜂拥而上，不择道路地奔跑，直到最后一队把羊叼到手且不被对手追上，而且要把羊丢到指定的毡房前，就是胜利者。

3. 单骑式叼羊

把准备好的羊丢在场地上，由代表各队的两个单骑从马背上抓起羊开始叼夺。叼夺者不得随意奔跑，只能在相当于两个篮球场大的场地范围内叼夺，这种方式可视参加人数多少分别选用淘汰制或循环制。

表演类少数民族传统体育运动项目众多，内容丰富多彩，其他还有如"上刀梯""高空走索""硬气功"等。

思 考 题

1. 民族传统体育文化项目都有哪些分类？

2. 民族传统体育文化项目具体都有哪些？

第四章　民族传统体育文化与学校体育

民族传统体育文化的价值在丰富人类生活方面意义重大，在高校校园文化建设中发挥着自己的作用与力量。在高等学校开展民族传统体育教学和训练是文化传承的重要内容，能增强学生的传统文化知识，提升学生的道德情操，深刻地影响学生的知、情、意、行，并丰富校园文化生活和体育课程资源。

第一节　民族传统体育文化在学校体育中的价值

一、民族传统体育文化融入学校体育的重要性

民族传统体育文化是以中华汉民族传统体育文化为主体，融合各少数民族传统体育文化而形成的一种社会文化，其活动融各民族传统养生、健身和娱乐等活动为一体。中华民族传统体育作为一种社会文化现象，从最原始的生产劳动、娱乐，到后来的军事战争、图腾崇拜以及宗教形式，其变迁形态和发展轨迹无不烙上中国传统文化的印记，民族传统体育是中国传统文化的重要组成部分。它作为体育教学的主要内容之一，不仅具有现代体育所具有的竞争性、健身性、娱乐性以及文化性，而且具有丰富的民族文化和质朴的民族精神内涵，它融民族、民俗、传统、健身、娱乐、休闲、教育、军事、道德、审美等多功能为一体，是现代竞技体育所无法比拟的。

民族传统体育项目作为课程资源进入学校体育，可以极大地丰富学校体育教学内容和文化内涵，活跃学校体育文化生活，拓展学校体育教材的可选择性和可操作性，有利于学生了解各民族的历史、经济、文化、宗教和风俗习惯，对掌握中华民族传统健身方法具有重要意义；有利于提高学生的锻炼兴趣，养成良好的终身锻炼的习惯，能从传统体育侧面展现学生的运动能力，培养学生对中华民族文化的情感，增强自豪感和自信心。通过学习

使学生从中了解各民族传统体育项目形成的原因、历史背景、传播过程和有关典故，激发学生的爱国热情和奋发进取的民族精神。民族传统体育通过学校这一媒介的传承，可以挖掘、收集、整理更多有价值、有特色的项目，使其得到发扬光大。

学校是体育的摇篮，是民间原始体育形态走向规范化、科学化、普及化的必由之路。欧美的各种球类活动、日本的柔道、韩国的跆拳道都是以学校教育为中介进行教学和训练，进而得到发展的。

民族传统体育文化进入学校，成为现代文化教育的组成部分，有利于项目自身的完善与发展，也标志着古老的原始体育形态已成为人类社会的一个自成体系的独立分支。尤其是在民族地区学校开展少数民族传统体育有着得天独厚的条件，增加了学生对民族传统体育项目的亲和力，在一定程度上又缓解了学校体育经费、设备匮乏的局面，是对现代体育教学的充实和提高，对于提高学生的体质和健康水平有着重要意义。

我国的民族传统体育发展滞后，在很大程度上与脱离学校教育有着极大的关系。虽然武术作为民族传统体育的"代表"早已进入学校教育体系中，但长期以来由于受西方体育的"夹击"，只能成为现代体育的陪衬和点缀，并不可避免地染上了竞技的色彩。人们的价值观被竞技观所替代，民族传统体育就势必缺失了它独有的人文教育价值内涵。在现代社会中，学校体育是联系体育文化与教育的重要纽带。

20世纪末，学校体育已经确立了"体育与健康"的价值理念，学校体育将承担"体育与健康"价值观在全世界范围内的普及教育工作。民族传统体育文化所具有的健身、健心、娱乐、教育价值和文化价值已经被人们所认可，把它引入学校体育，可以丰富学校体育资源，大大增加受教育者的健康存量。因此，民族传统体育文化引入学校体育不仅有利于学校体育的现代化发展，更重要的是，经过学校这一载体，将得到更好的传播、继承和发展，这对民族传统体育文化和学校体育的协同发展具有现实和深远的意义。

具体作用如下：

（一）民族传统体育文化促进学校素质教育的实施

学校体育作为学校教育的重要组成部分，在实施素质教育中具有其他学科不可替代的作用。科学有序的体育教学活动不仅使学生增长知识、增进健康、增强体质，而且可调节情绪、调整心态，促进学生身心和谐发展和良好的个性品质的形成，促进学生智力的发展和审美能力的提高，从而实现综合素质的全面发展。

民族传统体育是体育的重要组成部分，是一项具有多元功能的社会文化现象：它对素质教育的很多方面有着深刻的影响，尤其是对学生的思想道德、人文素质、科学素质、个性发展和身心健康的培养，具有深远的现实意义。思想道德素质的培养，是各项素质的根本。而民族传统体育从健康身体、愉悦身心出发，与德育、智育一道成为提高人的身心素质不可缺少的重要组成部分。

它受中国传统文化思想观念的影响，往往把思想境界的提升看得比强身健体更重要，更多的是强调一种意境。只有修身养性、提高德行，才能修身、齐家、治国、平天下。它体现了深奥的东方文明，造就了热爱和平、善良诚信和乐于助人的优良道德品质，处处表现出我们这个仁义之国、礼仪之邦的民族特性，其本身就是极好的思想道德教材。同时，它所特有的丰富的文化内涵对学生人文教育、科学文化素质的培养，健康个性的发展都具有一定的功能价值。民族传统体育文化进入学校体育纳入课堂教学，不仅具有现代体育所具有的竞争性、健身性及文化娱乐性，而且具有丰富的文化内涵和质朴的民族精神内涵，使参与者不仅能达到生理和心理满足，实现促进身心健康的作用，还能对民族文化心理产生认同作用，起到文化传承和加强民族凝聚力的作用。

（二）民族传统体育文化促进学校全民健身计划的实施

全民健身计划以全国人民为实施对象，以青少年和儿童为实施重点，把学校体育作为突破口，全面实施全民健身计划是关键。但由于我国正处于社会主义的初级阶段，经济发展不平衡。受经济条件的制约，不少学校特别是边远山区，少数民族聚居的学校碍于场地、设施和师资等原因，现行的体育大纲、体育教材内容无法实施。这就需要在保持民族风格的基础上，建立有中国特色的学校体育教学体系和理论体系。

根据不同民族、不同地域学生的需要，挑选一部分符合学生的生理、心理特点，学生喜欢、容易接受的娱乐性少数民族传统体育项目。经过各级各类学校的推广、普及、提高和完善，走进课堂体育，活跃在课外活动、竞赛活动中。同时，为学生的终身体育思想奠定基础，使他们养成自觉锻炼的习惯。掌握几种民族传统的健身方法，毕业后进入社会能顺利成为社会体育骨干，把民族传统体育推广到社会的每个角落。影响带动周围群众体育活动的开展，促进学校体育与社会体育的接轨。推动社会体育指导这个作用点，促进全民健身计划的实施。因此，民族传统体育进入学校是学校实施全民健身计划的有利途径。

（三）民族传统体育文化有效地推动学校体育教学的改革

长期以来，学校体育教学沿袭运动技术为主的传统，那些规则严密、技术要求高的竞技运动项目始终贯穿于学校体育教学中，使体育教学严肃有余，活泼不足。天性好动的学生感到枯燥无味，学生望而生畏，出现了喜欢体育，但不喜欢上体育课的现象。而体育教学过程中由于教学方法单一，教学内容的重复，使教学显得机械、呆板，过分地强调"统一"。学生缺乏主动，体育课缺乏生机。多年来一直严格按照讲解、示范、练习的模式进行体育教学，学生疲于听讲解、看示范、反复练习，没有时间去感受和体验健身运动的乐趣；加之现行大纲下的教材基本上是按竞技运动的体系编排的，不少项目在技术难度或场地、器材方面都难以面向全体学生，从而使学生丧失对体育的兴趣。

民族传统体育具有健身性、娱乐性、观赏性、浓厚的趣味性、广泛的群众性。它具备特有的中华传统体育文化特征，讲究天人合一的养生哲学、以人为本的体育观，重娱乐表演、轻竞技，项目繁多，内容极为丰富，运动形式多样，且不受场地、器材的限制，规则简单、便于操作。因而，在学校体育教学的过程中，继承民族风俗特有的体育文化，取其适宜于青少年身心发育的、积极健康的运动内容，进行有计划的课程安排。通过各种途径，逐步地融进整个学校体育教育中。这样不仅会给学校体育带来勃勃生机，而且可以丰富和充实教学内容，激发和调动学生参与练习的积极性。还能让学生较好地体验有民族特色或地域特色的文化，更多地感受多民族大家庭丰富多彩的文化生活，以体验不同运动方式带来的参与乐趣。把快乐体育、健康体育、终身体育的理念始终贯穿在整个体育教学中，从而提高学生身心健康水平，树立良好的体育意识和观念，形成终身锻炼的习惯，为终身体育思想奠定坚实的基础，促进学校体育与社会体育接轨，全面推进由应试教育向素质教育的转轨，推动学校体育教学改革。

（四）民族传统体育为人们终身体育意识的养成提供保证

终身体育不是以某一时间、某一项目或某一形式（如学校体育）为主要内容，而是将学校体育、家庭体育、社会体育紧密地衔接，保证体育教育的统一性、完整性与连续性，实现一体化、持续一生，并且必须适应个人或社会的持久要求。民族传统体育正是以追求个人与自然及社会实现最大限度的和谐为目标的健身养生活动，这是与终身体育目标统一的。学校体育是终身体育的基础，而民族传统体育项目特有的民俗色彩为终身体育的养成提供了一个重要保证。

二、民族传统体育文化融入学校体育的必要性

中华民族传统体育具有民族文化的各种特征，包含着民族历史、民族伦理、民族宗教、民族艺术、民族医学、军事学等方面的各民族文化的深刻内涵，是民族的哲学观、价值观、审美观、伦理观等和民族感情的反映，成为民族传统文化重要组成部分和传承的载体。它是充满民族智慧的一颗明珠，为世界文化宝库增添了光彩，吸引着无数的外国友人前来学习、探索。它传统的生命观、健康观和传统导引养生、保健体育等养生思想正为西方所接受。

另外，民族传统体育所具有的特有功能和多样灵活、简单易行的内容形式，使得师生能按照意愿各取所需。而我国学校体育经费短缺，体育场馆、设施器材不足，民族传统体育便显示出极大的优越性。

在学校开展民族传统体育竞技、搏击类项目，不仅对师生的身心、品质、性格等产生终身的影响，而且对维护良好社会秩序、营造稳定的环境、加强国防意识将起到积极的作用。把开展民族传统体育项目当作培养学生爱国主义精神和民族自信心、自豪感的重要手段与途径，切实抓紧抓好，逐步形成传统。一些独具特色的运动，如武术、散手、太极拳、截拳道、中国式摔跤、博克、毽球、气功、棋类、龙舟竞渡、舞龙、舞狮等，通过多种途径和形式，开始向西方渗透和移植，冲破了西方竞技体育一统天下的局面，形成了中西方体育文化互补、互动的良性效应。而一些健身养生项目，如传统导引养生术、保健医

疗按摩、抗老益寿功法等，可以充分展现其经济实用价值和天然优势，给师生带来身体和精神心理上的享受，提高学习、工作效率，增添生活情趣；部分解决政府和学校对体育教育、师生医疗保健和健身等投入不足的难题；极大丰富锻炼、教学内容和模式。

目前，不少大、中、小学校在体育教育中还存在着重现代体育、轻视民族传统体育的现象，我们只有用新观念、新思想来认识和研究民族传统体育，才能取得推广的成效。随着对外交流的加强，有外国朋友不远万里前来学艺研修，了解我国的民族传统文化，这增进了交流与互动，也帮助我们学到了有益于现代化建设的知识和经验。作为中华民族的子孙后代，我们应该更好、更快地为发展这一国粹，弘扬民族精神，尽自己的微薄之力。尤其是在积极推行素质教育与终身教育，振奋民族精神，全面建设小康社会，促进政治、经济、社会、文化和人的全面发展的今天，将更多的民族传统体育列入学校体育的重要内容之中，并逐步推向世界，是我们每个中国人，特别是高校体育工作者义不容辞的历史重任。在学校弘扬民族传统体育文化，是继承、弘扬优秀民族文化，发扬传统美德的需要，也是推进教育改革和社会发展的需要。无论是对学生人格培养和精神重塑，实现人的全面发展，还是对实现全民健身计划，促进社会物质、政治、精神文明及民族的长远发展，都有重大的战略意义。

各级行政部门应该解放思想，转变观念，充分认识弘扬民族传统体育的重要性和紧迫性，制定战略规划，尽早实现。需要注意的是，民族传统体育进入学校，应使学生加深对民族体育项目内涵的了解，注重民族传统体育的继承与发扬，使学生重视和了解民族传统体育相关的规则、背景、历史等，引导学生积极参与，达到强身健体、愉悦身心的目的。

三、民族传统体育文化融入学校体育的可行性

民族传统体育文化对人的锻炼是系统、全面的，对人的民族性的影响是全方位的，是任何现代体育也完全无法比拟的。它符合学生活泼健康、好奇好胜、奋发向上的特点和师生的身心、情感、愿望的需求，为其提供了有益于素质提高和个性发展的更为广阔的空间，这使它自然地产生了巨大的吸引力，成为饶有兴趣的活动内容，使学校体育不拘一格、丰富多彩，使参加者和观赏者融为一体，得以愉悦身心、陶冶情操，得到健、力、美、刚与勇的享受，增强审美、交往、沟通能力，丰富精神文化生活，提高综合素质和生活质量。民族传统体育更能适应学校体育和大众体育的需求，决定了它能够在学校广泛开展。

实践证明，民族传统体育鲜明的民族性和浓郁的民俗性特点，保健养生性和防身技击性的功能，以及多样性、经济性、娱乐性、趣味性、艺术性、观赏性的统一，决定了其具有巨大的社会、文化、教育及军事等多种价值，也保证了它必然具有广泛的适应性。

我国在校大、中、小学生有 3.18 亿人，教育规模为世界之最。学校是传承民族体育文化最理想最重要的载体，师生既是学习、受益者，又是传播者。特别是在高校，可以通过出国讲学、互访、外事活动、留学生互派等交互流动途径将我国优秀的民族传统体育文

化传播到世界各国。

（一） 运动的普遍参与性

与现代竞技体育项目相比，民族传统体育项目在场地、规则和动作规范上有更大的灵活性，这种灵活性加大了对不同学校和不同学生的适应性，克服了体育课的场地器材限制，从而调动了学生学习的积极性和主动性。如与篮球运动在场地、器材、技术、战术极为相似的满族"珍珠球"运动，学生可以学习球类运动的传、投、滚、运、接、转、拍的基本技术和球类集体项目的攻防战术。但其动作的技术难度和规范性都有很大的弹性，不同体育天赋的学生都可以充分享受"珍珠球"运动的乐趣，可以做到人人参与。

（二） 教育的实效性

竞技体育项目以竞技为目标，追求超越人能力所及的"自我实现"。在学习与训练中"以成绩为本"，运动过程机械而枯燥，难以动员学生积极参与。民族传统体育项目以参与为目的的，追求身心双修，锻炼与娱乐相统一。在学习与训练中"以人为本"，运动过程生动活泼吸引学生积极参与，且与课程目标相一致。我们虽然不能把竞技体育的"竞走"项目与满族传统体育的"雪地走"项目（穿着鞋底 10 ~ 15 厘米厚的鞋走或跑）等同起来，但同样是"走"的能力的训练与比赛，项目参加者学习与训练过程的体验迥然不同，参与积极性和学习效果也是迥然不同。

（三） 提升民族精神内涵

民族传统体育项目多产生于民族先人的生产、生活之中，有着悠久的文化传承，反映着民族先人对自然、劳动与收获的态度，对幸福的期盼，有的则反映民族的宗教信仰。对此我们要深刻地理解。我们把它引入现代体育课程中来，在继承优良传统精神内涵的同时必然要注入时代精神，在继承与发展中升华民族精神内涵，使学生能够在身体练习中得到正确价值观和良好个性品质的发展。

（四） 规范项目技术动作

民族传统体育项目在民间流传中其技术动作常无一定之规，一旦进入体育教材则必须强调共同的技术动作和运动规则。收集—整理—规范是民族传统体育项目教材化的必经之路。

（五） 配套教学活动

民族传统体育项目各具特色，从内容性质上可大体分类为力量型、速度型、技巧型和智力型。力量型项目中的群体项目如"拔河"，个人项目如"摔跤"具有以力量大小为取胜标准的对抗性项目；速度型项目以速度取胜，既可以作为集体项目也可以作为个人项目，如滑冰、游泳；技巧型项目以灵敏、协调的技术为标准，如武术、赛马；智力型项目则为各种博弈。不同性质的项目进入课堂应采用不同的教学活动。配套民族传统体育的教学活动是民族传统体育项目教材化的重要任务。

第二节 民族传统体育文化对学校体育的影响发展

一、民族传统体育文化在课堂教学中的功能

学校是人类传播知识和技能的载体，是人类文化得以延续的中介，是人类文明积淀的基地。在学校体育教学中，将民族体育与现代体育有机结合，重视民族体育与健身项目的融合，强调健康素质的发展，对于学生体质的增强，体育健康课程教学内容的完善，全民健身方法和手段的丰富与发展都有着积极的促进作用。

（一）强身健体

民族传统体育文化是中华体育文化的重要组成部分，中华体育文化是以人为本，以强身健体为宗旨，所有的项目都是围绕如何提高人体身心健康水平为基准，与西方体育相比，在强身健体方面具有极高的价值。

民族传统体育不仅适合于民族人群的体质，更符合于当地的地理环境。诸如南方民族的水上项目、技巧项目，北方民族的马上项目、冰雪项目都是由于地理因素影响而逐渐形成的。这些项目对从事该项目的人群而言，与人体技能、人体潜能等各个方面都是十分吻合的。而且，这些项目只有在相应的地区才能得到很好的普及和发展，离开了相应的环境，项目的存在便失去了实际的意义和价值。

从具体内容分析，民族传统体育中不同项目有各异的健身作用，综合开展可起到一种优势互补的效果。在学校开展民族传统体育，可根据学生的年龄阶段、性别差异因材施教，在不同阶段施教不同的内容，这不仅能提高学生的学习兴趣，还能有效提高学生身体素质，使他们掌握丰富的技能和知识。只有掌握了适宜的健身方法和手段，才能有效地通过这些方法达到健身的目的。

（二）娱乐身心

民族传统体育作为一个民族文化的象征，备受人们的尊崇，在进行这些项目活动时，人们自然产生积极的心理感受。在良好的心理定向作用下，必然产生特定方向的心理变化。如藏族同胞在进行本民族传统体育活动时，都怀着一种崇高、愉悦的心情，很少出现不良情绪。民族传统体育起源于生活、劳动，在这些过程中娱乐伴随着人们，人们逐渐从具体的实际生活中提炼娱乐成分的方法和手段，并不断加工形成一种相对固定的形式，来满足人们对娱乐的需要。非功利性的活动才能产生真正的娱乐，才能得到真正的享受。民族传统体育项目的较量和竞争，在更多情况下是以娱乐为主，没有或很少有功利性成分。

因此，在这种活动中，人们能够感受到日常工作中难以体验的娱乐，可以松弛紧张的神经，激发高昂的激情，获取无私的友谊。

所有的体育活动都具有宣泄不良情绪的作用，通过体育活动人们可以在肢体的劳顿中将不良情绪随着汗水和疲劳排出体外，抑郁心情在欢快的活动中默默地消失在运动场上，充满自信的、愉快的神情悄然攀上流着汗水的面孔。

（三）促进民族情感的沟通

学校开展民族传统体育是对民族情感的培养过程，因为在民族传统体育教学中，各种项目都代表着各自民族的文化信息，是民族文化的表征，凝聚着浓厚的民族意识和价值。通过学习，可对其深层次的文化内涵有全面的了解，能引导人们对民族文化产生认同，激发民族情感。

民族情感实质上是一种民族文化认同的心理表现状态，在对某种文化产生初步认同后，人们的心理表现开始向特定目标靠拢，由无意识的参与转化为有意识的投入。只要有了积极的投入，将会发生认识上的变化。对其文化形式、文化内涵就有了深入探索的倾向，待人们对某种文化有了全面、深刻的把握之后，人们的价值体系得到了完善，评价准则产生变异，情绪体验再不会受环境的制约轻易出现波动而趋向稳定，表现出一种认同情感。

（四）加强民族团结

在学校广泛开展民族传统体育教育可使学生从小对我国各个民族的文化有一个全面的了解，淡化民族文化之间的隔阂，正确地认识不同民族文化，达到促进民族团结的作用。民族团结是建立在平等基础上的，只有在学校较全面地开设各民族的传统体育课程，才能在一定程度上满足学生认识民族文化的需要。

在学校开展民族传统体育教育是促进民族团结的突破口，通过轻松愉快的体育活动交流，可以从容地进行民族文化学习，避免各种可能出现的冲突。民族传统体育文化存在着浓郁的地方特色，极富感召力和吸引力，学生在学习过程中会被这些生动的内容、新颖的形式所吸引，在肢体运动之中，潜移默化地接受民族文化的熏陶，萌发积极的民族团结意识。

（五）促进文化交流

通过学校民族传统体育教学，使学生了解不同民族传统体育项目，掌握其技术和知识，透过具体的文化现象，使学生进一步掌握各民族文化的内涵，达到民族文化的交流。比如学生通过学习北方民族的力量型项目，从中把握北方民族豁达的民族性格和坚韧的民族精神。通过学习南方民族的技巧和集体项目，了解南方各民族聪颖的智慧和团结协作的民族意识。学校民族传统体育教育都是在和谐的氛围中向学生灌输和传授民族体育文化的技术和知识，这些内容的交流是循序渐进地进行着，具有很强的计划性，这可有效地保证民族传统体育的技术和知识能够得到全面、系统的传播。同时，这种交流有一定的强迫性因素，无论是课堂教学，还是课余活动所开展的民族传统体育活动，均从学校这一主体向学生这一客体单向流动的倾向。因为学生的认识能力、知识结构、技能水平，以及身心年龄特征决定着他们的学习必须在适度的强迫环境下进行，这样才能完成一定的教学任务，达到文化交流的目的。

（六）培养技能

全面技能的培养应该在学生阶段进行，因为在此阶段是人的各种技能形成的最佳时期，特别是人的协调、灵敏、柔韧和速度等身体素质正处在发育敏感期，只有相应地学习、训练多种技术，掌握各种技能，身体素质才会有较大幅度的提高。同时，在此阶段，人的神经系统的联系处于活跃阶段，极易产生各种形式的联络，形成不同的运动技能。

学校体育中充实民族传统体育教学内容可极大地拓展学生学习的范围，为学生提供更多的选择余地，使学生在掌握这些技术的同时，形成相应的运动技能。一般而言，在学生阶段形成的运动技能，极易形成人的运动习惯，对终身进行健身活动很有助益，便于人们向科学、合理、健康的生活方式转化。

民族传统体育项目中包含的类型繁多，有力量、速度、技巧和智能型四大类，包括了人体运动技能的各个方面，其中适合于学校开展的项目很多，十分有利于学生形成全面技能。只要学生能够掌握一定数量的运动技能，就可以轻易掌握更多的运动技能。因此，在学校体育中充实民族传统体育内容对学生的全面发展帮助极大。

（七）终身教育

民族传统体育项目的内容绝大部分是可以终身从事的，它与西方体育相比具有极大的适应范围，很少受到年龄的限制。

学校体育中的民族传统体育内容是人们终身体育的主干部分，各种调查显示，民族传统体育健身方法是我国中老年人健身活动的主体内容。这些内容不仅从技术要求上、身体素质上均符合中国人种体质特点，同时这些项目具有极大的随意性，富有很强的娱乐特征，是闲暇文化中最适合人们参与的活动内容。而且，民族传统体育代表着中华民族文化，是民族意识、民族精神的象征。从民族文化认同的角度人们也更倾向于从事民族传统体育项目，故加强学校民族传统与教育是"利在当前、功在终身"的大事。

同时，民族传统体育教育是终身进行民族文化规范教育的最好载体，各民族文化的规范要求凝聚在运动项目之中，对人产生积极的、潜移默化的影响，使人能够终身得到教育，帮助人们形成正确的人生观，确立正确的社会角色定位，形成符合国情、民情的社会行为。当人离开学校步入社会后，只要他们依然从事民族传统体育活动，这种社会规范作用就不会消失，民族传统体育的终身教育作用始终发挥效能。

二、民族传统体育在学校课程资源中的开发利用

（一）民族传统体育项目的类型

在我国民间尚有众多民间传统体育项目广泛地流行于人民大众的生活之中，它们构成了人们生活、生产活动的组成部分，是人们娱乐、休闲的内容之一。这些民族传统体育项目是学校体育活动的主要补充，可极大地丰富学校体育活动内容，给学生更多的选择余地，激发学生的学习热情。

民族传统体育项目，可归分在不同的项目类别中，构成一个有机的技术体系。民族传统体育项目都有集体和个体之别，不同项目根据自身性质可以集体形式出现，也可以个体方式进行。以集体形式出现有利于促进学生团队精神的培养，以个体方式进行可有效培养学生形成良好的健身生活习惯和个性特点。一般而言，在学校开展民族传统体育教学，宜选择一些集体性项目，这样便于课堂教学的进行，使受教育范围扩大。

民族传统体育项目一般可划分为力量型、速度型、技巧型和智能型等几种。

力量型是指以力量大小为项目取胜标准的对抗性项目。力量型的竞技内容主要有拔河、龙舟竞渡等内容。这些项目的特点是以集体团结协作的力量战胜对方，任何个体在这个集体中都必须严格履行自己的义务，协作地发挥自身的潜力共同与对方抗衡。拔河有着悠久的历史，据《封氏闻见记》载：唐代拔河已经广泛流行，当时的方法是用小绳索数百条，分系于大麻绳索两端，让拔河者"挂于胸前"，以双手挽住大麻绳索用力即可，参加人可达千余人之众。如今拔河运动仍受到民众的喜爱，每逢开展各种活动时，拔河都是一项最具有激情的项目之一。江南的龙舟竞渡通常每年端午节举行，是一项大型的群众性竞技活动，每条船人数至少四十余人，多则可达八十人以上，各船锦旗招展、锣鼓喧天，船手们摇旗呐喊，奋力争先。临岸观者如云，一片欢腾，场面宏大。个体型的力量较量有摔跤、投掷、押加、举重、爬竿等。摔跤在各个民族同胞的体育活动中是最受青睐的项目，现在已经分化成各具特色的摔跤形式。汉族摔跤最有特色的是山西忻州"挠羊赛"，"挠"为当地土话，意思是扛。该比赛在当地十分流行，忻州已成为我国的摔跤之乡。摔跤、赛马、射箭是蒙古族的"男儿三艺"，那达慕大会更是跤手们展现风采的最佳时机，获胜者的美名将传遍草原。投掷在我国具有悠久的历史，汉族传统的击壤，游牧民族的打髀殖、掷"布鲁"等活动依然广泛流行于民间。

速度型项目是指以速度取胜的体育活动内容。这类项目包含的内容较多，其共同的特征即为以娴熟的技术、合理的战术为保证，充分发挥自身的速度优势去取得胜利，如赛马、姑娘追、赛骆驼、滑冰、滑雪和游泳等，速度是每个项目都必须具备的基本条件。从速度项目的分布情况看，我国民族传统体育活动中速度型项目主要分布于北方，这与地理环境有一定关系。北方地域辽阔，气候相对干燥，生产生活方式相对粗犷，人们与严酷的大自然相抗衡，就必须有一种野性的勇猛、迅捷的速度为生存作为后盾，物竞天择，体育

活动自然趋向于速度型。

技巧型项目是那些以灵敏、协调的技术为衡量标准的项目内容。技巧型项目在我国民族传统体育项目中占据重要的地位，项目数量多，地域分布广，参加人数众，这主要是由中国人种的特点决定的。技巧型项目主要有武术、跳绳、跳皮筋、踢毽子、荡秋千、赛马、马上捡哈达、马球和上刀梯等内容。这些内容均有悠久的历史，至今仍然受到各民族民众的喜爱。比如，秋千本是北方山戎之戏，春秋时齐桓公北伐山戎时带回中原，逐渐传播开来。现在山西长治流行"车链秋"，山东荣成盛行"龙门秋"，云南少数民族地区则活跃着"转转秋"和"磨秋"。当然，人们更多会联想到秋千上的朝鲜族姑娘那优美的身姿飘荡在蓝天白云之间。马球，史称"击鞠""击球"，是一种娴熟地驾驭着骏马，挥舞着球杆，准确地击球射门的项目，这项活动为汉族、吐蕃、契丹和女真等民族喜爱。武术自然是中国人最推崇的民族传统体育项目，东枪西棍、南拳北腿如今仍是国人生活中的重要组成部分。跳绳、跳皮筋、踢毽子可以说是我国中小学生必需的体育活动内容。技巧型的项目在我国的分布更侧重于南方，这是因为南方山环水绕，气候温和，农业精耕细作，物质条件优于北方，人的性格柔和温顺、灵巧精细、富于想象，这造就着南方人擅长于技巧型的项目，同时他们也喜爱智能型的项目。

智能型项目是指在充分运用智力因素取得胜利的内容。几乎所有的民族传统体育项目均需要一定的智能作赢得胜利的基本保证，但在博弈类项目中智力因素就显得格外的突出。各个民族都有独具特色的博弈内容和方式，博弈大体上可分为吃子和占位两种内容，简易和华贵博弈两种方式。无论是何种内容或方式，博弈等智能型项目对提高人的智力有着积极的促进作用。目前，流行于各民族的博弈项目主要有方棋、五子儿、五福、摆方、和尚担山、走顶手、赶羊角、站岗儿、成三、打六子炮和下鸡蛋等。

不同的博弈对智力锻炼效果不同，规范教育也各有千秋。如在蒙古族中流行的象棋与汉族象棋不同，它没有河界，棋子满局行走，卒同车一样威风凛凛，来回行动迅速，颇有蒙古游牧民族纵横驰骋的气魄。学校广泛吸取这些优秀的项目可丰富校园课余活动，促进学生智力发展，生动有效地进行社会规范教育。

鉴于目前我国学校体育的基本特征，在学校开展民族传统体育技术教学，只有选择具有开展广泛、民族特色突出、已经具备推广价值的内容，如被选入全国少数民族传统体育运动会的项目，以及在各地区流行的民间传统体育内容都可作为学校民族传统体育的教学内容。

（二）学校体育教学中民族传统体育项目的选择与改革

1. 民族传统体育项目的选择

尽管民族传统体育项目繁多，但作为课程内容进入学校体育，首先应注意项目的选择。选取的内容应当适合学生的年龄特点，能满足学生的兴趣和爱好。一方面要考虑它的健康性、实用性和可操作性。另一方面还要考虑项目的适宜地域、季节和本校的实际情况，要因地、因时、因人而异地选择；其次要有针对性和目的性。在开发和利用体育课程资源时要更新课程的基本理念，根据"身体、心理、社会适应"的整体健康观，有针对性地进行选择。既要考虑到项目的使用范围和教育对象，又要考虑到该项目运动负荷的大小；既要考虑到近期效应（兴趣），更要注重长期效应（终身）。据考察，适宜在学校体育中开展的民族传统体育项目有以下种类：

（1）嬉戏娱乐类。藏族打陀螺、打毛蛋、打蚂蚱、打雪仗、打锁儿、"俄多"、跳背过人、藏棋、和尚棋、藏牌卜合青；蒙古族踢熊头、击石球、踢牛嘎拉哈、打唠唠球、古鲍格棋、沙塔拉；回族打抛俩、打梭儿、洒蛋蛋、踩高跷；维吾尔族打嘎儿、空中转轮、达木卡棋、九子连、六子连；裕固族下方；土家族打漂、扔石头、打鸡毛球、挤油渣；朝鲜族荡秋千、跳板、摔跤；瑶族打泥脚、抛花包、打铜鼓、独木划水、播公；佤族鸡棕陀螺；彝族爬油竿、舞铃铛、跳花鼓；黎族跳竹竿；白族老虎护崽、跳马；赫哲族叉草球；乌孜别克族抢花帽；满族滚铁环、赶石弹、打瓦、拾锁、滑冰；布朗族传布朗球；纳西族东巴跳；怒族溜索、转秋；撒拉族单把游水、拔腰、挤方；东乡族三连击石、抱腰、七路方；保安族踩水；锡伯族打冰猴；仫佬族母鸡护蛋、象步虎掌、耍草龙；布依族丢花包；仡佬族打毽子；壮族投绣球、打手毽、打扁担；苗族走竹竿、踢枕头；毛南族三棋、射棋、母子棋；土族拉棍、赶牛上山、走四方；柯尔克孜族二人秋千、"狼吃羊"；哈萨克族滑雪；京族舞花棍、跳竹竿；基诺族射泥弹、翻竹竿；鄂伦春族皮爬犁；侗族哆毽；阿昌族车秋；民间项目跳皮筋、纸飞机、溜旱冰、打沙包、放风筝、"拍纸片"、斗鸡、老鹰抓小鸡、挤暖暖、翻油饼、呼啦圈、独轮车、滑板车、甩飞盘、蹦蹦球等。

（2）竞赛表演类。藏族押加、北嘎、抱石头、古朵；回族打毛蛋、打铆球、木球、教门弹腿、穆民十八肘、八极拳、心意六合拳、查拳、通备拳；满族珍珠球、双飞赛跑；蒙古族打布鲁、搏克；维吾尔族"击木"、切里西、叼羊；达斡尔族摔跤、"波依阔"、劲力比赛；黎族打狗上坡、拉乌龟、跳竹竿、穿藤圈；景颇族扭杠、顶杠比赛；苗族穿针赛、穿花衣裙赛跑、芦笙技巧、"栗娜"、舞吉保；彝族射弩、芦笙拳；土族蹬棍；侗族抢花炮；土家族打飞棒、土拳、拉祜族踢架；保安族甩抛尕、保安刀术；彝族蹲斗、"格斗"；锡伯族射箭比赛；羌族推杆比赛；怒族跳竹；高山族投背篓球；哈尼族"抵肩"；柯尔克孜族射元宝；畲族打"尺寸"；壮族群龙争珠、风车秋、壮拳；傣族孔雀拳、傣拳；德昂族左拳；畲族八井拳；瑶族打飞靶、打陀螺；仡佬族打篾鸡蛋；民间项目"骑马打仗"、打垒球、丢锅等。

（3）节庆习俗类。藏族"望果节"转地头、射"碧秀""插箭节"登高，藏历年射箭、拔河；土族"纳顿节"轮子秋、武术、射箭，"六月六"赶猪、打岗、打响鞭；达斡尔族喜庆丰收"波依阔"、射箭、射击；壮族喜庆节日跳灯；蒙古族"那达慕"赛马；苗族"龙船节"划龙舟、"赶坡会"爬坡杆、"赶秋节"八人秋；瑶族"游泳节"游泳；塔塔尔族"撒班节"摔跤、拔河、赛跑跳；傈僳族"刀杆节"上刀山；东乡族"花儿会"

摔跤、拔河、射击；保安族"花儿会"保安刀、抱腰；裕固族"祭鄂博"登高；哈萨克族"纳吾鲁孜节"躺倒拔河、摔跤。

　　2. 民族传统体育项目的改造

　　民族传统体育项目的改造是指对原有的活动项目进行适当改变、包装、重组，以适应教学对象或教学场所的需要。它包括器材的改造、组织形式的改造、竞赛（游戏）规则的改造和方法的改造等。如流行于哈萨克族的"叼羊"，是骑在马上"叼"活或死的真羊。把它作为学校体育课程内容，就必须对其改造，可采用不骑马，"叼"假羊的形式进行活动。在教学组织上，队数、人数可灵活掌握。又如朝鲜族的传统体育"顶瓮竞走"，参加者均为女子，比赛时头顶一个盛有 10 公斤水的瓮，快步疾走，赛程为 100～200 米，疾走时瓦瓮不能倾倒，水不能溅出，以先到达终点者为胜。若要作为学校体育课程内容，可以改造为男女均可参加，把瓦瓮替换成书本、乒乓球拍等器具；赛程根据学生的特点可长可短。需要强调的是改造民族传统体育项目时应尊重各民族的宗教信仰，实施时教育学生遵守民族风俗习惯，把安全教育放在首位。

三、民族传统体育文化在学校体育中发展的对策

　　民族传统体育文化历史悠久、内容丰富，既富有浓郁的民族风格，又具有独特的地方特色，它往往与民俗民风、文化艺术结合在一起。在体育教学中，如能科学合理地充分挖掘和利用这些具有民族特色的体育资源，一定会受到学生的喜爱，并使之发扬光大。为加强教学效果，使新课标更具可执行性，这里提出以下几点对策：

（一）项目选取因地制宜，突出地方特色

　　各种学校的实际情况存在一定的差异，民族传统体育的开展也具有一定的地域特点，选编民间体育教材要结合本地区的实际和可能，从实际出发，以本区域、本土民族传统体育项目为重点，把那些民间喜闻乐见的、便于开展的项目，选入教材，以突出地方特色，如沿海、湖泊地区的龙舟赛，北方的放风筝赛、草原的赛马，蒙古族的摔跤，朝鲜族的跳板等。学校民族体育项目在有一定的参与群体和认识程度的基础上开展教学，以推动该项目的发展和弘扬，条件允许的话，还可以开发和拓展新的项目，将民族传统体育的教学不断深入和开展。

（二）注意教学安全卫生，避免伤害事故出现

　　在部分项目教学如武术、摔跤、荡秋千等，练习中要注意避免擦伤、摔伤，不可麻痹大意，要注意踝、膝、腰等身体部位的准备活动。又如空竹等项目，在高空抛接组合的练习方面存在一定的危险隐患。在教学过程中，要经常加强安全教育和安全监督，注意技术动作的正确性，教学内容应由易到难、练习手段由简到繁、练习难度逐渐增大，做到安全教学。

（三） 注重传统体育项目的教学与学生兴趣的有机结合

民族体育项目进入体育课堂不是单纯为了迎合学生的兴趣而开设，首先应考虑体育教学任务的需求，不但重视民族传统体育文化的继承和发展，而且要结合现代体育教学的实质特点，做到对学生有专门的教学要求。既重视基本技术的掌握，又要进行一定数量的比赛，坚持学、练结合，练、赛结合。通过激烈的比赛达到活跃课堂气氛的目的，在民族体育课堂教学中要注重培养和调动学生的参与意识，发挥学生的自觉性和积极性，结合项目特点有意营造欢快活泼的学习氛围，让学生在愉快的气氛中练习，提高技术，全面完善学生身体素质。

（四） 突出"以人为本，健康第一"的教学思想

进行民族体育教学，要确定民族传统体育课程突出"以人为本，健康第一"为核心的现代体育基本指导思想，遵循大学生的身心发展规律和兴趣爱好，有针对性地对学生身体发展的个性差异和体育能力进行培养，使学生养成终身体育的锻炼意识和习惯，主动适应社会发展的需要，会运用多种方法和条件在不同的工作、生活环境中进行体育锻炼，达到体育健身，学有所用。

（五） 注重继承与创新相结合

民族传统体育教学为继承、发扬、传播民族传统体育提供良好的发展空间和机遇，在继承和发扬优秀民族体育的基础上，民族传统体育进入学校课堂要适应新大纲、新课标的要求，要以"素质教育""健康第一""终身体育"为根本理念，建立完整的体育教学体系。同时，教学中要努力培养学生的创新意识和创新能力，鼓励学生在传统技术的基础上，创编简单新颖的技术组合与花样，以培养学生的创新思维能力。

（六） 认真总结、增进交流

作为传播体育知识技能的体育教师，在搞好体育课堂教学工作的同时，要善于总结经验，并勇于创新，要根据各地实际，把自己通过努力收集到的内容在本校传授之后，同其他学校教师进行交流，以使内容更具科学性、实效性、可行性。同时，学校和相关部门要有计划地创造各种学习机会，根据实际需要举办各种层次和性质的民族传统体育师资培训班，不仅从技术技能上掌握各类项目，还须从理论上注重科学研究，深入学术探讨，从而培养一大批适应新世纪要求的合格师资队伍。

四、民族传统体育引入学校体育课堂教学的思考

民族传统体育作为学校体育的教育资源，是一个传统的研究领域。正在进行的学校的体育改革的原因之一是学校体育教学的有关理论落后于社会和教育实践的发展，理论研究的落后制约了学校体育事业的进一步发展。

学校体育教育的目的之一是培养从事学校体育教育的教师和科研人才。21 世纪对体

育人才的培养从单一型转向复合型。"民族传统体育专业"已列入国家专业申报目录，民族传统体育运动项目已逐步引入中小学、大学体育教育课堂（包括体育院、系），这充分说明了民族传统体育运动适应现代体育教育的要求。

纵观我国现代学校体育教育，大多是西方现代体育和汉文化为主的体育项目，民族传统体育似乎没有相应的地位，这一现象的形成有历史的原因，也跟当今我们研究、推广民族传统体育的方法、方向有关。我们承认民族传统体育的文化特性，但我们却少有从文化的角度去挖掘、整理、发展，大多以"现象"的形式与文化相连。另外，我们研究的是其民族性，引人自豪的是其民族性，却缺少向世界性发展的力度和具体措施。

研究、发展民族传统体育，不仅要研究其活动过程，更要研究其文化内涵；不仅要研究其社会科学内容，更要研究其自然科学内容；不仅要注重其民族性，更要重视其世界性。如何将民族传统体育的研究系统化，如何将民族传统体育有效地纳入学校教育资源，如何将民族传统体育作为一个相对独立文化体系。这些问题都需要我们仔细思考。我们应该给予民族传统体育作为一门独立学科应有的重视，在理论研究上逐步走上正轨，尽快建立可供全国教育系统参考、使用的完备的理论教材，并逐渐开辟民族传统体育新的研究方向和应用途径。

思　考　题

1. 民族传统体育文化在学校体育中的价值有哪些？
2. 民族传统体育文化在学校体育文化中起到了哪些作用？

第五章　民族传统体育文化的发展

在全球化视野下，建设中华民族传统体育文化传承体系势在必行，我们应增强文化的传承理论体系建设，保持文化的个性，创新文化的传承体系，使民族传统体育文化传承模式、理论、价值等体系与世界体育文化接轨，以达到民族传统体育文化的持续科学发展。

第一节　民族传统体育文化的发展原则

一、民族传统体育文化发展的必要性和紧迫性

（一）民族传统体育文化发展的必要性

文化的现代变迁是大势所趋，历史必然。民族传统体育文化并不是一种单一的文化，而是各种文化交融形成的复合体。因为该文化存在环境的变迁也必然会导致其文化本体的变迁。由于西方工业文明带来的经济等领域的巨大优势，今日的全球化相当程度上已经表现为西方化。在体育领域，伴随着奥林匹克运动全球化的过程，西方体育文化逐渐成为世界体育的主导，世界各民族的体育文化都在向西方体育文化看齐。在日益增长的西方文化压力下，世界各民族的文化一方面出现发展危机，另一方面世界各国的国家意识和民族意识及对自己传统文化的认同感得到强化。抵制单一的文化扩张，加强各民族间的文化沟通，构建一个多元一体的世界体育文化新体系，是大多数国家利益之所在，也是人类体育文化长远发展的重要基础。

（二）民族传统体育文化发展的紧迫性

当今世界现代体育一体化趋势愈加明显，现代体育对各民族传统体育文化的冲击已是一个不争的事实。但是，以产生于农业社会的传统体育去抵制现代体育也是不科学和不现

实的。然而，传统是民族的"根"，是"活"在人们现实中、头脑中的东西，是深入一个民族灵魂深处的东西，是一个民族进行新的文化创造的根基。我们既然不能抵制现代体育，又不能完全丢掉传统体育，那么只能促使民族传统体育文化实现与时代相适应的现代化转型，在吸收自身精华和借鉴现代体育优秀成果的基础上进行新一轮整合创新，使之既能不断地得到更新与发展，又不失传统的民族特色，跟上时代的步伐，发展成新时代体育文化的重要内容。在全球化的浪潮中，每个民族都承担着守护自己文化的责任。努力推进我国民族传统体育文化实现现代化转型，使之成为繁荣新时代健身娱乐文化、增强民族认同感的有效手段，并在国内广泛开展的基础上，积极将部分发展成熟的项目推向世界，参与构建多元一体的世界体育文化新体系，是全球化条件下中华民族的历史责任。

二、民族传统体育文化发展的视野

（一）丰富世界文化的宏观视野

人类文化发展和演进有两条最根本的线索，一条是从传统向现代化迈进，另一条是从民族向世界性拓展。纵观当代世界流行的竞技体育，从古希腊的传统竞技到欧美的球类运动，乃至日本的柔道和韩国的跆拳道，无不经历了从传统向现代化的迈进，从民族向世界性的拓展。在当今这个全球化的时代里，研究民族传统体育文化不能仅仅将眼光放在中国，而应该具有全球性的宏观视野，要站在人类文化的高度，以丰富世界文化的宏观视野来审视民族传统体育文化对于整个人类发展的前瞻性意义，也只有站在这样的高度上，才能更好地拓展民族传统体育文化的生存与发展空间。在以奥林匹克运动为代表的体育文化已经形成比其他领域更为明显的全球化态势的今天，更要提高民族传统体育文化对于丰富世界体育文化价值的认识。体育全球化并非单一化的现代竞技体育唯我独尊，而是多元体育文化的和平共处，共同构成世界体育文化的新体系。这既是世界各民族不同的经济社会发展水平决定的，也是各民族文化历史和文化意识的基本要求。特别是竞技体育广泛普及的今天，民族传统体育文化所发挥的维护世界文化多样性的作用，显得越发重要，其丰富的文化内涵和特色鲜明的活动样式更能唤起人们的兴趣和热情，从太极拳和龙舟在世界的流行就可以清楚地看到这一点。探寻民族传统体育文化与现代体育的差异，分析各自发生发展的经济社会和文化历史背景，在发现民族传统体育文化特殊价值的同时也要看到其存在的问题与缺点，制定出民族传统体育文化走向现代化、走向世界的策略。这里需要特别指出的是，民族传统体育文化走向现代化就是向现代体育学习，这与上述所讲的要建立民族文化自信心并不矛盾。既然从传统向现代化迈进，从民族向世界性拓展是人类文化发展和演进的基本逻辑，那么，民族传统体育文化走向现代化就是一种必然趋势。

（二）提升国家文化软实力的中观视野

我国正处在一个历史上最好的发展时期，特别是近年适逢在科学发展观的指导下，全面建设小康社会和建设社会主义新农村等具有时代特色的新形势，尤其是国家制定弘扬民族优秀文化的政策，以及鼓励在学校教育和全民健身实践中开展民族传统体育文化的政策，为民族传统体育文化的发展提供了一个良好的机遇。要充分把握好国家经济社会发展为民族传统体育文化带来的好形势，抓住机遇，将民族传统体育文化融入全面建设小康社会和社会主义新农村建设的工作中，为全民健身和社会主义先进文化建设做出积极贡献。以先进而富有特色的新型民族传统体育文化，展现我国符合现代国际标准的体育文化成果，彰显我国文明古国和文化大国的地位，增强国家在当代世界的文化竞争力。通过吸引广大民众参与民族传统体育文化健身活动，增强民族凝聚力和民族自信心，培养国民树立现代先进的价值观和人生观，提升国家文化软实力。应将研究的重点放在发挥民族传统体育文化在经济建设、文化建设、学校教育和全民健身中的作用上，尽量做到正确评价传统体育，摒弃与弘扬并举；吸收传统体育精华，借鉴现代体育成果；纳入学校体育教学，走进大众健身；加强民族传统体育文化学科建设；加强训练与竞赛管理，积极推向国际竞技舞台；寻求经济支持，推进产业化发展；完善体育制度保障体系，促进其发展与传承，保护民族文化的多样性，保障体育事业与社会经济的和谐发展。

（三）服务地方经济文化的微观视野

如今，以奥林匹克运动为核心的现代体育已发展成世界各国体育的主体。我国民族传统体育文化的地位和作用急剧萎缩，特别是其在城市和教育中的影响急剧削弱，多在以农业经济为主要基础的少数民族地区中生存。民族传统体育文化要实现从传统向现代化的迈进，从民族向世界性的拓展，为人类文化的发展做出贡献，为国家文化竞争力的提升提供支持。在加强民族传统体育文化科学研究和理论创新，提升民族传统体育文化研究水平的工作中，要做到"四个结合"：一是结合经济建设和社会发展进行选题并开展研究，做到经世致用，实现科学研究为经济建设和社会发展服务的目的；二是要结合学科专业建设开展研究，使民族传统体育文化研究与学科专业建设融为一体，这样才能实现可持续发展；三是结合提高教育教学质量开展研究，把人才培养、知识创新和科学研究结合起来；四是结合师资队伍建设开展研究，在研究中整合队伍、培养队伍，造就一支团结拼搏、业务精深、热爱民族传统体育文化研究的学术队伍。作为一门学科的民族传统体育文化学是教育学门类下体育一级学科下的二级学科，它归根结底还是教育问题，人才是事业发展与进步的关键。在学科研究和人才培养的微观操作层面上，要注重把握好社会职业分工对民族传统体育文化专业人才需求的问题，协调发展民族传统体育文化专业所依托的学科基础问题，以及解决好人才培养模式的问题。民族传统体育文化专业所依托的学科主要是民族传统体育文化学。因此，探索科学合理的学科研究方向、专业课程设置、实践教学环节和课程教学内容与方法体系，培养高质量的民族传统体育文化专业人才，是实现在微观层面上发展我国民族传统体育文化事业的着力点。

三、民族传统体育文化的发展原则

（一）发展原则

对于中国民族传统体育文化的可持续发展问题，核心是发展。"发展才是硬道理。"只有在发展中才能解决民族传统体育现有的问题，最终实现我国民族体育的继续生存。对于中国民族传统体育的发展原则，确切地说，就是要把我们民族体育的发展，在发展形态上不断迎合社会现代化的发展需求，在发展模式上不断紧跟市场经济体制的发展要求，在发展规划上迎合世界体育一体化的潮流。

中国民族传统体育的发展，就现在来说应该让武术项目步入各届奥运会，进而实现中国民族传统体育和世界现代体育接轨，快速实现中国民族传统体育的现代化改造。比如说，韩国将跆拳道推入了奥运会，极大地促使了代表一个国家的民族传统体育项目的规范和发展，当然这些也为我国民族传统体育的发展提供了宝贵的借鉴经验。关于民族传统体育发展，我们一方面要树立"古为今用"的现代化发展意识，在挖掘、整理、提高的基础上，注重我国自身的民族传统体育的发展创新；另一方面我们还要强化"洋为中用"的全球化发展意识，在积极吸收各国优秀先进科学理念和文化素养的同时，加强我国民族传统体育自身的发展改造，努力让中华民族传统体育立足世界和走向世界，让世界不断深入了解和深度认可中华民族传统体育，这不仅是我国民族传统体育发展的基本态度，而且是根据发展原则提出的目标追求。

（二）生态原则

此处说的生态，是一个相对广义的理解。它不仅指生物学意义上的生态维持，即维护生态环境，保持生态平衡；而且指文化学意义的生态维持，即维护文化发展的多元性，保护历史文化遗产。中国是一个文明古国，文化源远流长，历史积淀深厚，这些都给我国民族传统体育的可持续发展提供了珍贵的历史文化遗产。中国还是一个地大物博的多民族国家，这也为我国民族传统体育的可持续发展提供了多元化的文化空间。进而，民族传统体育可持续发展的生态原则，就是不但要坚持发展的传承性，还要在保持民族特色的前提下，不断地开拓创新。实际上，不珍惜文化遗产，不尊重历史，也就几乎不可能做到可持续发展所要求的代际间的平等。而且，我们要坚持文化多元的共存性，民族文化不论强弱，不分大小，互相交流，彼此平等，这样才能提供民族传统体育可持续发展的外部环境，从而让民族传统体育具有取长补短的生命力。

形式多样是我国民族传统体育项目的特点，既有对抗性、表演性的，不但能强身健体，又能实现竞技教育，而且有生产、攻防、生活的价值。

根据资料显示，约160项民族传统体育项目有历史记载。其中广为流传的有武术、射弩、跳绳、抢花炮、龙舟竞渡、土家竹玲球、发界鸡、苗岭软球、拔河、高脚马、八人秋、踢毽子、爬竿、荡秋千、登高、打飞棒、玩抱姑、跳马儿、扭扁担、攻寨堡、打叉、耍石砣、抢蛋、抢贡鸡、掰手劲、摆手舞、牵羊子、放风筝、骑竹马、板凳龙、金钱杆、三棒鼓、泼水龙、摇宝宝、打三棋、八宝铜铃舞、皇帝棋、母猪棋、五马棋、花灯舞、龙灯舞、狮子舞、竹梆舞、高台花灯等 40 多项。中华民族深厚的历史根基和丰厚的文化土壤为我国民族传统体育的可持续发展提供了有力保证。只要坚持生态原则，我国民族传统体育的可持续发展是很有希望的。

（三）公平原则

我国民族传统体育可持续发展的公平原则，是指无论是传统体育项目还是奥运会竞赛项目，都平等地享有体育传播的权力和体育发展的空间，而且都同时享有同等重要的社会待遇和国家支持。新中国成立后，我国在发展民族传统体育方面，取得了有目共睹的进步。但是，相对竞技体育的发展，不论是在管理体制的规范上或是发展速度上，还是规模以及运动成就的取得上，我国民族传统体育的发展都存在一定程度的差距。存在差距的重要原因在于，我国对民族传统体育的重视程度相对不够，存在一定的误区。对于我国民族传统体育项目，缺乏专门针对民族传统体育的人才和管理机构，没有像竞技体育那样，集中财力、物力、人力，实施全国一盘棋的举国体制的举措，从而势必会造成我国一些民族传统体育项目在发展中的生存艰难，自生自灭。虽然我国民族传统体育的项目众多，但是只有十几个民族体育项目通过国家体育行政主管部门审定了竞赛规则。即使条文规定，全国每 4 年举行一次少数民族体育运动会，但资料显示 40 多年来总共只举办了 9 次，因而许多民族传统体育项目没能得到充分有效的搜集、挖掘、整理、提高和推广。即使是我们较为流行的 40 多个民族体育项目，近几年也仅仅开展了武术、花灯舞、高台花灯、摆手舞、抢花炮、龙舟竞渡、龙灯舞、狮子舞、板凳龙、三棒鼓、射弩、土家竹铃球、苗岭软球、拔河等十几个项目，虽然这些项目作为比赛项目得到了一定的重视，但是一般也只是在上级举行民运会时才临时组队训练，平时几乎没有开展任何活动。我们坚持民族传统体育可持续发展的公平原则，就是要从根本上改变我国民族传统体育发展空间相对狭隘的现状，进而不断迎合国民经济的发展需要。我们要始终坚信只有民族的，才是世界的。我国传统民族体育的发展，要真正在当今世界占有一席之位，真正意义上独立于世界民族体育之林，就不得不重视民族传统体育的发展，在公平原则的基础上使民族传统体育与竞技体育相得益彰、协调发展。

（四）参与原则

民族传统体育发展的参与原则，是指其在发展中要让人们最大限度地激发参与热情，从而让更多的人自觉地投身到民族传统体育的实践中。与此同时，凡是跟我国民族传统体育关系紧密的事项，我们都应当积极创造外部环境让民族传统体育爱好者参与讨论、决策、实施、监督、评估，并且进一步使这种参与制度化、法制化。体育界学者专家们认为，民族传统体育发展最大的障碍，不是缺乏民族体育健儿，而是缺乏人们的广泛参与和社会的普遍支持。我们应该如何在全民健身的热潮中，进一步让民族传统体育项目，成为人们愿意接受、乐于参与并且积极实践的健身内容，这是我们当前民族传统体育发展的关键所在。要是我们的民族体育没有广大群众的积极参与，它的发展就是一句空话。假若民族传统体育不能吸引广大群众参与的热情，那就缺少体育应有的生命力。所以我们必须加大民族传统体育的宣传力度，并且在此基础上提高人们的参与意识。同时，我们在继承传统的基础上，还要让民族传统体育大胆地推陈出新，坚持与时俱进，不断增强自身的吸引力。

第二节　民族传统体育文化的发展方式

改革开放以来，我们国家发生了翻天覆地的变化，综合国力的增强与人民生活水平的不断提高，使大到整个国家，小到每一个国民的思维意识形态都发生了重要的转变，已经由对物质的追求上升到对精神文化的追求。特别是国家对文化软实力的建设，中华民族要想在复兴之路上加快步伐，就需要传统文化的回归。而民族传统体育又是中国传统文化的一个重要结晶，所以在这个时期的民族传统体育的发展走向，需要从旧时的技能传习发展到今天的文化传承。在国家全力提升文化软实力的环境下，一定要利用好民族传统体育这个重要载体，通过对民族传统体育文化的推广，对传统文化进行广泛的传播。当前民族传统体育的整体传播，已经发生了量到质的飞跃，民族传统体育获得了前所未有的发展契机，正是在这种契机下，民族传统体育及其文化的传播拥有了一个广阔的平台。21世纪中国已经成为一个全面开放的社会，世界各国的文化包括体育文化在内迅猛涌进而来，造成了对中国文化包括体育文化的冲击及影响，这是促进中国各民族传统体育发展的文化动因。未来中国体育文化想要在世界体育文化中崭露头角，融入世界体育文化，参与世界体育文化的交流与对话，就要以民族体育文化为导向，寻找出民族传统体育有效的发展路径。

一、竞技化模式

新时期，民族传统体育发展存在的最根本的问题就是民族传统体育文化与现代体育文化的脱节。对中华民族传统体育进行竞技化模式发展，是指以科学求实的态度，从世界的高度来审视中华民族传统体育，积极参与世界文化的交流，自觉摒弃一些不符合科学原理、缺乏时代感的原始因素，借鉴现代体育竞赛规则、运动技战术、教学训练手段、竞赛组织与管理的基本理论方法，对一些民族传统体育项目进行改造、整合，使之既富于时代性又保持民族特色，实现自身的创新发展，促进国际体育文化的进步。

如今，全面开放的中国正敞开胸怀拥抱世界，融入世界文化，这为民族传统体育走向世界提供了条件。NBA、欧洲杯、美洲杯、跆拳道、柔道等体育项目与竞赛吸引着世界各地不同种族的人们，已成为大多数国家体育的主体，这正是各世界民族传统体育产生互动的结果。我国民族传统体育正处于一个全新的环境，要以自身价值为根基，跟上时代的节奏，不断创新，融入世界，才能与世界文化共繁荣。

目前，我国各省、市、自治区基本上都已形成民族传统体育运动会制度，这为各个民族的传统体育项目提供了发展的舞台。从九运会获得奖牌的情况看，各民族地区在一些民族传统体育（或相近似）运动项目上展示了较强的民族优势。如内蒙古自治区由于广为开展"那达慕"大会，因此在马术、摔跤等项目上凸显优势。因此，突出地方民族特色，如"那达慕"民族体育运动会这种地域性的形式，应该被视作未来我国民族传统体育竞技化模式改造的方向。

中国民族传统体育的项目具有多样性特征。我国传统文化的主体主要分布在河谷平原的摇篮中发育成长，同时包容森林文化、草原文化、高原文化、海洋文化以及渔猎文化、游牧文化，因此繁衍出不同特色的传统文化，孕育了中华民族体育文化的多样性，中国的汉民族体育文化和少数民族体育文化一起构造出了一个波澜壮阔的文化丛林。每个民族都要发展自己民族所特有的个性文化，自立于世界民族之林，那么体育活动就是其中重要的组成。假如苗族没有了"摆手舞"，蒙古族停止了"那达慕"，傣族忘记了"泼水节"，南方中断了"赛龙舟"……将会造成民族文化的巨大损失。

目前，已有学者提出将"中国少数民族传统运动会向东方运动会转型"的战略设想。"东方运动会"表达的是一种理念，它以东方的哲学思想为自己的文化背景，提出东方运动会的哲学思想应该是多元化的，只有包容了日本、印度、西亚、东南亚各国的思想精髓，东方运动会才能被赋予新的生命力。

强调东方运动会必须区别于奥林匹克运动的哲学思想，要更体现人性，更少功利的追逐，更富有亲和力，更强调多民族文化的融合和相互理解。创建全新的活动模式，不是精英型的选拔方式，而是联欢型的体育盛会。注重对健康、健身、休闲的表达，关照老年人、妇女等群体的体育参与倾向，以及对一些人群寻求新的体育形式的时尚性关注。运动会、赛事的举办，一定程度上可制造一些有利于民族传统体育生存与发展的文化氛围。民族体育运动会如民运会、农运会以及一些单项比赛，对维持部分民族传统体育的生存状态起了一定的促进作用。要尽可能利用一切条件，积极开展民族传统体育比赛活动，如传统的节庆日、赶圩、非农耕生产季节等，利用这些人们相对集中和空闲的时间，组织一些比赛活动，可举行单项比赛，也可举行不同层次的综合型运动会，甚至还可打造精品赛事，中央电视台推出的"武林大会"和WMA武术职业联赛等民族传统体育赛事的打造做了很好的尝试，有些经验举措可以为其他民族体育项目举办比赛提供借鉴。

要提升国家文化软实力，发展民族传统体育是很有必要的。尽管发展路上困难重重，但是"文化的历史是不能够中断的，传统文化需要延续，这已经不是人们是否感兴趣的问题，而是人们必须面对的一种决策，与传统文化割裂的民族是没有出路的"。今天，唯有站在提升国家文化软实力的高度，积极主动创新、推广、传播民族传统体育，才能为我国民族文化的发展和和谐社会的构建创造条件，这是历史赋予我们的责任。

二、生活化模式

随着当今社会的快速发展，人们的价值观念以及生活方式发生了很大的变化，形成了民族传统体育文化现代化发展的社会需求动因。振兴我国民族传统体育，面向全社会的推广、普及工作至关重要。因为任何一个国家和民族的体育形式要为世界人民所接受，首先要在自己国家具有广泛的群众基础，形成文化上的认同和融合。其次，我国民族传统体育想要可持续发展，走"生活化"道路是一个重要途径。

随着我国综合国力的不断提高，整个社会的物质财富极大丰富，大家从关注基本的物质生活转变为提高生活质量。从人们的生活需要内容来看，精神生活需要同物质生活需要并举，且具体需求丰富多样。从需要层次看，生存需要作为生活主体的最基本的需要已不是最主要的内容。具体表现在，生活主体对更多、更好的精神成果和物质成果的实际享用，并从中得到满足。提高自身素质的同时，发挥自身潜能和促进自身的全面发展，这就构成了人们日常生活需要的多面性和多样性。

自动化、工业化的时代趋势，在给人类创造巨大财富的同时，也给人类健康带来隐患。现代社会的"亚健康"成为日益严重的社会问题，使得"每天锻炼一小时，健康生活一辈子"的体育观念日益盛行。当今物质充足的时代下，人们对健康的追求越来越高，在体育运动中获得健康、长寿的体育价值取向日益增强。民族传统体育项目具有审美观、民族艺术、民族情感，以及意蕴深厚的健身观、古朴自然的休闲性、娱乐性等，其已悄然融入了我们的生活，不仅为时下紧张而繁杂的生活增添了丰富多彩的意趣，更加体现了卓有成效的健身功效。

由此可见，民族传统体育肩负着提高人类自身质量的社会使命，这极大地丰富了它的内涵和存在价值。人们将民族传统体育作为追求幸福生活的基础，将在 21 世纪对人类的生存和健康发展产生不可估量的影响。实际上，20 世纪 60 年代，以武术为代表的中华民族传统体育文化就已经走出了亚洲、走向了世界，走进了西方人用以逃避现代工业文明和工具理性对人们健康生存权的吞噬的自我保护的生活方式中。目前，中国古老的太极拳运动已走出国门，在国际社会中产生了强烈的反响。很多国家上到政府，下至广大民众，都把太极拳作为一种健身防病的有效手段，为提高国民体质发挥了积极的作用，受到世界越来越多国家人们的欢迎。应该说，我国现行实施的《全民健身计划纲要》为我国民族传统体育提供了一个有利的发展空间。因此，应该把握机遇，正确、全面地认识民族传统体育，分清其精华和糟粕，使更多的人理解并参与其中。同时，可利用中国传统节日适时地推出一系列的传统体育活动，使中华民族形成强大的凝聚力，促进中华民族传统体育在海内外的广泛传播，从而超越国家和民族的界限，为全世界所接受，成为全人类共同的财富。

民族传统体育项目往往是一个民族发展的缩影，同时也反映了这个民族的某些特征。中国有近千项民族传统体育运动项目，其数量和形式之丰富多彩，堪称世界之最。其活动方式的灵活性、独特性、趣味性形成得天独厚的优势，这是现代体育所缺乏的。目前，由于大多数竞技运动项目已经发展到了耗资巨大的近乎杂技化的高超水平，一般群众仅满足于观赏，受场地、经费、技能学习等诸多因素的限制而被禁进入。因此，着眼于发展群众体育，走健身愉心的民族传统体育生活化道路，是体育短暂异化的回归，顺应了跨世纪的社会需求。

传统的体育生活方式作为一种文化模式，积淀于民族的文化心理之中，具有极强的生命力和稳定、坚韧的结构形态，世代传承。我国各民族由于生活地域不同，风俗习惯、宗教信仰等方面也各有差别，产生了许多丰富多彩的节日活动。

在众多的民族节日中，有些是直接用单项传统体育项目命名的。这些节日，不管是祭祀性与纪念性的，还是庆贺性与社交娱乐性的，都与传统的体育活动有着不解之缘。例如，在贵州、湖南、广西相毗邻的侗族地区，最热闹的传统节日"花炮节"；广西壮族聚居的地方，每年都要举行有名的体育盛会"陀螺节"。还有一些节日，虽然不是以体育项目命名的，但其中也糅进了较多的体育成分。节日为体育活动提供了良好的场所，体育活动又为民族的节日内容增添了绚丽多姿的色彩，相得益彰，互相促进。

现代国家的节日有三个主要来源：政治性的、宗教性的和民族传统节日，岁时节令及习俗是民族文化传统的重要组成部分，是增强社会成员的文化认同，保存、传递文化传统的重要途径。中国的传统节俗是可以与现代生活合拍的，世界各地的华人，都以大致相同的感情和习俗度过春节、清明、端午、中秋、重阳这些传统节日。在一些华人地区和国家，不少民族节日已经被定为法定假日。因此，利用节假日、周末、交易会，因地制宜地开展丰富多彩的群众性体育活动，是民族节日中不可缺少的重要内容。我国也可以通过立法，把元宵、清明、端午、中秋等中国传统节日作为法定节日确定下来，使之成为春节之外的一些重要的民族节日。丰富多彩的民族节日与传统体育活动是我国全民健身运动的合理内核，将为中华民族传统体育走"生活化"模式的道路奠定坚实的基础。

三、市场化模式

人类社会已经进入第三代生产力时代，即电子时代的智能生产力时代。第三代生产力的显著标志是文化与经济之间崭新关系的建立，其重要特征是"文化的经济化"和"经济的文化"，以及由此产生的当代文化经济一体化趋势。所谓文化的经济化，就是指文化进入市场，文化进入产业，文化中渗透经济的、商品的要素，使文化具有经济力，成为社会生产力中的一个重要组成部分。而文化的商品性被解放出来，其本身的造血功能也就得到了增强，就可能进入良性循环的发展机制。

市场经济的发展给中华民族传统体育提供了新的发展机遇。大量事实证明，体育已成为应对现代工业社会对人体可能造成的健康危机的首选方式。不同年龄、不同性别、不同职业、不同健康状况的人们，所选的体育手段和方法可能各不相同，但追求生理和心理健康的目标却是一致的。中华民族传统体育只有顺应市场经济的发展要求，才能获得生存与发展。

中华民族传统体育要发展就必须面向市场、面向大众。大众消费的潜力是体育发展的动力，只有大众体育消费才是体育事业发展的方向。面向大众，从人群来讲，首先社区将是我们今后发展的重点。尽管现在社区体育发展不尽如人意，但其将是未来发展方向，是提高人民生活质量的一个通道。其次，农村体育必须得到重视。如果中国的现代化将农村和农民排斥在外，必将是一种"伪现代化"，中国体育亦是如此。现在的农村体育是非常薄弱的，但是市场潜力很大。将一些民族传统体育项目进行合理开发利用，则能为大众的身心健康服务。"随着经济的精神化，起决定作用的已不再是物质生产，而是如何借助物质载体更好地满足人们的精神需求。"各行业、部门在借助大众传媒给自身带来了巨大效益的同时，也带动了传统物质生产的精神经济的改造。如在民运会比赛期间，体育用品和体育纪念品的生产销售保持强劲的增长势头，从运动鞋、运动服装到体育用品、健身器械等不一而足。

但是，不同体育项目有不同的产业化方式，不能套用同一个模式。体育也分为企业式经营的，事业式经营的，也有完全公益性的。体育产业起码要划分为两大部分：一部分是体育活动自身的经营，如广告、门票收入、体育中介经纪等；另一部分是与体育相关的产业，如运动服装、体育器材、体育保险、运动旅游、体育彩票等。体育产业有本体的，也有为体育服务的，还有很多具体的分类。情况不同，体育产业化程度就不一样，方式就不一样。国家进行体育管理，就有一个协调各种体育产业类型使之全面发展的任务。

就产业化而言，长年流传于人民日常生活中的民族传统体育深受广大群众喜爱，有着广泛的群众消费基础，加之民族体育投入少，在目前的经济水平下，符合大众的消费能力。因此，一些已具备市场发展条件的项目或活动可以进入市场开发。现阶段，一些民族传统体育项目已经走上了产业化道路，如舞龙、舞狮等，并实行了较好的市场运作方式。

民族传统体育因其具有独特的魅力，对经济开发的价值非常大。如果能将其很好地运作，学习和借鉴一些优秀项目和团队率先走入市场的经验，引入良好的现代运作手段和形象品牌包装，首先把具备市场前景的一批优秀传统体育运动项目向市场推进，可以更好地促进自身的发展。

第三节 民族传统体育文化的发展策略

我国民族传统体育是在中华民族文化思想中孕育而成的，厚载着中国民族文化之精髓，是中国民族文化运用与发展的重要载体之一。目前，我国一些民族传统体育项目已被纳入到了国家非物质文化遗产保护体系中，这说明我国政府已高度认识到了民族传统体育对国家国际地位的重要性。但是，保护不能仅仅是为了保护，更重要的是要发展。今天，面对西方体育文化地位的强势以及我国农耕文明土壤的现代转变，我国民族传统体育究竟还有没有生存的空间和价值，我们又该怎样把其价值观统一到我国特色的社会主义核心价值体系上来，这些思考对我国民族文化软实力的提升具有重要的理论意义。

一、突出发展重点，科学制定规划

民族传统体育项目繁多，规划好它的发展，有利于民族文化发展和国际形象的提升。目前，政府并没有这方面的发展规划。规划民族传统体育的发展，一方面，要全面做好挖掘整理工作，全面掌握民族传统体育目前的生存状况；另一方面，要确定好重点发展项目，既要拟定国家级重点发展项目，力争打入国际市场，也要拟定地方重点发展项目，力争成为群众喜欢的区域性发展项目，同时还要做好其他项目的文化保护与开发工作。从地域上要有所侧重，要针对各个地域发展适合此地域的优势特色项目，不要"一窝蜂"上项目，要紧扣地域传统文化，以该地域特色精品项目为龙头，规划品牌发展战略。

民族传统体育项目众多，形式多样，在社会发展进程中积淀了深刻的文化底蕴，并对我国社会在不同年代的发展有着不同的重要的影响，既有促进社会发展的文化因子，也有阻碍社会进程的文化因子。当社会进入信息化时代，民族传统体育能否为我国社会主义现代化建设服务，需要我们站在现代社会角度重新审视民族传统体育价值，需要我们构建一套科学的价值标准来评估民族传统体育的社会价值。构建民族传统体育价值评估体系可让民众客观认识民族传统体育的价值所在，可促进民众对民族文化的认同，保障民族传统体育的发展方向。构建价值评估体系，应结合传统观念与时代精神，一是要对民族传统体育项目在健身养性、娱乐、竞技、消遣放松等方面进行评估，评定是否具有特色社会主义休闲体育价值；二是要对民族传统体育项目的核心思想、生存理念、价值观念以及民俗习惯进行评估，评定是否有利于我国社会主义文化教育建设；三是要对民族传统体育物质层面和制度层面进行评估，评定是否具有文化旅游价值。

（一）健全民族传统体育富有生命力的文化体系

民族传统体育作为一种具有丰富理性内涵的文化特质行为，它的发展演变受到一个民族的生活习俗、生产方式、道德观念、行为规范、文化模式和民族心理结构等种种因素的影响和制约，这些因素相互交织，形成一个网络存在于体育形态的深层底蕴中。这些因素决定着每个民族传统体育的形态特征和文化内涵，并使它们呈现出独异的民族风格和文化特色。由于少数民族传统体育多数来自山村与乡野，其中有许多受自然经济与原始封闭的文化局限的影响，因此需要进行科学的规划与发展，使民族传统体育与现代社会的发展更为协调、和谐，不断推进民族传统体育的可持续发展。

1. 民族传统体育文化的发展走向

在民族文化体系构建中，绚丽多姿的民族体育作为民族文化建设中一支重要的方面军，可以以其独异的文化特征、深厚的文化内涵、多元的价值功能来丰富民族文化建设的内涵，形成有优势、有特色的民族文化建设体系框架，推进民族文化建设的全面发展。民族体育作为一种历史悠久而独立存在的文化形态，它的演变经历了以下四种基本形态：

（1）从民族文化复合体到独立的体育文化体系。民族传统体育是特定时期的产物，民族传统体育的形成和发展不仅是一种自然行为的结果，而且是少数民族在其社会生活中一种行为技艺的凝练，是各民族的社会文化在体能表现形态中的必然结晶。传统的体育项目是在该运动技巧发展到一定程度，其行为模式和精神内涵得到人们的共识之后，作为一种文化现象，逐渐独立于其他社会文化，成为一种特殊的文化形态得以存在和发展。

（2）从单一的运动技能到形神兼备的体育文化体系。民族体育是一种具有特殊形式的体育活动方式。作为一种体育运动，少数民族体育具备现代体育的一些特点，它的行为是以身体活动的方式进行的，它要求人体直接参与运动，在愉悦身心的活动中承受一定的生理负荷，并在人的体力和体内能量物质"消耗—恢复—超量恢复"周而复始的循环中，促进人的体能发展和体质增强。此外，各少数民族的体育运动从它最早的形式以及全部的发展历史，都以其显著的特征使它的存在与各民族的其他文化保持着相依相存的密切关系。

因而，少数民族体育文化始终以它特殊的运动方式，体现着两种重要的社会价值：一种是显形于外的，即以竞技强身为核心的体质训练；一种是蕴含于内的，即以表述精神情感为核心的心理再现。两种价值的展现方式，常常寓于同一种体育行为，并成为一种内外相接的连贯形态而相依存在。

（3）从单纯的身体运动到广阔的民族文化视野。民族体育是民族文化的综合形态。少数民族体育作为一种特殊形式，它一出现，就与周围环境的其他文化体系有着相互依存和相互作用的紧密联系，成为一种与外界自由地进行物质和信息交换的文化开放系统。少数民族的体育发展自始至终都不是一种孤立存在的文化现象，它的形成、发展依赖于民族文化广阔背景综合效应共同作用的结果，它的存在与发展是诸多民族文化象征的综合再现。

（4）从单一民族的传统体育演进为国际性的竞技体育项目。任何一项体育活动的形成，最初仅是在某一地域与民族中开展，随着各地民族与文化的交流与交融，这一民族传统体育项目交流活动的范围逐渐扩大，使其地域性与民族性的外延不断扩展，演进为多民族共同参与的体育项目。

　　随着民族传统体育项目的科学化、规范化与社会化进程的推进，民族传统体育的运动形态与竞赛规则不断完善，逐步被其他民族所认同，并成为全国各民族参与的民族体育竞技项目。今天我国的少数民族传统体育运动会已拥有从各少数民族传统体育活动中发展而来的摔跤、赛马、秋千、赛龙舟、武术、射弩、押加、陀螺、珍珠球、抢花炮、高脚竞速、木球、毽球、三人板鞋竞速等民族体育竞技项目，使原先在狭小地域流行开展的民族传统体育项目不断地走向全国、走向世界。

　　2. 拓宽理论视野，加强民族体育文化研究工作

　　我国民族传统体育的发展已有数千年的历史文化积淀，在其彰显中华民族体育文化之光与生命活力的同时，也难免带有自然经济与封建意识的历史印迹。因此，要用现代自然科学、人文科学的理论，全方位、多角度地对民族传统体育文化进行发掘和研究。从研究任务看，仅从单纯的体育科学视角或仅兼顾民族性进行研究，是不能全面、深刻地分析、探索出民族传统体育文化的本质特征与发展规律的，而应以多学科理论为基础，进行多学科、多层面、多方位的研究。从研究范畴看，民族传统体育作为各民族现实生活中的一种客观的社会存在和体育现象，既可从体育学的视角进行研究，也可从民族文化学的角度进行探索；既可从体育史学、文化学、考古学、人类学的综合角度进行理论探索，又可从社会学、训练学、经济学、旅游学的角度进行应用性的社会实践研究。

　　由于各种客观因素及研究条件的限制，长期以来，我国学者对民族传统体育文化的研究工作较多地集中于社会科学（尤其以史学和人文科学为主）的研究，而自然科学领域涉足甚少。此外，由于长期以来我国史籍文献对民族传统体育原生形态及其起源状况的记载很少，加之许多民族体育活动尚处于混沌零散的状态，给民族传统体育的研究工作也带来一定的难度。有的民族体育项目藏于偏僻的深山边寨之中，有的体育项目则濒临失传绝迹的边缘。因此，对民族传统体育的研究工作，还兼有发掘、抢救、保护、推广的任务。

　　当前，我国民族传统体育文化的研究工作已呈现以下几个方面的转变：由单一学科的研究转向综合性、多学科的交叉研究；从民族传统体育的个别现象向整体规律性探索的方向发展；从民族传统体育是什么向为什么、怎么形成与发展问题的研究转变；从探讨民族传统体育的价值功能向开发其在现实社会中应用途径、方式、措施的研究转变；从民族体育文化资源的搭台配角作用研究向现代体育产业发展的主角定位研究方向转变；从单一的理论假设研究逐步向田野考察和实证研究方向转变；从乡村民俗体育研究向现代竞技体育、学校体育、大众体育、产业化以及进入国际体育范畴和多领域研究转变；从单个的学术现象向整体学科体系构建的方向转变。

　　因此，我国民族传统体育的发展将促进多部门、多学科、多领域的民族传统体育研究工作。我们要加强开展对民族传统体育的历史源流、哲学思想、文化内涵、社会功能、竞技价值、产业特性、审美特征、健身效能、形态结构、项群分类、训练方法与竞赛规则、

学科体系构建等方面的综合性研究，逐步建立起我国民族体育的科学理论体系，并制定出我国民族体育近期、中期、远期的发展战略规划与战略实施措施。要不断探索我国民族传统体育学科的本质特征与客观规律，探索体育全球化进程中民族体育文化发展多元化的途径与方式，为我国民族传统体育的发展提供科学的理论依据。

（二）采用多种措施，推进民族传统体育的科学化发展

除了要建立完善的学科体系，完善民族传统体育的文化体系外，我们应采取多种多样的措施，调动社会各方的力量，努力推动民族传统体育的科学发展。

1. 加强理论研究工作

民族传统体育内容丰富，尚有众多的自然资源、人文资源、体育资源可供探寻。如何使这些潜在的资源转化为现实的财富，进一步促进民族传统体育向着科学化、现代化、社会化、产业化方向发展，为和谐社会建设服务，是一个亟待解决的课题。因此，应加强以现代科学理论与方法对民族传统体育进行研究工作，大力开展多部门、多学科、多领域的综合性研究，加强对民族传统体育的历史源流、哲学思想、文化内涵、价值功能、竞技含义、项群分类、训练方法与竞赛规则、社会化与产业化途径、民族传统体育旅游资源开发等方面的配套研究，逐步建立起民族传统体育的科学理论体系，使民族传统体育的发展走上科学、健康的轨道。

2. 积极开展实践活动

应充分利用民族文化传统的凝聚力，利用民族传统体育本身具有的健身、娱乐、教育、竞技功能，吸引广大群众积极参与。要加强宣传工作，利用各种社会环境大力发展民族传统体育活动。利用地方性的民族传统体育运动会和单项比赛，把握农业节令、民俗节日等时节，积极开展多种形式的民族传统体育活动。坚持小型多样、业余自愿的原则，结合乡村文化站等基层组织开展生动多彩的民族传统体育活动，把民族传统体育作为千里边疆文化长廊的建设内容加以发展；并且引入竞争机制，用竞赛的办法来激发各族人民参加比赛和交流活动的热情；举办与周边邻国、邻省的民族传统体育邀请赛、对抗赛；把民族传统体育逐步引入到旅游风景胜地，让更多的游客认识和参与民族传统体育活动。

3. 加大改革力度

民族体育事业发展中的改革涉及多个层面：思想观念上，要逐步从封闭型向开放型转变；管理体制上，逐步从自发型向有组织、有计划、有目标的方向发展；形式上，逐步由单纯的民俗体育集会转变为经贸、文化、体育相结合的盛会；交流上，应由单一的民族活动向多民族共同参与的方向发展，并逐步走向全国和世界。民族传统体育项目应在保持民族风格的基础上，逐步向着现代人的文化娱乐观念、审美特征和价值取向方向转化，向着与国际体育接轨的趋势发展。这样，民族传统体育才会有新的活力，才能加快其社会化、产业化的发展进程。

4. 完善训练体系

目前一些地区已逐步建立起民族传统体育的训练网点，但地域不广，项目设置不够全面，还应扩大民族传统体育训练网点，并加强检查和管理。同时，要根据各地区的民族传统和体育特长等优势，建立摔跤、赛马、射箭、射弩、荡秋千、打陀螺、抢花炮、赛龙舟等特色项目的训练体系，加强这些项目的科学化训练程度，经常组织一些竞赛与表演活动，以提高这些民族传统体育活动的运动技术水平。

5. 注重人才培养

当前，民族地区体育人才紧缺，制约着民族体育事业的迅速发展。因此，各地区的体委、民委、教委和文化部门应密切配合，有计划地培养一大批民族传统体育干部、体育骨干和体育教师。我们应采取多渠道、多形式的方法培养多种层次的少数民族传统体育人才，逐步扩大高等体育院校招收民族学生的名额，或开设民族传统体育班；也可通过地区师范学校和业余体校培养少数民族传统体育人才，为民族传统体育的腾飞打下坚实的基础。

（三）走向世界，成为全人类共享的体育文化财富

在人类社会的诸多文化现象中，体育是一种最易沟通人们思想、促进民族认同的社会文化形式。由于体育竞赛具有超越社会意识形态、文化传统、语言障碍的特点，它可以将不同观点、不同宗教信仰、不同肤色和种族的人们齐聚一堂，进行公平、友好的竞技角逐。在现代奥林匹克"和平、友谊、进步"理想旗帜的指引下，奥运会已成为现代人类生活中规模最大、影响最广的世界各民族的盛大文化集会。因此，体育是最易国际化、最易走向世界的一种文化形态。当我们今天论及"经济全球化"时，体育的"全球化"从1896年的第一届现代国际奥林匹克运动会开始，迄今已有100多年的历史。

1. 民族传统体育走向世界的历史回溯

纵观世界体育文化发展史，在几千年的人类历史长河中，一些国家的民族项目得到发展，并演进为当今的国际体育竞赛项目。

如田径运动中的跨栏项目，最初是英格兰牧羊人发明的一种障碍游戏。又如排球，最初是美国人发明的一种海滩娱乐游戏，后经体育教师威廉·摩根改进成为较完善的球类项目，由美国水兵推及世界，最后演变为世界竞技项目。再如皮划艇运动，它最早是爱斯基摩人用于捕鱼和猎取水兽的运输工具，后被前来探险的英国人发现并带回英国，最终成为奥运会的正式比赛项目。特别引人注意的是起源于奥林匹亚祭祀场的古希腊竞技体育活动，至今仍有很多项目是现代奥运会的正式比赛项目。

相反，在一些国家和民族中早先流传开展的某些传统体育项目则只能自生自灭，湮没在漫漫的人类历史长河之中，或仅在某个国家、某种民族、某个地域，以某种文化形式（军事、庆典、宗教、教育）出现，鲜为人知。如中国古代的投壶、单双门蹴鞠、十五柱

球、捶丸等项目虽兴盛一时，最终也先后湮灭在历史的尘埃之中。在我国 56 个民族中，也流传着近 700 种丰富多彩的民族传统体育活动，但由于自然环境和人文环境的封闭，有的项目仅在本民族内的文化生态环境中流传，有的项目则在社会历史的变迁中逐步销声匿迹。

通过上述对世界体育发展史的回溯，我们知道，任何体育项目都原生于某一民族的社会生活环境中，并在娱乐、教育、宗教、军事等复杂的社会文化活动中逐步完善，成为某一地域空间流行、开展的具有民族特色的传统体育活动。有些民族传统体育活动具有的全人类的共同价值要素较多，伴随着该地域人文地理环境的开放，各民族社会文化的相互渗透和交融，这些民族传统体育活动也就以某些文化传播的形式向外传播、扩散，其民族性的外延不断扩大，被不同地域与种族的人们所认同，使它不再只从属于某一民族。

在民族传统体育传播的过程中，随着其所影响的地域空间的扩展，国际的体育交流自然产生，最终成为不同国度、不同种族、不同语言、不同宗教信仰和社会制度的人们乐于接受、乐于参与的世界体育运动和奥运会比赛项目。原生于某一民族的体育项目要走向世界体坛，其道路是艰难曲折的；其交织影响的社会文化要素是多重、多向、多层次的；其传播、扩散的文化机制与文化动因也是复杂、互渗与综合的。

2. 民族传统体育走向世界的文化动因

体育作为一种社会文化形态，产生于特定民族的社会生存空间，表现着不同种族人们的生活方式、价值观念与文化心理结构，表现着不同种族的社会形态特征。而作为这些纷繁复杂、千姿百态的民族传统体育项目要走向世界，超越各种空间、社会、文化的界域，其发展的可能性、必要性以及方式、规模及速度都取决于这种体育项目自身发展的内外部条件，即表现为该民族传统体育存在、发展、走向世界的内、外部文化动因这样一对动因结构的相互关系。

（1）内在文化动因。某一体育项目发展、传播的文化内因在于它自身蕴含的实用价值与人类需求元素，即这一体育项目所隐含的人类所需求的社会文化价值。这种社会文化价值体现在能满足人类生存与发展中各种精神和肉体的实际需要以及它满足整个社会多元的（如政治、经济、科学、艺术、教育、军事、医疗、宗教的）需要与价值功能，并不断地沿着人类自身生存—享受—发展的客观需要趋向向前延伸、扩展。因此说，需要是发明之母，也是决定事物存在与发展的基本动因。

①竞技。竞技性是体育运动的精粹与魅力所在。竞争取胜，超越自我，战胜对手，更高、更快、更强是体育精神的本质内核，它与全人类不断奋斗进取的崇高理想是契合的。因此，体育竞赛能成为全世界最易接受的"国际语言"，能为不同社会制度、意识形态、宗教信仰、地域环境的各民族人民所理解、所接受。竞争是当今世界发展的主要趋势，世界诸国除了在政治、经济、科技、军事方面展开竞争外，同时也更为注重在世界体坛进行角逐，比试本民族的体力、智力、国力，树立本民族在世界上的整体形象。

因此，就要求这类体育项目具有强烈的竞技性，既能满足个人的竞斗本能欲望，又能满足国力竞争的高层次需要。同时，也要求这类体育项目有完善的竞赛规则，能体现民族平等与公平竞赛的"费尔泼赖"（Fair Play）精神。并且这种规则要简明准确，便于量化统计与判别胜负名次。无论是体能类的竞技项目，还是技能类的对抗性及表现性项目，都要便于记分、名次取录和用米、公斤、秒制等国际通用度量单位计取换算。如当今世界体坛盛行的篮球、排球、足球、举重、田径等项目无一不是如此。这类项目内涵的竞技性强，能充分发挥人类的体能、智力、素质、技能、战术的优势，又有完善健全的规则制度，能体现优胜劣汰、公正和平的竞争，因而成为世界人民普遍理解、欣赏与参与的竞技活动。

中华民族的传统体育瑰宝——武术，起源于我国古代社会的狩猎劳动与军事实践中，是一种技击性、竞技性较强的体育活动。我们应加强对武术攻防含义、散打格击、对打制胜的竞技规则研究，增强竞技性是武术运动走向世界的必要条件。另外在我国民族的传统体育活动中，也有许多充满竞技意味的项目，如抢花炮，赛马球、毽球、木球、珍珠球，叼羊，打陀螺，摔跤，赛马，赛龙舟，射箭弩，押加，高脚竞速，三人鞋板竞速等。只要我们不断地对这些项目进行改造，提高其竞技性，完善竞赛规则，这些体育项目终会以其独特的民族风格走向世界体坛。

②娱乐。作为一种向外传播，被其他地域、种族人们接受的体育项目，必须具备较强的娱乐性，给运动者和观赏者以愉悦身心，陶冶性情，调节情感，撷取运动感的审美体验。这种娱乐性运动能给人带来生理与心理的愉快感，满足人们的精神文化需要，而追求这种精神享受是任何时代、任何地域和民族的人们的共同心理趋向。欢悦的身体活动在远古时代就是人类文化生活中不可缺少的部分。到了现代社会，由于社会物质文明、精神文明的迅速发展，人们体力劳动量减少，余暇时间增多，物质生活的日益提高，人类对文化娱乐追求的心理趋向日益高涨迫切。

在世界体育文化的交汇融合中，有些民族的体育项目虽竞技性不强烈，但有较强的娱乐性，因而逐步推向世界。如美国黑人喜爱的迪斯科舞，当今盛行的霹雳舞、街舞、蹦迪，都是由某个民族推向世界的。我国各民族中流传着许多丰富多彩的体育娱乐活动。如藏族同胞的"跳锅庄"，彝族的"跳月""打歌""跳乐""叠脚"，苗族的"跳芦笙"，傣族的"戛光""孔雀舞"，景颇族的"目脑纵歌"，纳西族的"东巴跳"，白族的"绕三灵"等。这些寓健身性、娱乐性、趣味性、艺术性为一体的体育项目，只要我们注重发掘、提高、改造和宣传，它们在不久的将来会走向世界，为世界人民所接受。

③健身护体。健身强体是体育最主要的本质功能之一。早在原始社会时期，人们就已经意识到人体运动对身体的健康有促进作用，因此才有原始时代阴康氏的"消肿舞"和《黄帝内经》中的"导引术"。进入现代社会，科学技术发展的突飞猛进，促进了人类生活方式与生产方式的巨大变更。工业现代化、自动化给人类带来巨大物质财富的同时，又

给人类身体带来不良影响。社会"文明病"造成的人体肌肉萎缩、心力衰竭、过度肥胖已成为当今世界日益严重的社会问题。这些问题的显现使"生命在于运动"成为现代社会广为流行的体育口号与生命哲学。从体育运动中获取健康、长寿与能力的人类价值趋向已日益凸显。

有些体育活动健身效果好，又有竞技价值，因而既是现代世界竞技体育项目，又是当今时尚的大众健身运动，如长跑、游泳、自行车等。有些项目虽无竞技意义，又无娱乐审美价值，但有实用的健身医疗功能，仍能冲出某种国度、地域、文化的环境，成为世界人民推行崇尚的健身体育活动，如我国的气功、导引和印度的瑜伽、日本的坐禅等。

如今，云南省在全国率先将民族的传统舞蹈改编为民族健身操，使民族健身操逐渐步入城市社区与广场，成为全民健身活动中的一个重要亮点；也使民族健身操逐步进入广大的中小学校体育课堂或作为大课间体育活动的重要手段。由于该项目将运动的体育性、艺术性、民族性、健身性、娱乐性有机地结合起来，有效地改变了往日"广播体操"的单一与枯燥状况，深受广大青少年学生的欢迎，在 2007 年举办的第八届全国民族传统体育运动会上，国家民委、国家体育总局将民族健身操列入全国民运会的正式比赛项目。

（2）外在文化动因。除上述体育文化发展传播的内部动因外，民族传统体育项目要步入世界体坛，成为人类社会共同参与的体育运动项目，其传播、扩散的途径以致获取世界各国人民广泛的认同，还需具备一定的中介与动因条件，即体育项目发展传播的外部文化动因。它们与体育文化发展传播的内部文化动因相互交织，共同构成民族传统体育走向世界的前提条件。

①移民迁徙动因。移民迁徙是人类社会一种普遍的社会生活现象。在世界各民族的社会发展史中都伴随着广泛的移民迁徙现象，这也是一种文化传播的特殊途径。过去，由于战乱、灾荒、瘟疫的侵袭及某种特定民族生活习俗，而形成了普遍的种族迁移现象。

频繁的民族迁徙导致民族内部结构发生变化，也促进民族文化的传播与交融。如当今东南亚国家的许多民族，与我国云南的傣、苗、瑶等民族有着密切的族源关系。尽管他们迁徙定居在现住地已有千百年之久，但至今仍在语言、居住方式、饮食、衣着、舞蹈、体育等方面保持着相同或相似的文化习俗。再如闻名世界的吉卜赛舞，正是随着吉卜赛民族广泛的在世界各国的迁徙中流传开来的。

②大众宣传媒介动因。各民族传统体育活动是以身体运动来表现不同民族的审美心理、生活情趣和文化价值取向，推广和交流的过程必然存在着各种文化隔离因素。要消除这些文化隔离因素，使某种民族传统体育活动推向世界，得到各民族的文化认同，就须利用传播媒介来宣传这种体育活动的价值功能。

今天的世界是一个开放的系统，由于现代电子技术的发展，电子设备直观生动的宣传效果特别显著。另一方面，随着各国国际交往的发展，体育文化使团的出访表演也是宣传民族传统体育的一条重要途径。如我国的武术代表团曾多次出访世界诸国，对中国武术走向世界产生了良好的宣传效果。与此同时，要将我国各民族千姿百态的体育活动推向世界，开辟民族地区的体育旅游资源也是一个有效的宣传渠道。

③组织国际竞赛动因。体育竞赛是无国界的，它超越了社会制度、意识形态、宗教信仰和地理环境的限制，是不同民族、不同文化背景的国家都能接受的国际语言。当前，国际奥委会的成员已达200多个，奥运会成了世界性的体育节日，国际运动竞赛项目已达100多种。体育竞赛的数量与规模不断扩大，运动竞赛国际化已成为时代的发展趋势。

通过组织国际体育竞赛把民族传统体育项目推向世界，是当今世界各国热衷效仿的一种重要手段。许多过去只限于狭小地域具有民族及地方特色的运动项目，正是基于当今国际交往的扩大、传播媒介的增多及在各种各样的国际竞赛活动中日益趋于国际化的。如起源于美国民间体育游戏的排球，最初仅在美国、加拿大、巴西等国流行，后来相继传入欧洲、亚洲各国，最后又发展为一项普遍的世界竞技运动。又如我国的民族传统体育活动——赛龙舟，原先仅局限于我国南方水域的民间中开展，现已成为许多亚洲和欧美国家乐于参与的国际体育竞赛活动，并已举办多届世界龙舟锦标赛。

此外，组织各种洲际比赛或奥运会是传播民族传统体育文化，将民族传统体育项目推向世界体坛的历史契机。追溯国际运动竞技项目的发展史，某些项目都是由主办国将本国民族传统体育活动推向世界的。如第1届奥运会时，希腊就是将自己民族古老的田径运动诸项目，如铁饼、标枪、马拉松，以及举重、拳击、角力（摔跤）等项目推向世界的。柔道是日本民间传统的体育项目，东京举办第18届奥运会时，国际奥委会批准将柔道列为奥运会正式比赛项目。接着又将跆拳道列为第24届汉城奥运会表演项目。

综上所述，当今各民族传统体育文化的融合与交汇，走向全人类共同的体育，使民族传统体育国际化是世界民族传统体育发展的重要趋势。要促进我国民族传统体育走向世界，需探寻民族传统体育走向世界的客观规律与文化动因，提炼其中人类体育共同的价值元素。如果我们注重开发利用民族传统体育项目发展、传播的内外部文化动因，充分发展民族传统体育的竞技性、娱乐性、审美艺术、健身性，赋予其完善的动作形态与竞赛规则，借助各种大众传播媒介、各种文化条件和体育环境，大力倡导和开展民族传统体育运动，加强国际体育文化交流。我们相信，随着我国社会的不断发展与开放，在当今世界文化交汇的时代潮流中，我国民族传统体育将以崭新的时代风姿走向世界，成为全世界人民共同的精神财富，为丰富世界体育文化体系做出特殊的贡献。

二、加强媒体宣传，拓展经费途径

媒体宣传是政府一系列方针政策、法规文件对外展示的有效途径和手段。我们要加强媒体宣传力度，加强和完善电视、电影、互联网、报刊、墙报和音像出版对民族传统体育宣传制度建设，把媒体宣传制度纳入到有关民族传统体育的法规条例中来，通过制度来提高媒体的宣传力度，规范、督促媒体的宣传行为。通过媒体宣传促进民众对各民族传统体育项目的了解和交流。因此，我们要积极运用电视媒体，通过电视新闻、专题报道等进行宣传造势，吸引更多民众眼光；要充分利用网络工具，对我国民族传统体育挖掘整理的资料进行数字化处理，通过网络传播，让更多工作人员能及时了解有关信息，并能快速为我所用；要大力出版优秀民族传统体育科普读物，大力制作优秀民族传统体育项目音像制品，让更多群众通过这些读物和音像制品去了解有关知识，并能学习到自己喜欢的休闲、娱乐、健身养生等传统体育项目；村委会、居委会要积极利用墙报，通过墙报宣传有关政策、训练方法等有关知识，促进保健养生体育项目走进社区和村落。宣传内容上要做到以宣传国家发展民族传统体育的方针政策、宣传民族传统体育对国家发展的重要影响、宣传民族传统体育重大活动和事件为主。

拓展资金渠道可改善政府对民族传统体育发展经费投入的单一和不足，我们要多渠道融集开发资金，并努力做好政府资金、社会资金、公益资金的合理投入和使用。除了各级政府要根据地方财政情况适当加大民族传统体育发展资金投入外，要重点发动社会企业、事业单位、公司、个体等社会力量的积极参与，争取更多社会资金对民族传统体育开发的投入。可通过相关配套政策来发动社会力量参与民族传统体育开发，如广告、商标使用权，用地审批、国家税收等优惠政策等。经费投入要合理安排，除适当兼顾一些民族地区项目的发展外，要着重放在重点项目的挖掘、保护、运用上，包括对民间艺人的生活扶持以及有关物质文化层面的整理、保护、创新等。体育彩票公益资金要合理分配和使用，尽可能拿更多资金运用到以民族传统体育为主的群众体育事业发展中来，改善有关配套设施和条件。

三、剔糟粕保精华，深化非遗保护

民族传统体育作为农业文明和特定社会的产物，必然是精华与糟粕并存。我们说要在传统基础之上进行新的改造，是指对精华部分进行合理的吸收，使之成为新型体育文化的积极因素，成为民族体育文化的根；而对于一些落后、不符合现代体育科学原理，甚至与社会主义现代文明相悖的东西，则应坚决摒弃。现代体育发展到今天，深受商业化、职业化、滥用兴奋剂等各种严峻挑战，这些现象与奥林匹克主义谋求把体育运动与文化和教育相互融合起来，创造一种在努力中寻求欢乐，并发挥良好榜样作用，尊重基本公德原则的生活方式的思想内涵之间已有相当大的背离。现代体育所体现的以奋发与竞争为核心的精神价值及其组织制度都是民族传统体育所缺乏的。因此，民族传统体育的现代化应在保持民族特色的基础上，积极借鉴现代体育文化的优秀成果，在技术方法层面运用现代体育科学理论与方法进行理性判断与创造，在制度方面借鉴现代体育文化的成熟组织制度迅速发展壮大自己，而在价值层面借鉴现代体育奋发与竞争的精神价值，这是民族传统体育实现现代化转型的核心与关键。

早期的民族传统体育因为社会生产力水平的低下和自然条件的隔绝而在各自极其封闭

的条件下独立成长。现如今，伴随着生产力的发展，交通、通信条件的改善，尤其是全球信息互联网络的形成，使全球紧密联结成一个彼此联系、彼此依存和相互联动的整体。而体育已形成较经济和其他社会活动更为明显的全球化态势，尤其是在中国加入 WTO 与2008 年奥运会在北京成功举行以后，在中国社会更加全面地向世界开放的背景下，民族传统体育的综合创新必须树立全球意识，以面向全世界的姿态，充分利用全球化与民族文化双向影响的原理，来实现向世界的传播。保护民族传统体育并不是像对待古代文物那样把它与周围世界隔绝开来，而是要让民族传统体育与现代体育文化在不断碰撞中得到锤炼与发展。面向未来，就是要以民族传统体育的现在为基点，对自身精华和现代体育文化优秀成果进行创造性吸收与借鉴，特别是要立足于时代视野对两者的不足进行自觉的反思与批判，把握前进的方向，着眼于未来的发展，将现在和过去已经取得的成果作为进一步发展的台基，构建一种超越现代体育文化的新型体育文化体系。

中国近年来形成了非物质文化遗产保护热潮，从国家到各省市县都在积极保护非物质文化遗产保护项目，抢救原生态，为文化创新积蓄能量，提供支点，努力使我国民族文化呈现出新景观。做好民族传统体育非物质文化遗产保护与开发工作，对民族传统体育项目进行挖掘整理，把民族传统体育项目所涉及的文物、器具、服饰、动作以及风俗文化等进行统计、归纳、整理、说明，对其所处"原生态"到"次生态"进行深入研究，从中探寻演变规律，结合发展环境与文化特征进行综合研究。遗产申报是一项繁杂细致的工作，政府在人力、物力、财力、设备等方面均应给予政策倾斜。各级政府部门要从思想上、行动上予以重视，全力安排专职人员、专项经费、专门设备来进行申遗工作。工作中，要运用现代化的科技手段，要将成果资料进行数字化信息技术处理。同时，要及时组织力量做好对本地区民族传统体育开发、运用研究工作，包括对民众引导和鼓励，对一些民间艺人进行必要的资助和扶持等。"开发就是对非物质文化遗产保护工程的拓展"，在民族传统体育遗产申报中，保护传承人、培养传承人、开发教育资源、开展竞赛娱乐活动、出版书刊与音像制品等，都是要考虑的内容。加强对民族传统体育多途径开发利用，实现其多元价值，要结合社会发展需要，在物质、制度、精神等层面进行开发，探寻可利用的价值，拓宽成果转化途径，提供条件，让研究成果能及时转化为社会效益。

四、加快产业发展，提高反哺能力

发展经济、发展民生是开展民族传统体育产业化建设的重点和归宿。应组织力量充分挖掘整理本地民族传统体育资源，确定开发项目，将开发项目与本地民族节庆活动、自然景观、其他人文旅游资源结合起来，制订旅游线路。并通过宣传渠道，宣传造势，努力打造民族传统文化精品旅游线路，特别是一些少数民族民俗体育项目。自然景观、民俗风情、体育活动形式共同构成了少数民族民俗体育，而民俗风情是不同群体选择旅游时着重考虑的重要因素，人们对不同景观、民俗风情产生浓厚兴趣，更想切身参与来体验少数民族的体育乐趣和生活习性。因此，在一些民族地区，要借助自然景观资源优势，选择一些娱乐性、趣味性、观赏性较强的少数民族民俗体育项目，在本地区中开展富有民族特色、地方风情的民俗体育活动，并邀请游客参与进来，让他们在感受到自然山水风光美的同时，还能领略到极富特色的民俗风情，这样既发展了旅游文化事业，又宣传、推广了民俗体育文化事业。

同时还要逐渐开展民族传统体育健身、培训、信息服务、体育器材、体育服饰及体育吉祥物等方面的产业开发活动，并将它们融进旅游产业中共同开发，最终形成区域性民族传统文化旅游产业。以创新的理念和思路来推动区域体育资源向体育产业转化，地方政府尤其要消除对民族传统体育以及民族传统体育产业的狭隘、模糊甚至错误的理解，充分认识体育产业在区域发展中的重要地位和作用，要从本地经济发展水平出发，深入研究本地区具体的民族传统体育情况，科学选择本地体育产业以及发展形势、区域布局等，着重抓"一地一品"特色体育资源的开发，坚持使区域民族传统体育产业走品牌发展之路。

历次群众体育调查表明，经济收入的高低同人们对体育活动的参与有很强的关联性。在我国一些少数民族农村地区，许多百姓经济收入相对较低，生活水平相对落后，这导致了一些少数民族民俗体育项目越来越受到冷待。国家虽然提出要重视对少数民族传统体育的保护与发展，但根据财政情况，国家对民族传统体育发展投入的经费是有限的，远远达不到民族传统体育发展的需求，因此很多赛事活动举办经费得靠群众自己解决。而在中西部一些民族地区，由于许多农民经济收入低，生活状况差，很大程度上限制了他们对本地民族传统体育活动的参与。因此要加快民族传统体育社会化进程，必须建立健全民族地区农村社会保障体系，提高农民的最低生活保障水平，如完善农村合作医疗政策、城镇居民医疗保险政策以及提高农村社会保险、社会救助、社会福利等标准。农民的基本生活得到保障，才有更大的可能性投身于民族传统体育活动中。

思 考 题

1. 民族传统体育文化的发展原则有哪几条？
2. 民族传统体育文化的发展方式是什么？
3. 民族传统体育文化的发展策略都有什么？

第六章　民族传统体育文化传承方式与途径

传承是民族传统体育的一种传递方式。作为一个民族物质与精神的纽带，民族传统体育在长期的社会历史发展中被每个民族自觉地加以继承。原始民族体育活动在演变的过程中，在保留本民族活动方式的同时，也借鉴和吸收了其他民族的活动内容，逐渐发展成为今天的民族传统体育项目，使民族传统体育文化得以保留。这种传承既保存了许多传统的东西，又加入了不少现代成分。一种民族体育活动一经形成，就会具有一定的稳定性和延续性，这种传承性对维系一个民族的凝聚力和趋同意识具有很大的作用。

第一节　民族传统体育文化的传承

一、民族传统体育文化的传承性

"文化传承"一词在学术界出现已久，从 19 世纪中叶起，就有学者对文化传承问题进行过研究。但是，很少有人论及文化传承的内涵和本质，也未对其进行准确的概念界定。不过，对于汉语来说，"传承"不是古语，而是新词。在古代汉语中，"传"和"承"分离，并没有形成一个固定的语词。"传承"这个词最初出现在商务印书馆 1996 年版的《现代汉语词典》里，解释为"传授和继承"。传授是指把学问、技艺教人；继承泛指把前人的作风、文化、知识等接受过来。有学者认为，传承从某种层面来说可以是民俗文化的基本特征，但是文化传承的现象却又远远超出了民俗学的范畴，从这个角度来看，传承又是传统文化的根本性特征。所以，传承又是人类学、民族学、考古学、社会学、文化学等学科研究中的重要概念。对"传承"概念的认识，应当站在更为宏观的角度来研究、拓宽，从而加深人们对其的理解。

有关"文化传承"的著述现在已不少见，学者赵世林对文化传承的理解较为广义。他认为："文化传承，是指文化在民族共同体内的社会成员中作接力棒似的纵向交接的过程。这个过程由于受生存环境和文化背景的制约而具有了很大的强制性和规范化的模式化要求，从而逐渐形成了文化的传承机制，使民族文化在历史长河的发展中更加具有稳定性、完整性、延续性等特征。换句话说，文化传承不仅是文化具有民族性的基本机制，同时也是文化维系民族共同体的内在动因。

人类的存在和发展靠的是文化的传承。文化是人创造的，同时人又是文化的结果，人在继承前人创造的文化的同时也不断创造新的文化，新的文化又丰富了人类的文化成果。文化传承是一种文化的再生产，是社会中权利和义务的传递，是民族意识的深层次积累。人不仅具有生物学意义，更具有社会学意义。从一定程度上来说，人类的生存和发展如果仅仅依赖纯粹知识的复制和创造那是远远不够的，还必须要进行道德、人格、情操和审美等文化精神的传承。比如武术这种文化的传承，就不能仅仅强调招法、套路、功法等技术层面内容的延续，更为重要的是其内含的正义观、价值观、信义感、责任感等文化精神的承继。

民族传统体育文化传承性是指其在时间上传衍的连续性，即历史的纵向延续性。传承是民族传统体育的一种传递方式。20世纪20年代，美国文化学家爱尔乌德在其著作《文化进化论》中写道：

文化是由传递而普遍遗留下去的，并且渐次连接于语言媒介的团体传说中。因此，在团体中，文化是一种累积的东西；对于单独的个人来说，文化是一种和同伴交互影响后所获得或学习的思想行动的习惯。所以，从某种立场来看，文化是包括人的控制自然界和自己获得的能力。所以它不仅包括物质文明，如工具武器、衣服、房屋、机器及工业制度之全体，同时还包括非物质的或精神文明，如语言、文学、艺术、宗教、仪式、道德、法律和政治的全体。❶

民族传统体育文化作为一个民族物质与精神文化的纽带，保存了许多民族传统文化中的精粹，从根本上符合民族精神文化的内在需求，这也是民族传统文化得以发展延续的内在规律，其传承性对维系一个民族的凝聚力和趋同意识具有重要的作用。

二、民族传统体育文化传承的必要性

民族传统体育文化具有各民族自己的特色，是我国传统文化的重要组成部分。它博大精深、丰富多彩，对于弘扬民族文化、推进社会和谐建设具有重要的意义。

近年来，随着经济的发展、现代化和全球化浪潮的影响，民族传统体育的传播和发展受到了一定的冲击，民族传统体育文化的发展现状令人担忧，特别是少数民族传统体育文化。先进的科学技术、多彩的外来文化和巨大的经济利益已使人们无暇顾及本民族文化的

---

❶ 爱尔乌德. 文化进化论 [M]. 钟兆麟，译. 北京：世界书局出版社，1932：11.

发展，传统体育文化资源流失状况严重，许多传统体育项目正面临消亡的危险，许多传承了上千年的民族传统体育文化正经受着严峻的考验。如何更好地传承民族传统体育文化，维系其可持续发展，是迫切需要解决的问题。

（一）民族传统体育文化发展和传承的需要

一个国家的传统体育就如一个国家的名片，重要而独特，通过传统体育结合传统文化向国际范围传播，能最终影响国家形象、民族文化、思想和价值观、经济等。

我国民族传统体育具有悠久的历史，它从不同的角度和侧面反映了该民族的社会、历史、政治、文化、宗教、风俗及心理等。它是民族文化的一个重要组成部分，也是中华民族灿烂文化中的一块瑰宝。在长期的历史发展中，形成了内容丰富、形式多样的民族传统体育项目，许多传统体育项目经过再加工和艺术创作，仍活跃于民间和有组织的各种赛事、庆祝活动之中，对民族文化的传承和发展起着推动作用。

（二）保护民族非物质文化遗产的需要

近年来，民族传统文化的保护工作已经引起了国家的高度重视，我国相继出台了一系列措施对非物质文化遗产进行保护，许多民族传统文化和传统技艺相继被列入了国家非物质文化遗产保护名录。民族传统文化的保护虽然取得了一定的成绩，但仍然面临着许多问题。比如相关的法规规章建设还相对滞后，民族文化保护机制还不完善，许多人对民族传统文化的了解和认识也不够深入。特别是随着时代的变迁和历史的发展，我国传统文化面临着外来文化的不断冲击，民族同化速度逐渐加快，许多传统文化赖以生存的文化生态环境急剧改变，其生存和发展已举步维艰。作为民族传统文化一部分的民族传统体育文化，资源流失状况也很严重，许多传统体育项目正面临消亡的危险。而民族传统体育文化反映了一个民族的历史和文化，一旦失传，将无法弥补。所以，民族传统体育文化的传承是势在必行的。

三、民族传统体育文化传承的意义

进入 21 世纪以来，世界经济发展呈现出经济发展的全球化、市场运作的自由化、信息传播的数字化三大趋势，这给我国传统体育的发展提供了机遇，同时也带来了挑战。正是在这种内外环境的交互作用下，迫使我们在规划民间体育的发展，特别是在规划民族传统体育发展的过程中，必须给予恰如其分的文化定位。

我国民族传统体育文化可以说是一种非常复杂的文化现象，它在民间呈现为三种不同的形态：

第一种形态为传统体育系统，这种形态主要包含气功、太极、武术、导引、狮龙舞、龙舟竞渡等内容。

第二种形态为现代竞技体育系统，这种形态主要是指以奥林匹克运动为核心的多种体育内容。

第三种形态是指以教育为目标的促进学生身心健康发展的学校体育体系。这三种形态目前都以"大众"的群体面貌出现在社会发展的各个方面，以多种形式影响着城市体育文化的格局和品位。

与现代竞技运动相比，民族传统体育虽有与之不同的文化内涵，而且在现代竞技体育传入中国的漫长岁月里与其也有过不同程度的文化冲突，但经过长期的融合和交流，它们之间不仅逐渐有着高度协调统一的人文学科内涵及外延，同时还深刻地体现着中华民族传统体育文化的宽容性特征。21世纪的今天，民族传统体育已成为中华民族现代体育格局中的一个重要组成部分，这主要表现为两方面：一方面它正伴随着我国社会主义文化的发展步伐作为一种精神渗透于社会的各种领域之中；另一方面它使中国的民族传统体育更以其独具魅力的价值为完善中国人民的美好生活和文化的可持续发展作出更大的贡献。

第二节　民族传统体育文化传承的方式

民族传统体育文化的传承方式和途径有很多，归纳起来讲，主要分为物质的方式、精神的方式和行为的方式等。其传承的方式可以归纳为以下几个不同的层面：生活方式的传承、宗教信仰的传承、群众体育的传承、节庆习俗的传承、语言与文学艺术的传承，等等。

一、生活方式

生活方式是指一个民族的传统体育活动与日常生活相关的内容和方面。按其形式的不同，生活方式可分为物质生活方式与精神生活方式两种。其主要内容为包括民族的各种不同风俗习惯在内的传统体育活动形式，并且具体表现在人们的生产、生活活动以及与此有着密切关系的行为模式当中。

那些充分反映着一个民族传统体育活动的生活方式是本民族长期以来自然形成的并具有较大稳定性、得到本民族人们共同遵守的一种生活文化习性，它通过代代相传的方式被一个民族传承和发展下来，并一直传递下去，蕴含着一个民族较为丰富的文化内涵，同时也负载着许多独特的文化观念。这种生活方式是民族物质文化与精神文化的综合体现，具有较大的稳定性，但也会随着社会的不断发展而发生改变，并带来体育文化传统的一些变化。而传统生活方式的改变反过来又引起了传统体育文化的某些变化。生活方式是民族文化得以传承的重要途径之一，每一种生活习惯背后，事实上都潜藏着作为特定文化表达的一种稳定的心理结构模式。

二、节庆习俗

节庆是指在固定的时间，以特定节日为主题举行的民族传统体育活动，也是约定成俗、世代相传的一种文化活动。节庆习俗是一个民族特有的传统庆典活动，它作为一种文化传递的方式起着重要的作用。通过查阅相关文献及调查古今中外各民族特别是少数民族节庆活动，我们不难发现，从类型上看，节庆习俗主要可分为五种不同的类型：原始崇拜类；宗教祭祖类；农事集贸类；情爱交游类；娱乐狂欢类。除此之外，我们还发现节庆活动中的传统体育文化功能是相当奇特的。用一句话来说，它是娱人与娱神、祈生与御死、缅怀与渴求、欢乐与痛苦的综合体现，有着该民族独特的、丰厚的文化内涵。各个民族丰富多彩的节庆活动都构成了一种寓意深刻的独特的民族传统体育文化表达方式。节庆活动是把一个民族的具有民族特色的传统体育文化通过一种形象、直观、一目了然的方式表现出来，使民族古老的传统体育文化得以显现，从而使人们对古老的传统体育文化有更深层次的了解。由此可以说，节庆活动是一个民族长期以来形成的民族传统体育文化内容的一个活的缩影。

节庆活动是民族传统体育文化中不可缺少的重要内容，它对传统体育文化的传承起着一种特殊的作用。从节庆活动中透视出的是一个民族古老而丰厚的体育文化传统，折射出不同民族的社会历史和体育文化变迁的轨迹。例如，汉族的中秋节、白族的泼水节、景颇族的木脑纵歌等，这些节日虽然在各民族中是每年只有一次的一项重要节日庆典活动，但其不可低估的文化功能主要在于它造成了对传统体育文化传承的一种强大的、被本民族人们广泛接受的社会氛围。

三、语言与文学艺术

语言是思维的载体，从文化人类学角度来看，语言是一种文化符号，与民族传统体育文化具有十分密切的关系。语言不仅影响着一个民族的思维方式，也影响着一个民族的传统体育文化建构。不同的学者从不同的角度论述语言与民族文化之间的关系，如列维·斯特劳斯站在结构主义人类学的宏观角度，对语言与文化的深层关系进行了认识与研究，通过对大量的各原始民族的活材料进行研究，把人类的语言现象和文化现象紧密地联系起来，从而开创了结构主义语言学研究的先河。而美国著名语言学家萨王尔和沃尔夫则提出"萨王尔·沃尔夫假说"，明确地提出了语言决定文化模式的观点，向传统的排斥文化作用的语言学提出了有力的挑战。这个著称于世的观点不仅影响到人们对许多文化，包括民族传统体育文化的重新反思，也改变着人们以往的一些传统看法。虽然直到现在语言与民族文化的关系仍然存在争议，但有一点是值得肯定的，那就是当人类还处在有语言而无文字的时候，语言对民族传统体育文化的传承的重要性是显而易见的。

从本质上说，文学艺术是属于人类精神文化的范畴，其发生贯穿于人类全部文明史的整个发展过程，并且在不同的民族中表现出它独具特色的方式和特点。文学艺术对民族传统体育文化的传承作用也不容忽视。文学艺术这种独立的精神文化体系之所以被人类在物质生产方式之外又创造出来，正是由于文学艺术除了满足人类的精神生活的需要以外，还具有文化传承的作用。人类的文化传承不仅是物质的传承，同时也是精神的传承。原始文学艺术的作用体现在：其不仅将原始人的文化观念通过一种威严、肃穆和神秘的方式表现出来，同时还将它转化为一种内在的精神力量从而对他们自身的精神世界进行影响，并传递着他们特有的、颇具民族性的民族传统体育文化信息。直至今天，文学艺术对民族文化的传承功能依然存在，同时随着社会的进步和时代的发展，还衍生出引导和重塑的作用。

第三节 民族传统体育文化传承的途径

我国民族传统体育文化的传承途径因其运动形式、技术技能的繁简、所处的区域及场所的不同有很大的区别。

一、教育传承

民族传统体育文化传承的一个重要途径是教育，"教育是人类文化发生发展的一种生命机制"，同时，"文化传统是一个民族无法拒绝的历史传承"❶，因此，教育要取得好的效果必须立足传统、传承传统文化。

任何一种文化现象都必须借助于教育而产生并凭借教育机制来进行传承与整合，民族传统体育文化也不例外。"教育是传递社会生活经验并培养人的社会活动。"❷ 也就是说，传递社会文化是教育最基本的功能，而且是通过培养人的活动来实现的，所以，换句话说，教育是可以通过培养具有民族传统体育文化传承意识和素质的人才来实现民族传统体育文化的传承。

原始社会由于没有专门的教育机构和专职教师，教育是自然形成的。其手段主要依靠言传身教，大量进行身体模仿练习，反复进行各种蕴涵着体育萌芽的游戏。这在目前许多民族传统体育项目中均留下了深深的痕迹。现代民族传统教育虽不再以这样的形式为主，但民族传统体育的这一功能性并未减弱。可以说，民族传统体育和民族教育是相辅相成的，民族传统体育不仅从属于民族教育、反映着原始的民族教育，同时还依赖于民族教育进行变更。教育对民族传统体育的传承又分为家庭教育、学校教育和社会教育等几个传承

---

❶ 宫丽艳. 中国优秀传统文化教育与民族精神培育的研究［D］. 东北林业大学硕士学位论文，2006.
❷ 顾明远. 教育大辞典（第1卷）［M］. 上海：上海教育出版社，1991：3.

途径。

（一）家庭教育传承

家庭教育通常是指父母对子女自觉或非自觉、经验的或意识的、有形的或无形的教育行为。在任何一种文化中，家庭是对新生一代进行各种训导和教育、完成民族文化传承的重要场所，是新生一代快乐成长的摇篮。在家庭中，父母是老师，是榜样，他们以各种方式来教育下一代。这些方式可以是正式的、仪式性的，还可以是非正式的、随意的，抑或是情感式的一种关怀、抚爱。总之，家庭中父母会以各种方式完成自己教育子女的使命，使新生一代能够顺利地实现自己的社会化，成为生活中的强者。❶家庭教育作为教育传承的一个组成部分，是民族传统体育文化的重要传承机制。究其原因，可从以下四个方面进行探讨：

第一，家庭教育是在新生一代的整个教育大厦中的第一块基石。孩子在家庭中接受最初的教育和影响，从某种程度上来说，家庭是传统文化传承的前沿阵地，家庭教育也就自然而然地成为了传统文化传承的起点。在这一阶段，传统文化能否得到有效传播，将关系着传统文化的传承程度的深浅。

第二，通过家庭教育传承传统文化是我国每个家庭应当履行的义务。继承、发展祖国的优秀传统文化是我国教育的首要、根本的任务。《中华人民共和国教育法》第一章总则第 7 条明确规定："教育应当继承和弘扬中华民族优秀的历史文化传统，吸收人类文明发展的一切优秀文化成果。"众所周知，文化是通过教育传播到社会群体和个体中去的，家庭教育作为教育的重要载体，不管是站在遵循法律的角度，还是站在孩子的全面发展的角度来看，我们都要传承传统文化、弘扬传统文化。

第三，家庭教育传承传统文化是由其自身独特的优势决定的。家庭对人的行为习惯的影响是举足轻重的，家庭教育能将传统文化寓于日常生活中，只有家庭里具有某种传统文化氛围，其氛围支持年轻一代的民族成员进行民族体育活动，这项活动的传承才可能得以顺利实施。在这种自然状态下进行教育，对孩子人格品行的塑造、处世态度的养成及道德情操的培养将起到学校教育和社会教育无可替代的作用。除此之外，家庭教育还是一种终生教育，那是因为家庭生活伴随人们的一生，人们在生活中每时每刻都在接受家庭教育的影响。

第四，家庭教育的历史性。家庭教育历史悠久，几乎可以说自从有了家庭，便有了家庭教育。关于家庭教育的典故数不胜数，如"孟母三迁""岳母刺字"等。传统家庭教育重视德育、启蒙教育，重视环境作用。家长可以借鉴传统家庭教育的经验教训以促进当代家庭教育的有效进行。

家庭中的长者是文化传承的主要承担者，他们总是以自己对于本民族文化的理解以及

---

❶ 罗海麟. 开启心智的金钥匙：云南民族教育 ［M］. 云南：云南教育出版社，2000：35.

自己的生活经历而积淀形成的人格素质，在有意识和无意识之中，通过言传身教而逐渐地陶冶和培育晚辈们对民族文化的初步认知和对本民族共同心理特征的趋同。

总而言之，家庭是民族体育文化赖以生存的土壤，是得以传承的坚强支撑，而家庭中的长者则是这一切的组织者和实施者。

（二）学校教育传承

在现代社会中，民族传统体育文化的传承应首先定位于学校教育，因为学校教育是文化传承与传播的重要渠道。与家庭教育和社会教育相比，学校教育可以让受教者获得系统的理论知识体系的学习，更好地进行有目标、有意识的系统化、科学化的学习。

学校教育的目的不单单是培养民族传统体育的参与者，更为重要的是培养民族传统体育文化的传承者。民族传统体育文化的传承方式有参与式传承与专业化传承两种，参与式传承是指积极参与并热心支持民族传统体育文化，专业化传承则是指具有系统知识结构并以研究民族传统体育文化为主要职责。民族传统体育文化被学校教育纳入到相应的课程学习中，这样一来，不仅能让民族传统体育的文化内涵传承得更加系统与科学，而且还能强化个体的民族情感和对民族文化的热爱，从而以科学规范的形式将民族传统体育文化传承和发展下去。

民族传统体育在学校教育中的传承途径，具体说来可分为校园民族文化建设和民族体育课程设置及竞技项目训练两个方面。

1. 校园民族文化建设

这是民族传统体育在学校教育中传承的隐性途径。一般来说，校园文化是指学校内部所特有的人际关系、行为方式、行为规范、价值观念体系、文化设施等的总和。校园文化着重强调的是一种精神环境和文化氛围，它包括校园物质文化、校园制度文化及校园精神文化三个方面的内容，这三种形态具有规范、引导、激励、凝聚等多种功能。主要表现为：

第一，青少年学生在自身道德认知和评价方面还不够明确，因此，他们在学校当中的行为和习惯还需要有一种标准、规范来引导。民族体育的传承，光靠自发是不行的，尤其21世纪以来，在西方等外来文化的强大冲击下，并不是每个人都能正确地理解传承与弘扬民族文化的重要性、必要性。因此，在青少年发展的初期是需要一些强制性手段来进行规范的。

第二，校园文化能对学生的世界观、人生观、价值观、生活方式以及人格等各个方面发挥导向作用。在浓厚的校园文化氛围中，少数民族学生可以去领受民族体育文化的熏陶和渲染，改变他们在社会教育中对民族体育的一些流于形式的、粗浅的了解。只有这样，对于民族体育传承的影响才是长远的、深刻的，而这种权威的教育引导作用只有学校教育才具有。

第三，校园文化犹如一种黏合剂，这种黏合剂的作用在于将校园的所有成员心理和感情黏合于一种共同的文化精神中。校园文化作为一种群体的共同的价值认同，能够培养学校所有成员团结协作的集体意识。学校教育将民族体育纳入校园文化建设，不仅有助于培养主流民族成员与非主流民族成员间相互团结、尊重的情感，同时还能通过参与各民族的体育活动增进对别的民族的了解和认同感。

我国学校的校园民族文化建设起步较晚，其建设是一个很迫切的要求，必须对此给予充分的重视，要采取切实有效的措施，以便更好地发挥其文化传承的作用。

2. 体育课程设置和竞技项目训练

这是民族传统体育在学校教育中传承的显性途径。多元文化教育是民族体育课程设置和竞技项目训练的理论基础，实施多元文化教育的重要途径是设置多元化课程。

关于多元文化教育的课程设置，以著名学者班克斯提出的贡献模式最为知名和普及。这种模式把焦点置于各民族英雄、假日等文化因素上。其特点是，用与选择主流英雄近乎相似的标准把民族英雄添加到课程里去。它保持主流课程基本结构、目标和显著特性不变。在这种模式中，民族内容包括与民族事件和庆祝有关的特殊日子都在课程中有所体现。其优点是：其一，运用一种快速而容易的方式在课程中编入本民族文化内容；其二，本民族英雄或节日或主流民族英雄在课程中得到体现。这是目前我国教育学者普遍采用的模式，也是民族传统体育在学校教育中可供参考的一种模式。

学校是民族传统体育文化有效传承的重要途径，是保证民族传统体育不断普及与发展的重要形式。只有将民族传统体育文化纳入学校教育中，才能更好地保证其持续健康的发展。对学校教育而言，要寻找民族传统体育文化的传承人，即体育教师，让他们重视收集、挖掘、加工、创新与发展，将民族体育文化继承下来，将我国的民族体育技艺传承下去，使之成为中国文化的积蓄。

（三）社会教育传承

虽然家庭教育传承和学校教育传承的作用确实重要，但有时这两种形式也无法有效地进行民族传统体育文化的传承。对于大多数民族成员来说，他们对传统文化观念和知识的获得，更多的是依靠蕴藏于风俗习惯之中的社会教育。在节日庆典、宗教祭祀以及劳动闲暇当中，通过有意识的教授或是无意识的浸染，将民族传统体育的活动形式、文化精神过继给年轻一代的民族成员，并通过不断地重复将其在他们身上固定下来。

体育文化的形成是人类遵循文化发展的结构性规律的结果，它来自生产与生活实践，并被逐渐从生产生活中剥离出来，可以说它本身即具有非常浓厚的生产性与生活性。许多民族居民普遍认为，生产、生活因素是民族传统体育的灵魂，也正是源于这样的认识，民族体育在社会范围的大教育中最能得到传承的动力。民族传统居民接触民族传统体育的途径，频率较高的如节日庆典、宗教仪式、婚丧仪式、村寨间竞赛活动等，都属于社会教育的范畴，不是有计划、有目的的规范传承，更多的是通过社会范围的大教育，潜移默化地将民族传统体育移植到年轻一代民族成员的行为习惯里。比如，水族端节的"赛马"活动，受场地马匹等条件的限制，不具备在学校开展的条件，可是它是端节的高潮所在，如果没有了赛马，那么水族端节也就失去了原本的意义，失去了它的节日灵魂。因此，它就只能靠社会教育来传承，靠每年在端节里举行端坡赛马这种活动来延续和发展，如果端节里没有了赛马活动，那么水族的端节很可能就慢慢销声匿迹了。

二、民俗传承

（一）社会民俗传承

社会民俗的范围是指某个民族的家族、亲族、村落及各种社会职业群体的人生诸仪式以及岁时习俗等。由于民族传统体育不直接创造物质利益，因此，从某种程度上来讲，它更多的是属于一种精神文化，也正因为如此，它一般多与节日庆典结合在一起。首先，作为节日庆典中的诸多仪式之一，民族传统体育以身体活动的形式传达该仪式更深层的精神意义；其次，民族传统体育也可以凭借节日庆典对民族生活所产生影响的深度和广度来达到传承的目的。

可以说，民族传统体育是社会民俗的一个重要组成部分，随其产生而产生，并且也随其发展而完成自身传承、整合的过程。民族传统体育在社会民俗活动中将以下功能展现出来：

第一，活跃和丰富文化生活的功能。节日活动中的民族传统体育内容十分丰富，像划龙船、拔河、摔跤等，这些项目的竞技性都不强，也没有十分系统、严格的比赛或游戏规则，主要在于通过活动达到渲染节日气氛、娱乐群众的效果。这些民族体育活动的存在，大大地丰富了民族群众的传统文化生活。

第二，继承和发展民族传统文化的功能。民族文化被蕴含在许多民族传统体育项目中，如一些反映该民族的宗教信仰的项目，一些纪念该族的民族英雄、反映该民族的道德观、价值观的项目。这些项目在发扬了优秀的民族艺术传统的同时，也反映出了该民族的审美倾向。总而言之，民族体育作为民族文化的一个重要组成部分，它在节日文化中所得到的普及性的横向传播和民族心理文化定势的纵向的继承，是对民族文化的一种补充和支持，使其在自身的继承和发展过程中能尽量保持全貌。

第三，具有增强民族自豪感和民族凝聚力的功能。民族自豪感的核心是民族自尊。少数民族人民的民族自尊通常表现在对本民族英雄人物的纪念上。众所周知，对本民族英雄人物的纪念仪式与民族传统体育有着不可分割的关系，如土家族的摆手舞、傈僳族的跳嘎等项目。这些民族传统体育项目的举行唤起了一代代的少数民族人民对本民族英雄人物的崇敬和缅怀，从而进一步增进了民族自尊心与自豪感。

民族体育存在于节日庆典当中，它并不是一种个人行为，而是该民族社会普遍传承的风尚和喜好的总汇。在共同的节日习俗中，人们通过共同的庆祝仪式潜移默化地强化着本民族的共同价值标准，并通过年复一年的节日延续着。与这些节日联系在一起的民族传统体育项目也就在不知不觉中被传承着。民族传统体育对于增强民族凝聚力所起到的作用，其直观性、普适性，是其他任何形式也无法替代的。种种体育娱乐活动所带来的强烈的感染力，使人们对本民族传统自觉地产生了认同和欣赏。

（二）口承语言民俗传承

口承语言民俗主要是关于语言文学艺术的各个方面，它包括神话、传说、故事、歌谣、叙事诗、谚语、谜语、民间艺术等。从表面看，这些与民族体育没有什么关联，但实际上却有密切联系。许多民族传统体育项目都不是单纯的竞技活动，经调查，各民族流传下来的与口承语言民俗有关的体育项目（或活动形式）约有数十种，它们不仅本身与民族文化艺术没有非常严格的区分，并且许多民族传统体育项目在进行时还都伴以诗歌、歌谣等民间艺术形式。与文化艺术相结合的民族体育项目，往往组织规模大、参加人数多、活动时间长，且内容丰富、场面热烈。

思　考　题

1. 民族传统体育文化的传承的意义与价值是什么？
2. 民族传统体育文化的传承的方式有哪些？
3. 民族传统体育文化的传承的途径有哪些？

第七章　民族传统体育文化弘扬与
传承的反思

随着社会的发展和进步，当前民族传统体育文化的传承与发展面临着新的形势。目前，我国的传统体育文化在一定程度上呈现出弱化与衰颓之势，面临重重危机，举步维艰。新形势下如何传承、发展和创新民族传统体育文化，是值得人们关心和探讨的问题。

第一节　民族传统体育文化弘扬与传承的背景

一、全球化

（一）全球化发展的趋势

随着社会和经济的发展，全球化已经成为不可逆转的浪潮，极大地改变着世界政治、经济和文化的格局。全球化是一个人类不断跨越民族、国家和地域的界限，超越制度、文化的障碍，在全球范围内相互联系和交往，互相影响和整合的历史发展过程，从而使全球经济形成一个不可分割的有机整体。

1. 文化全球化

21世纪的今天，随着信息技术和经济的快速发展，各民族文化之间进行更为广泛的沟通、交流和互补，并已逐步冲破地域限制，改变民族模式，向世界文化整体靠近。这表现为两个方面：

第一，各个民族文化已逐渐超越自身向世界文化趋近，从而不断获得世界文化的认同。

第二，世界文化得到各民族文化资源更广泛而有力的支持，从而实现民族文化与世界文化、个性文化与共享文化之间的相互作用与转化。

文化全球化的趋势促进了文化之间的交流，为人们的文化和生活方式提供了更多的选择，但是也打破了文化的地域和本土限制，使传统文化、民族文化面临着巨大的挑战。文化的全球化是伴随经济全球化发展的，在世界不同文化的交流融合中，经济地位决定着文化的地位，强势的文化必然通过种种优势将自己的文化价值推向世界。从目前全球文化力量对比来看，西方文化以其绝对的经济优势成为一种强势文化，在迅速走向世界的过程中逐步排挤本土文化，对其他文化造成巨大的冲击和压力，并开始占据、支配人们的思想和观念。在西方强势文化的影响下，我国的民族传统文化面临着消亡的危机，两种文化的相互交融和竞争，使得我国很多富有民族特色的信仰、节日、习俗、仪式甚至语言文字逐渐被人们淡忘在历史的某个角落，有的甚至趋向消亡。

2. 体育全球化

作为人类文化的一种特殊形式，现代体育自近代以来就成为一种具有独立形式和独立价值的实践活动。自19世纪以来，现代体育随着资本主义经济和文化的扩张而逐渐传遍世界，并已成为世界各国体育的主体。新的世纪，以奥运会为主的现代体育已形成了一种较经济而言更为明显的全球化形势。

体育全球化表现为奥林匹克文化的全球化和多元体育文化的全球化。从实质上来看，体育全球化就是一个把不同民族传统体育文化放置于一个广阔的世界平台上，让其在这个舞台上充分发挥自身价值和促进其他文化发展，从而在世界体育文化生态系统中形成多元规范的过程。这一过程的内容主要包含大量民族传统体育精神内涵、现代文化的发展理念和多元价值标准。在具体实践中，这一过程具体表现为以多元的发展体制或形式存在的体育文化体系。体育全球化的宗旨在于实现奥林匹克文化与其他优秀体育文化的多元化生存和发展，从而形成一种富有深刻内涵、与时俱进的世界体育文化生态系统。

（二）全球化的影响

当今世界，随着经济的发展和现代化进程的加速，全球化已成为不可逆转的潮流，在体育领域表现得尤为突出。全球化对各国民族传统体育的巨大冲击是不可避免的，必然会影响到民族和地域性体育的发展，甚至给某些民族传统体育带来毁灭性打击。全球化对民族传统体育文化所产生的影响主要体现在以下两方面。

首先，对民族传统体育文化价值观产生了冲击。民族传统体育文化在其历史的演进过程中，为适应不同时代的传统内涵，都与现代体育有诸多不同。"中国传统文化讲究秩序，注重整体，提倡的是一种整体本位，这种秩序依靠的是人们的道德自觉，古人认为'道之以政，齐之以刑，民免而无耻；道之以德，齐之以礼，有耻且格'，用政、用刑虽然有效，但力量有限。而道德力量则是深入的，它能把人伦之道、内心之德在日常生活中显现出来，'内化'为人的自觉的'合理行为方式'，其主要表现为两点：其一，在认识上要'明人伦'，其二，行为上要'合礼仪'。这种观念的缺点在于忽视个体、崇尚共性至上，从而形成了中国传统文化重义务与责任、轻视个体的权利，其最高的现实表现就是强调国家利益、集体利益高于个人利益的集体主义精神。"❶ "在西方思想家的眼里，人之所以为人最本质的东西就在于人有自由，不受外物和他人的支配，所以现代奥林匹克运动将个性的充分发展、维护人的价值与尊严视为自己的重要任务。"❷ 奥林匹克宪章明确表示：奥林匹克主义的宗旨是使体育运动处处为人的和谐发展服务，以促进建立一个维护人的尊严、和平的社会。其中，"以人为中心"是现代奥林匹克的一大特点。中国民族传统文化与西方文化在价值观念上的巨大差异，对民族传统体育文化造成了巨大的冲击，不仅使民族传统体育原有的文化结构和正常发展进程被打乱，还严重影响了民族传统体育文化的科学性、民族性和普适性，出现许多困扰着民族传统体育文化发展的新问题。

其次，对民族传统体育文化的传统地位产生了冲击。千百年来，中华民族一直以博大精深的文明而驰名于海内外。21世纪的今天，中华文明凭借其独有的文化特色受到世界越来越多人的瞩目。作为中华文明的一分子，中华民族传统体育的数量和形式堪称世界之最，主要包括汉民族的民间游戏、少数民族的传统竞技以及各民族中普遍开展的项目。它凭借其独特的休闲娱乐性、轻松趣味性、实用世俗性以及浓郁的民俗风情，不仅吸引着越来越多人的目光，同时在现代体育横溢的社会里脱颖而出。这些项目具有很强的健身价值、艺术价值及丰富的娱乐功能和教育功能。体育全球化浪潮的冲击，使民族传统价值受到严重的挑战。一些传统民族体育项目在逐渐消失并被现代体育项目所取代。例如，满族的珍珠球，它的规则和玩法与篮球项目有些类似，因为场地和时限性濒临被取代的危机；射箭、放爬犁、寻棒、打皮阔、棒打兔等多项传统民族体育活动已经很少开展了。在全球化浪潮的冲击下，原生态民族传统体育生存的外部条件在逐渐丧失，民族地区民族传统体育的传统地位及其固有体系受到严重的冲击。

二、社会转型

社会转型是指人类社会由一种存在类型向另一种存在类型的转变，是一种特定的社会发展过程。其内容主要包括社会系统内在结构的变迁，如人们的生活方式、生产方式、心理结构、价值体系等。

（一）社会转型的背景

当代中国的社会转型期，是特指改革开放以来的中国现代化建设新时期。这种转型可

---

❶ 梁同福. 论2008年奥运会面临的文化冲突及其消除途径 [J]. 山东体育学院学报, 2006 (3)：7-9, 15.
❷ 宋小荣. 论全球化时代中西体育文化价值冲突的形势及意蕴 [J]. 体育与科学, 2005 (2)：26-28, 32.

以说是一种整体性发展，也是一种特殊的结构性变动。一方面它是一种全面的结构性过渡，既包含经济结构的转换，同时还有其他社会结构层面的转换；另一方面可以认为它是持续发展中的一种阶段性特征，是社会结构在不断发展过程中从一种状态转换到另一种状态。

改革开放以来，经济的飞速发展使我国社会的各个方面都发生了深刻的变化。

首先表现为社会结构转型与体制转轨越来越紧密。如今，我国社会转型的内涵和外延得到了扩展和提升，各种结构性要素都处于不断变化之中，物质层面的改革和精神层面的调整不但同步，而且结合得越来越紧密。

其次表现为市场的参与程度增大。由社会转型初期政府为主要推动力转换为社会转型中期市场的参与性大大加强，其调节作用日益得到有效的发挥。

再次表现为城镇化速度加快。伴随社会结构调整的扩大和深化，我国的社会转型已由以国有企业转换和政府职能转变为主导逐渐转向中小城镇的调整和转变。这一社会转型带来的机遇和挑战，在一定程度上促进着我国城镇化的快速发展。

最后表现为社会不平衡性加深。当前，我国面临着各种不平衡问题，如经济增长与社会发展不平衡、物质文明与精神文明发展不协调、城镇东西部发展不平衡、城乡发展不平衡，等等。随着城镇化的发展，这些不平衡不但没有减轻，反而逐步加深。我国社会转型是一个计划经济体制向社会主义市场经济体制的转变过程，是一个整体推进的现代化变革过程。这一过程严格要求我们在经济和社会发展的各个方面要逐步实现平衡转变。不管哪一个方面发展得不协调或不均衡都将对社会的全面转型造成巨大的消极影响，甚至可能会影响未来社会健康、持续、稳定的发展。

（二）社会转型的影响

社会转型使古老的民族传统体育文化发生了程度不同的变化，具体可表现为以下几个方面：

首先，民族传统体育文化的内涵和功能呈现出多元性。随着社会的发展和历史的变迁，民族传统体育文化原有的内涵和功能也随着时代的发展而被赋予了新的含义。这种扩张化了的内涵和功能，在当代社会多元文化的渗透浸染下，逐渐变得古今交错、新老混杂。比如由祭祀而产生的龙舟竞渡，从一开始的祭神转向后来对爱国人士的崇拜，体现了中国传统伦理道德和价值观念以及爱国精神在民众中的认同感。这些民族节日、大型庆典活动在保护和传承民族传统体育文化的同时，又引导民族传统体育朝着健康向上的方向发展。

其次，民族传统体育的观念呈现出复杂性。一切文化观念的核心是价值观念，传统体育的思想观念受到社会主体文化和传统文化的影响和制约。由于民族传统体育源自宗教祭祀、生产劳动和健身娱乐等活动，因而它具有极强的功利性和实用性。例如，龙舟竞渡在其产生的早期带有非常浓厚的宗教迷信色彩和妇女歧视。随着时代的进步和发展，现代的龙舟竞渡不但吸收了竞技性强和竞渡过程中所体现的优秀文化品质等精华，同时对那些带有迷信色彩的宗教形式和妇女歧视的旧陋习进行了坚决的摒弃，也正是这种"取其精华，去其糟粕"的胸怀才使得现在的龙舟竞渡发展成为遍布五大洲的优秀民族传统体育项目。通常，民族传统体育文化的变革过程首先从物质文化层面开始，进而导致体育制度文化和体育行为方式的变革，最后引起民族传统体育精神文化层面的变革。

最后，民族传统体育的生存空间呈现出多样性。民族传统体育生存的空间包括自然生态环境和社会文化环境，随着当代民族传统体育文化的快速发展，这一空间呈现出多样、交叉的立体式形态。我国的 56 个民族都具有独特而浓郁的民族地方特色，民族传统体育项目更是内容丰富，多姿多彩。很多具有民族特色的项目较之现代竞技体育具有更突出的娱乐性、表演性和观赏性，它们都将是体育旅游资源开发的重点。随着人们生活水平提高、余暇时间增多，人们更多地参与并投身于具有"新、奇、乐"的民族传统项目中去，继而带动相关产业的发展，促进区域性整体经济的繁荣。进入现代社会，旅游文化、商贸集会或各种文化节，不仅扩大了民族传统体育传播的空间，还促使民族传统体育不断拓展自身的发展领域。

第二节 民族传统体育文化弘扬与传承的反思

2008 年北京奥运会的开幕式和闭幕式上，代表中国传统体育文化的太极拳和武术表演给世界各国留下了非常深刻的印象，它向世界人民充分展示了中国传统体育文化独特的魅力。然而，面对日益进步的科技、快速发展的经济和经济文化的全球化，民族传统体育文化遭遇了空前的挑战，其传承和发展受到阻碍。

一、民族传统体育文化传承的反思

（一）生存基础的消逝

我国地域辽阔，民族众多，每一个民族都会因为环境条件、生活习俗和生产方式的不同而具有各自的文化特质。随着时代的发展，人们大多看到的是传统体育的娱乐表演价值，其他价值被有意无意地忽视；交通与信息传递的日益发达使得民族传统体育文化的某些重要特征面临消失的危机；而快节奏的生活方式和追求捷径的心理使得如今有耐心和毅力来传承民族传统体育的人急剧减少，生存观念和物质消费方式的急剧改变，导致包括衰退了的民族传统体育文化在内的许多民族文化濒临消亡和流变。

（二）边缘化现象严重

我国的民族传统体育文化是经过了 56 个民族多元文化几千年的融合浸染之后才逐步

形成的。民族体育文史工作者努力收集的结果证明，我国民族传统体育文化内容十分丰富，55 个少数民族的传统体育项目多达 676 项，汉族传统体育项目则为 301 项，两者相加近 1000 项。然而，体育的日益全球化，使我国民族传统体育文化的生存和发展面临严峻的形势，部分少数民族的传统体育项目和文化逐渐被弱化，甚至慢慢走向消亡，如今已经很难见到彝族的跳牛、土家族的摆手舞、黎族的堆沙、布朗族的刀舞和新疆的赛骆驼等项目了。

（三）侵权行为的侵袭

我国民族传统体育文化具有广泛的影响力和深厚的文化内涵，这导致侵权行为在所难免。比如大家所熟知的"少林"这一商标，在国内有百余家企业在注册使用，几乎涉及各个行业；而在国际上，不少国家和地区都在抢注"少林"或"少林寺"商标，他们均以"少林""少林寺"的商标或名义，利用少林寺的知名度来获取商机和利润。这些行为不但大大地侵占了中华武术资源，同时也侵蚀了中华传统武术的知识产权及名誉权，对我国民族传统体育文化造成了极其恶劣的影响。

从总体上来说，我国对非物质文化遗产的保护立法还很欠缺。虽有联合国教科文组织颁布的《保护非物质文化遗产公约》和国务院颁布的《关于加强我国非物质文化遗产保护工作的意见》两部条文，但时至今日，国内还没有一部专门保护非物质文化遗产的法律法规。在现阶段只能在一定程度上给予传统体育文化知识产权方面的法律保护，显然，这是远远不够的。所以现阶段加强立法工作，制定相关法律迫在眉睫。

（四）创新精神不足

当前，我国民族传统体育文化在应对西方体育文化的冲击时，出现了一些不良的倾向，那就是机械地模仿西方体育文化，而不是从西方体育文化中吸取精华来完成对自我文化体系的重塑。要知道，西方体育文化的理论依据是西方近代科学的身体观和生命观，其表现形式是竞技运动，非常重视竞争性和功利性，这一点同倡导中庸、重文轻武的我国民族传统体育文化的内涵和理念是完全不同的。如果我国民族传统体育文化只是盲目模仿西方竞技体育文化而不顾自身文化的历史特性，不能从自身文化出发结合时代发展的趋势积极创新，那么，我国民族传统体育文化的传承和发展之路就会非常令人担忧。

（五）外来竞技体育文化的冲击和异化

随着全球化，外来竞技体育文化不断对我国进行侵蚀，导致我国传统体育项目及体育文化发生异化。目前存在的问题是：包括足球、篮球等在内的一些国外竞技体育开始取代部分中国传统体育项目，一跃成为中国主导体育项目，使得本土传统体育比如太极拳、气功等项目的地位越来越低，发展状况越来越差。现在大街小巷流行的都是国外竞技体育项目如篮球、足球、跆拳道等，大大小小的篮球、足球场地和跆拳道馆遍及每个城市的各个角落；而本土的民族体育项目则被人们遗忘在历史的某个角落，能见到传统体育的机会和场合少之又少。近年来，受经济等因素影响，如太极拳、武术馆、象棋馆等场馆几乎全部闭馆，剩下的也都苟延残喘了，学习者人数也在急剧下降。现在练习太极拳、进行舞龙等表演的人也越来越少，即便是练习者，也对其内在的文化理念与价值观念不甚了解。

必须正视的是，现代体育对各民族传统体育的冲击已是不争的事实。被西方竞技体育异化的商业化竞技套路、竞技散手充斥着体育舞台，完全看不到民族文化历史的原貌，更谈不上承载民族文化的内涵和基本精神。因此，在适应全球化发展的过程中，需要不断地呼吁保护并传承我国的传统体育文化，在与其他国家民族传统体育文化进行交流与沟通的过程中，不断发展具有自身特色的传统体育项目及体育文化。注重传统文化的传承，保护好祖先给我们留下的这笔宝贵财富。

二、民族传统体育文化传承的超越

在全球化背景下，如何传承我国民族传统体育文化已经成为每个公民都非常关注的问题，对此可以从以下几个方面入手。

（一）结合经济发展与精神文明建设

我国民族传统体育文化的传承发展要结合当前的经济发展及精神文明建设的实际。我国民族传统体育文化反映了中华民族特有的生活及思维方式，对中华民族的生存和发展方式起到了一定的展示作用，是中华民族文明体系中非常难得的宝藏。所以，在传承与发展民族传统体育文化的过程中，要站在文化资源和文化资本的角度来看待民族传统体育文化。要高度重视民族传统体育文化的经济价值，然后努力将其经济价值潜能挖掘出来，以实现民族传统体育文化对地方特色经济发展的促进作用。

当前我国正在大力推进社会主义精神文明建设，旨在培养社会主义四有新人，这就要求民族传统体育文化的传承与发展要紧密结合当前的精神文明建设，要高度重视民族传统体育文化的内涵，从构建社会主义和谐社会的高度来充分发挥民族传统体育文化中优秀的精神价值，从而有效地促进我国社会主义和谐社会思想体系及优良道德体系的构建。

（二）完善体育文化法律保障机制

要想中华民族传统体育事业及体育文化的持续发展得到保障，那就需要完善体育文化法律保障机制，建立起一套法律法规。保护传统文化遗产是历史赋予我们的时代使命，随着人们对传统文化遗产认识的逐渐深入，这一使命已经为越来越多的人所重视。在被经济浪潮冲击的今天，民族传统体育文化在发展和传承中被侵权的行为让体育界意识到加强传统文化保护立法的重要性。学者们已经就此达成共识：要想很好地保护中华传统体育文化，必须建立起一整套与之相适应的法律法规。作为传统体育最有力保障的法律手段，需要国家从传统体育文化的基本属性和非物质文化遗产的国际定位出发，从体育、文化及知识产权等角度对传统体育文化实施一定的、必要的法律保护政策，要加强相关方面的专门法律法规的设立与管理，以有效保证我国民族传统体育文化事业的发展。

（三）促进体育文化体制改革

民族传统体育文化的传承既是为了保护，更是为了创造，民族传统体育文化要想获得发展就必须加快体育文化体制的改革和创新。

首先，重点要加强传统体育文化基础设施的建设，进一步完善公共文化服务体系。要最大限度地建立一些传统体育项目的活动场馆，并配备专业指导员，以此来繁荣传统体育运动。

其次，要跟紧现代化市场的脉搏，充分发挥市场对资源的有效配置作用，培养具有现代化特色的民族传统体育项目；同时，要充分利用全球化发展契机，与其他国家积极进行体育文化与资源的沟通，积极鼓励中国传统体育项目及体育文化走出去，扩大中国传统文化的影响力度。

再次，要引进俱乐部及产业制度，实行产业化经营、市场化运作，建立健全资产经营责任制，积极推进公司制或股份制改造，努力培育一批有实力、有活力的传统体育文化企业。

最后，要重视创新机制的发展，不断推进传统体育事业向管理体育方向转变，综合运用市场、法律、政治等多种途径，促进传统体育事业及体育文化的规范化发展。

（四）发展壮大民族传统体育文化产业

随着人类社会的发展和文明的进步，文化产业日益成为全球新的经济增长点。目前，在西方发达国家，体育文化产业已是成熟产业，并已成为各国国民经济的一个重要支柱。我国要想实现民族传统体育的创新和发展，就必须发展壮大民族传统体育产业。

首先，培育优势产业集群。产业集群的培育需要我们对传统体育文化产业进行合理、有效的改造，并遵循减量化优先的发展原则，只有这样，才能更好地发展传统体育文化产业。

其次，发展循环经济模式。传统体育文化产业循环经济模式的发展必须以体育消费带动体育产业发展，反过来，发展的体育产业可以更好地为体育消费服务。例如，民族旅游业可以充分带动民族体育产业的繁荣，从而更好、更有效地保护民族传统体育文化生态。同时，民族传统体育产业的发展又可以进一步刺激民族旅游业的发展。

再次，要逐步形成完备的传统文化产业发展格局，同时利用数字、网络等高新技术，以数字化、信息化带动传统体育文化产业的跨越式发展。

最后，在有条件的、资源充分的地区，可以考虑将传统体育产业发展为支柱产业，同时建立传统体育文化产业资源评估体系，以便科学把握产业方向。

（五）以人为本，不断进行技术创新

当前，很多优秀的民族传统体育项目濒临消失，一个非常重要的因素就是广大人民群众对这些项目的积极性和参与度不高。必须激发起广大人民群众对这些运动项目的参与热情，才能使它们远离消亡的边缘，并且获得持续发展。发展民族传统体育要以人为本，必须要以满足广大人民群众的各种物质文化需要为目标，这样才能充分调动广大人民群众参与到民族传统体育项目运动中。

传承与发展民族传统体育文化要高度重视技术发展，不断加强自身创新，要提高我国民族传统体育文化的品位，积极打造属于中华民族特有的体育文化品牌，要以自己的文化特色走向世界和融入世界。也就是说，中国传统体育文化的发展必须要从我国的历史文化背景出发，要符合各个地方、各个民族的本土实际，要考虑到我国民族传统体育文化发展和传承中的整体性、民族性、地域性及独特性，以多元技术路线为基础，走出一条适合我国国情实际的民族传统体育技术创新和发展之路。

（六）　加强交流，借鉴西方优秀体育文化发展模式

历史的经验告诉我们，国与国之间进行友好交流和合作，可以取长补短、互利互惠，从而各自获得发展。我国民族传统体育文化的传承与发展同样也不例外，必须要加强同西方体育文化的交流与合作，最终实现各自的创新和共存。世界上任何一个民族所创造的丰富多彩的传统体育文化，不仅是本民族的文化构成，更是世界文化的重要构成部分。在经过历史的碰撞之后，多种体育文化会慢慢回归自己固有的文化特性，而经过融合之后的文化可以实现差异共存。可以说，我国民族传统体育文化的发展取向应该是民族性同世界性的融合，因此，我国民族传统体育文化的继承必须以民族传统体育文化为基点，将自身的精华部分同现代世界体育文化优秀成果进行相互借鉴和融合，只有这样才能构建起一种生命力更为强大的新型的体育文化体系。

学习与借鉴西方优秀体育文化的发展模式是保证我国民族传统体育事业及体育文化持续发展的不竭动力。学习与借鉴各民族优秀体育文化发展模式需要注意以下三点内容：首先，在继承传统的基础上，对文化模式合理、有效地改造和创新，取其精华，去其糟粕；其次，在保持本民族自身特色的同时，对西方体育的竞技性核心精神进行吸收与借鉴，从而进行追求自身文化内涵与精神发展的价值实现；最后，借鉴现代体育发展模式和优秀成果，借鉴现代体育的组织制度和现代化传播手段宣传和发展壮大自己。

思　考　题

1. 民族传统体育文化弘扬与传承的背景是什么？
2. 民族传统体育文化弘扬与传承的反思都有什么？

第八章　民族传统体育文化与其他文化的弘扬传承发展

对民族传统体育文化的弘扬与传承，不仅要注重自身内容上的传承，还要注重与其他文化的弘扬传承发展，这样才能做到与时俱进，科学发展。

第一节　民族传统体育文化与节日文化

我国历史悠久，是世界最古老的文明发祥地之一。中国文明的博大精深化育出丰富多彩的民族传统节日。这些传统节日形式多样、内容丰富，是中华民族悠久历史文化的一个重要组成部分。俗语说："百里不同风，千里不同俗。"作为一个多民族国家，我国各民族生活的地域不同，风俗习惯、宗教信仰等诸方面也各不相同，因此，产生了许多丰富多彩的节日活动。众多的传统娱乐活动经过长期的历史演变，与传统的体育活动结下了不解之缘。这些节日，不管是祭祀和纪念性的，还是庆贺和社会娱乐性的，真可谓哪里有民族节日，哪里就有民族传统体育活动。节日为体育活动提供了良好的场所，体育活动又为民族的节日内容增添了纷繁的色彩，相得益彰，相映生辉。

节日文化是一种历史文化，是一种民族文化，也是一种民族风俗和民族习惯。它有着非常深刻的寓意，有的是为了纪念某一重要历史人物，有的是为了纪念某一重要历史事件，还有的是为了庆祝某一时节的到来等。

一、传统节日的形成与特征

（一）传统节日的形成

节日是人类社会发展到一定阶段的产物，它的起源和发展是一个逐渐形成、潜移默化地完善并慢慢渗入社会生活的过程。我国传统节日的形成，都是从远古发展过来的，如春节、端午节和中秋节等，它是一个民族或国家的历史文化长期积淀凝聚的过程，是古代人民社会生活精彩画面的再现。

值得一提的是，在历史长河中，历代文人雅士、诗人墨客写下了许多关于节日的千古名篇，这些诗文使中国的传统节日渗透出深厚的文化底蕴，大俗中透着大雅，雅俗共赏。此外，中国的节日还有很强的内聚力和广泛的包容性，每到逢年过节，全国人民举国同庆，这与我们民族源远流长的悠久历史一脉相承。可以说，传统节日是我国古代劳动人民创造的一份宝贵的精神文化遗产。

大体说来，中国传统节日经历了五个发展时期。

1. 先秦发生期

早在远古时代，许多节日元素就已经出现了萌芽，流传至今的春节、上巳、端午、中秋、冬至等节日元素，在先秦时代就大部分已经形成。这一时期的节日呈现出数量较少、内容不够丰富、时间不固定的特点。最早的节日表现为风俗活动，它和原始崇拜、迷信禁忌有着密切的关系；神话传奇故事为节日增添了许多浪漫主义色彩的内容；宗教信仰也对节日产生了非常大的冲击与影响；另外，某些节日还被赋予了特别的意义，那就是纪念一些历史人物。所有这些，都逐渐融合并经历史的凝聚，深深地被植入节日的内容里，从而使得中国的节日具备了深沉的历史感。

2. 汉代定型期

秦朝在短暂地统一中国后被汉朝取代，中国进入第一个大发展时期，大一统促进了各地区风俗的融合，先秦时期的齐鲁文化圈、秦文化圈、荆楚文化圈、吴越文化圈、巴蜀文化圈等，到汉代逐渐融为一体，强有力的国家政权对节日风俗的统一起了重要促进作用。同时，"太初历"的确立，打破了先秦时代的原始崇拜信仰，为节日风俗注入了新的活力和生机。此外，汉代儒家独尊地位确立以后，儒家伦理道德观念对节日风俗也产生了深远的影响。

汉代的繁荣昌盛为科学文化的发展提供了良好的社会条件，这都促进了节日的最后形成，中国的主要节日如春节、元旦、元宵、端午、重阳等都已基本定型。可以说，今天的许多节日礼俗大多可以在汉代找到源头。这一时期的节日呈现出两个特点：

第一，某些节日增加了对一些历史人物如屈原、介子推的纪念意义，取代了原始崇拜和信仰，增强了节俗的人情味和真实感。

第二，在节日礼俗自身的发展中，风俗和礼俗的区别逐渐模糊，风俗和礼俗融为一体，被人们约定俗成地接受并沿袭下来。

3. 魏晋南北朝融合期

魏晋南北朝时期是我国各民族大迁徙、大融合的时期，民族文化的大交流对节日文化的融合与发展起着积极的促进作用。这一影响主要表现为以下三个方面：

第一，北方游牧民族带来了节俗文化中如骑射、蹴鞠等带有杂技游艺的节日活动。

第二，宗教信仰与节日的结合使得使节日更加深入人心，从而进一步推动着节日的传播和发展。例如，农历十二月八日是"腊八节"，佛教说这一天佛祖成道，施粥于众，此传说传到民间以后，在民间就逐渐形成了吃腊八粥的节日习俗。道教讲究阴阳，以奇数为阳，节日多取奇数日子，为吉利的象征，如一月一日、五月五日、九月九日，体现阴阳均衡之意。

第三，当时的魏晋玄学和清谈之风也对节俗产生了比较大的影响，这主要表现为这一时期的节日风俗增加了新的内容，如高谈饮乐、诗酒风流等。

4. 唐宋高峰期

唐宋社会经济、文化的繁荣大大促进了节日文化的发展，是节日文化发展的高峰期。唐代，节日文化已经完全从原始祭拜、禁忌神秘的气氛中解放出来，转为娱乐、礼仪型，节日变得欢快喜庆，成为真正的佳节良辰。例如，春节放爆竹由原本作为一种驱鬼手段逐渐演变成了欢乐的象征；元宵节由祭神灯火的祭祀活动演变成了现在流行的游艺观灯活动；中秋节祭月的祭祀仪式演变成了今天的赏月、吃月饼的习俗；重阳节由原本寓意为登高避灾的祈福活动演变为今日的秋游赏菊的休闲娱乐活动。

在节日风俗的演变中，节日内容越来越丰富多彩，从而使节日民俗活动走向了繁荣发展的高峰时期。唐宋时期的许多体育、享乐的活动内容出现，并很快成为一种时尚流行开来，如放风筝、拔河等。这些风俗一直延续发展，至今仍深受人们的喜爱。

5. 明清稳定期

唐宋以后，节日的发展比较平缓，辽、金、元时期，融入了一些少数民族习俗。明清时期，节日风俗出现了三种变化：一是更加讲究礼仪性和应酬性，如逢年过节，人们出于礼尚往来而互相拜访送礼。二是明代资本主义萌芽出现以后，一些以小农经济为基础的节日风俗逐渐被人们所冷淡，如祭土地神习俗已不像先前那样受到重视。三是游乐性继续发展，如元宵节观灯，持续时间由宋代的 5 天增加到明代的 10 天，昼市夜灯，热闹异常。清朝入关以后，又增加了舞狮、舞龙、旱船、高跷、秧歌、腰鼓等"百戏"活动。但从总体说来，这一时期的节日风俗没有太大的变化。

（二）传统节日的特征

1. 民族性

我国是多民族国家，各兄弟民族在发展中创造和保留了许多颇具特色的节日。各个民族宗教信仰不同、生产生活方式不同，由此产生了不同的文化。节日文化使民族文化得以集中展现，表现出鲜明的民族性，是我们研究民族文化的宝贵资料。除汉族节日外，其他少数民族都有自己的传统节日，如蒙古族有"那达慕大会"，朝鲜族有"老人节"，傣族有"泼水节"，锡伯族有"西迁节"，彝族、白族、纳西族、布朗族有"火把节"，土家族有"七月会"，高山族有"丰收节"等。这些节日都有其特殊意义和习俗，与汉族节日共同构成了中华民族大家庭的传统节日。

2. 地域性

我国土地广袤，幅员辽阔，自然环境、生产活动、经济状况、文化发展不同，因而节日风俗也有一定的差异。节日是地域性民俗艺术大汇展的最佳时机，为人们提供了欣赏民族艺术的极好机会。利用民族民间艺术形式来扩展节日的内容和影响，更能显示其特色。有了地方特色就更容易为人们所关注，以地方自然资源和文化资源为优势产生的新型节日，充分地说明了这一点。地域不同，使得在同一节日里也会有不同的文化习俗。节日文化因不同地域、不同习俗而呈现着百花齐放的繁荣局面。

3. 群众性

节日是一个群体的成员在共同生活中集体创造而成的，并为群体所普遍遵循，进而得以传播。即使某一节日出自个人爱好或习惯以至有意倡导，也只有与社会大众的喜好风尚相融合、适合于群体成员的从众心理，从而得到回应和认可，才有可能形成一项为群众所接受、为大众所遵循的节日。节日是群众文化活动的高峰，特别像春节、国庆节和少数民族的某些重大节日，几乎每个人都汇入节日活动的洪流之中，受到节日文化的熏陶。唐代诗人崔液在《上元夜》诗中写道："谁家见月能闲坐，何处闻灯不看来？"节日的热闹场面最具群众性。广大城乡特别是少数民族地区的群众文化，可以说是以节日为轴心开展起来的。随着我国经济和社会的发展，人民群众对节日文化的期望值更高，要求更强烈，参与节日活动的人更多。

4. 纪念性

以纪念为主要内容的节日文化，在节日文化中占有相当大的部分。传统节日中的清明节、端午节即属此列。新生的、影响广泛的节日，几乎都是纪念性节日，如"五一""六一""七一""八一""十一"等。在这些节日中，节日文化的主题比较鲜明。在我国革命历程中产生的节日，有益于人民群众特别是青少年发扬革命传统，再创美好未来。

5. 周期性

这是由节日的特点决定的。"节"最早指物体各段之间相连的地方，由此衍生为划分岁时的节日。春夏秋冬，周而复始，年年沿袭，代代相传。在农业社会，节日几乎都与农事有关。每一个时令的交替，都有相应的节日产生。现代文明社会创造了许多新的节日，这些节日仍然遵循着周期性的原则。节日文化随节日的这一特性不断再现，那些只出现一次或数次的庆典、仪式和活动，不能称为节日。一些虽然持续久远，但呈不规则运行的文化现象，恐怕也不能纳入节日文化。

6. 传承性

节日的传承，既是指时间上的纵向延伸，也指空间上的横向分布。节日一旦形成，便具有一种相对独立性和稳定性，会被世世代代传承下去。即便社会条件发生巨大变化，也仍然可以从中看到古老习俗的影子，这是节日传承性的重要表现。中国有数千年的农业文明，流传下来的许多民间节日都有2000年以上的历史，其中很多习俗是从远古时代传承下来的，至今还为人们所接受，表现出顽强的生命力。节日的传承特征，对维系一个民族的群体凝聚力和趋同意识具有很大的作用。

7. 变异性

变异性是与传承性密切相关的一个特征。节日文化虽然表现为主题内容的不断重复再现，但在历史的长河中，节日文化在发展中会产生或大或小的变异现象。一些节日走向消亡，一些节日被更新，节日文化总的趋势是积极因素占优势地位，落后的陈规陋习不断被淘汰。

首先，这种变异受到经济的影响。随着经济的发展，节日活动会被不断注入新内容，节日文化也就随之起了新变化。其次，节日文化会受到政治的影响。传统节日的风俗往往受到统治阶级的干预。中国历代统治者都很重视通过民俗活动来了解民情，都注意通过"移风易俗"来稳定其统治。有些节日民俗活动被禁止，而有些节日民俗活动又是统治者或抑或倡的。因此，统治者的干预是节日和节日文化变异的一个重要原因。最后，节日文化会受到科学技术的影响。传统节日发端于人类蒙昧时期的图腾崇拜，寄托着人们对征服自然的渴望。随着科学技术的进步，人们的思想观念不断变化，节日文化必然产生相应的变迁。当人们知道月亮只是一个无生命星球之后，玉兔、桂树、嫦娥、吴刚等自然而然地由神界回落为民间传说中的形象。人们对这些神话之所以继续传诵，主要是为了获得一种美好的文化享受。中秋节日习俗也自然由祭月衍变为赏月，吃月饼也仅是物质生活的一种调剂了。

二、民族传统体育文化与节日文化的渊源

每一个民族都有自己独特而稳定的民俗文化，这些富有特点的文化，还会以各种方式在这个民族中流传下去，世世代代都产生影响，于是逐渐形成了本民族的文化传统。我国西部地区少数民族的文化各具特色，是我国珍贵的文化遗产。由于受独特的地理区域和政治经济因素的影响，我国西部地区各少数民族的文化有着宗教、语言、心理等各方面的差异。经过长时间的历史沉淀和累积，其民族传统体育文化和节日文化具有丰富的文化内涵，不但能较好地展现其文化全貌，同时也是区分民族的重要标志。

我国是一个多民族的国家，56 个民族都有自己的节俗，如白族的三月街、苗族的四月八、彝族的火把节、藏族的赛马会、傣族的泼水节等，还有在节日中各民族男女老少们表演的传统体育项目，如苗族的古龙坡会，就是在激昂的芦笙和鼓乐声伴奏下举行的民族传统体育运动会，运动会活动的内容有芦笙赛、踩堂歌、斗马、斗鸟、赛马、舞狮、对唱山歌等。又如，壮族在每年的正月初二至十五进行的投绣球、三人板鞋竞技赛、投绣球抓卒等体育活动，不仅有歌舞相伴，尽情欢乐，同时还是青年男女交流情感、互相了解、表达爱情的一种别致方式。除此之外，还有许多民族都有其独特的体育活动，如瑶族盘王节的"打猴棍"、侗族花炮节的"抢花炮"、京族哈节的"跳竹杠"、壮族的"跳桌"、土家族的"耍花棍"、维吾尔族的赛马、彝族的"阿细跳月"等。这些具有显著的民族文化特色的传统体育活动是我国传统体育的瑰宝。可以说，节日在传统体育的映衬下而逐渐丰富多彩起来，传统体育在节日的带动下传承并发展着。

从文化学来讲，每一种文化都有其起源，文化及整个文化世界的价值是人创造的，是人为了实现自己的价值而创造的，是人对外部世界价值思维的一种肯定形式，或者说价值思维抽象化、客观化的结果。❶ 关于文化的起源，目前还没有一个统一的说法，通常认为，人起初的文化意识都是非自觉的或朦胧的，所有的文化诸如文学、舞蹈、绘画、体育文化、节日文化等都是模糊在一起的文化原型。民族传统体育文化作为文化的一个重要成分，当然也不例外，如侗族的"侗年"节日，日子是在农历十月或十一月择吉日决定。这个节日不仅每家每户都会酿酒、打糍粑、杀猪、宰羊、屠牛，而且还要跳芦笙、踩歌堂、斗牛、以鱼祭祖、设宴待客。其实，在最开始的时候，节日文化的周期性是不明确的，只是后来随着文化的发展，人们才逐渐遵循周期性原则，同时也逐渐有了鲜明的庆祝主题。当然由于民族传统体育文化具有强烈的娱乐性和参与性，所以从某种程度上来说，一般的民族节日文化是与民族传统体育文化分不开的。

一般来说，民族节日文化与民族传统体育项目的关系是相辅相成的，民族传统体育多在民族节日中开展。节日是各民族民间文化艺术得以展现的舞台。在各式各样的节日中，民族民间的艺术家们在观众面前展现他们的文化珍品，从而使各种民间艺术形式交相辉映。在节日文化活动中，最为活跃的因素是民族传统体育项目的表演。

第一，表演者淋漓尽致要征服观众。

第二，观赏者无拘无束自由选择，使其优胜劣汰、新陈代谢。民族传统体育项目不仅是不同社会形态的遗迹（如珞巴族原始时代的弓箭）的体现，同时也是不同的地域特点（如牧区的马术）和各民族不同特征（如藏族的赛牦牛）的表现。

站在人类文化学的立场来看，绚丽多彩的民族传统体育活动与种族繁衍、生产劳动和军事等有着非常密切的关系，那些具有参与性、观赏性并具有鲜明的民族地方特色的民族传统体育活动是节日文化中展现民族魅力不可缺少的部分。

三、民族传统体育文化与民族节日文化的发展

（一）发展现状

我国少数民族众多，分布地域广，其民族传统体育文化是经过数千年的发展演变遗存下来的宝贵民族地方文化。据不完全统计，各少数民族传统体育发展到今天共有 676 项，汉族有 301 项❷，数量和形式是丰富多彩的。其形式有跑跳投类、骑术类、射击类、体操类、角力类、球类、水上类、舞蹈类、武艺类、游戏类等。

作为中国传统文化的重要组成部分，民族传统体育文化是千百年来各民族物质文明与精神文明交叉发展融合的结果，与各地区的人民生产生活现状有着紧密的联系。在文化历史的长河中，民族传统体育文化从不同的角度，以其独特的地理环境和民族娱乐项目，在

---

❶ 林耀华. 民族学通论［M］. 北京：中央民族大学出版社，1997：123.

❷ 高占祥. 中国民族节日大全［M］. 北京：知识出版社，1993：285.

一定时期和程度上反映了各民族的历史、政治、经济、文化、宗教、民俗习惯以及心理状态等，是悠久历史的真实写照。民族传统体育文化内容丰富、项目繁多，代表着古老的东方保健体系，是中华文明不可或缺的有机组成部分。

中国自古以来就有统一的民族文化基础，在我国历史文献资料中有大量、翔实的民族节日文化的记载，如《尚书》《易经》《礼记》《山海经》《诗经》《风俗通义》《古今注》以及历代正史和各地方志，都保存着极其丰富的各民族节日文化的珍贵资料。作为一种重要的文化现象，节日文化中涵盖有各民族人民在衣、食、住、行、生产劳动、婚姻、丧葬、节庆、礼仪等方面的风尚和习俗。俗话说。"十里不同风，百里不同俗。"各地区、各民族的节日文化也呈现出丰富多彩、各色各样的特点，直接反映着一个时代的民族精神和生活面貌，为我们直观地认识和了解传统民族文化提供了最有力的依据。

节日文化的内涵特征，主要表现为民族性、地方性、集团性和约束性。随着社会的不断发展，为迎合时代要求，如今的节日文化还有娱乐性和社交性两个鲜明的特点。如傣族的泼水节、彝族的火把节、苗族的四月八、土家族的女儿会、壮族的三月三、瑶族的盘王节、侗族的花炮节、藏族的赛马会、白族的三月街、京族的哈节等等，是各民族展现民族风采和民族魅力最为集中的时期，已成为欢庆丰收、民族友好往来、开展文体活动和物质交流的富有民族特点的节日。

(二) 发展方向

第一，立足民族文化本位，保护民族文化。当今社会，奥林匹克体育已成为世界体育的主流，西方体育占据了话语权。在西方体育的强烈冲击下，我国民族传统体育文化和节日文化正遭受着严峻的考验，很多传统体育项目已经消亡或正面临消亡，尤其是西部体育，文化早已整体濒危。

在西方文化的冲击下，关注民族传统体育的人数大大减少，从事相关传统体育项目的运动员更是寥寥无几。在文化的传播与交融中，外来文化与民族传统文化是一对无法回避的矛盾，面对西方强势的政治和经济条件，我国传统民族文化的吸引力逐渐下降，被异化是无法避免的现象。毋庸置疑，民族传统体育文化与节日文化是我国优秀的文化瑰宝，在发展的过程中需要进行有利的引导发展，避免其从人类文化圈中消失。在当前的严峻形势下，要发展本民族传统体育文化，首先要加紧保护，将现存的民族传统体育项目保护起来，以防资源的进一步流失和消亡；其次，在接收外来文化的冲击时，要作出正确的调适，改被动适应为主动适应；最后，机遇和挑战都是并存的，在保护民族传统体育项目的同时，也要紧抓时机，立足民族文化本位，挖掘有利的特色传统项目，将其发展成为能走向国际、走向世界的民族传统体育项目，展现民族自我特色，弘扬民族精神。

第二，大力拓展民族传统体育文化产业，推动民族文化的发展。文化是一种生产力，这主要表现在：文化不仅可以反映一定的生产力和生产组织方式，作为生产软件，还提供了生产力硬件赖以生存和发挥作用的氛围和环境，将一定的生产力、生产组织方式融合为一个宏大的生产力体系。文化是当今社会国家竞争的软实力，谁占据了文化的高峰，谁就取得了世界竞争中的主动权。民族传统体育文化产业和节日文化产业是一种具有深刻文化内涵和广泛文化外延的文化生产力。在新的发展环境中，民族传统体育文化和节日文化，应积极迎接挑战，把握住历史发展转折时期文化经济发展的新契机，在优越的民族政策下，转变自身发展模式和方向。通过对自身文化的筛选、改造、包装以及重组，由学校逐渐向多民族推广，大力拓展传统体育文化和节日文化产业，形成娱乐健身、旅游、节庆、产业联姻的互动发展模式，促进各产业之间的良好互动，由一个带动多个，多个互相促进，使其形成具有强大生命力的、有长期和丰富效益的巨大产业链，向有组织、有计划、有目的的方向发展，使其走向科学化、规范化和社会化的发展之路，推动民族文化的发展。

以白族的"三月街"节日为例，在节日中，人们不仅会进行各种各样的贸易活动，而且会举行各种传统体育活动，如赛马表演、射箭、耍龙灯、耍狮灯等。这一节日是大理的白族人民远近闻名的物质交流大会。这种文化产业的发展，不但吸引了国内外游人纷纷前来经商、考察和旅游观光，同时也大大促进了大理经济、文化的交流，从而使民族传统体育文化和节日文化逐渐进军经济领域，并逐渐取得一定的地位。

第三，迎接挑战，立足传统，大胆创新，批判地继承与发展并举。民族传统体育文化和节日文化，是中华民族文化的重要组成部分，是我们的祖先在长期的社会生活中，为适应生产和生活的需要而创造并世代相传下来的。面对国际和国内新环境，在外来文化和奥林匹克竞技体育的双重冲击下，我们应站在时代的高度看待它们的继承与发展。民族传统体育文化和节日文化应迎接挑战，立足传统，充分发挥其民族特色和地域优势。在立足传统、继承历史的基础上，要加以改革，以寻求更好的发展出路。不仅要去粗取精、去伪存真、推陈出新，而且要努力开拓、锐意进取，进行大胆的创新，把继承传统体育文化和节日文化与时代精神结合起来，积极挖掘整理并推广具有民族精神和时代特点的传统体育文化和节日文化，创造出既符合现代体育发展规律又具有鲜明时代特色的民族传统体育文化和节日文化。

民族传统体育和节日文化是各民族社会文化生活的浓缩点，可折射出各民族在不同社会历史时期的发展轨迹，具有鲜明的民族特色，是研究人类传统文化发展的活化石。只有在科学的理论和方法指导下，实事求是，才能建构新型的民族传统体育文化和节日文化。

第二节　民族传统体育文化与旅游文化

一、旅游文化的概念及特征

（一）旅游文化的概念

近年来，旅游业在经济领域中地位的不断提高，使得它对社会文化发展的需求和依赖也日益明显化，旅游文化这种特定文化形态的出现也成为必然。有学者指出："旅游文化是指那种适合旅游业发展需要的文化形态，它不仅决定于旅游行为的综合性、景观意态的趣味性及旅游内容的丰富性，更决定于具有能够满足游客文化需求多样化的客观性。按时间分类，旅游文化可以分为传统旅游文化和现代旅游文化两种。传统旅游文化的内容主要包括旅游者和旅游景观文化；现代旅游文化则增加了旅游业文化和文化传播。"❶

旅游文化有其特定的内涵和相应的外延。目前学术界关于旅游文化的界定尚未达成一致，国内学者对于旅游文化的概念主要有这样几种观点：

旅游文化是一种文明所形成的生活方式系统，是旅游者这一旅游主体借助旅游媒介等外部条件，通过对旅游客体的能动的活动，碰撞产生的各种旅游文化现象的总和。❷

旅游文化是以旅游行为为核心、旅游产品为依托、旅游环境为背景的系统性的场景文化，旅游消费与旅游服务行为文化、旅游资源文化和旅游产品文化、旅游环境文化共同组成了这一场景文化体系目。❸

旅游文化是旅游者和旅游经营者在旅游消费或旅游经营服务过程中所反映、创造出来的观念形态及其外在表现的总和，是旅游客源的社会文化和旅游接待的社会文化通过旅游者这个特殊媒介相互碰撞作用的过程和结果。❹

笼统地来说，旅游文化可以概括为人类过去和现在所创造的与旅游有关的物质财富和精神财富的总和。作为一种文化形态的旅游文化，其理论基础相当丰富，这些理论主要蕴含于旅游文学、旅游学、旅游心理学、旅游社会学、旅游美学、旅游经济学、旅游管理学、旅游资源学、旅游服务艺术、旅游营销学、旅游教育学、导游艺术等学科之中。除此之外，旅游文化还涉及一些其他与旅游相关的学科，例如文学、哲学、博物学、民俗学、体育学、艺术、饮食学、建筑学、生态学、考古学、园艺学、宗教学、公共关系学等。

（二）旅游文化的特征

1. 整合性

文化的整合性，实际上就是文化的一种自组织能力和协调能力。它的作用主要表现在保证人们正常活动、维系社会平衡和谐、促进一定的社会文化心理结构建立、推动社会在一定文化模式下健康发展等。"旅游文化的整合性表现为旅游主体在移动过程中能使出发地与目的地的文化相互传播。其特征会使旅游文化系统具有相对的不稳定性和易变性，旅游者任何一方面的变化都会使整个旅游文化系统发生相应的变化，也可以说就是文化的整合。旅游文化的整合性，是旅游文化不断丰富和发展的因素之一。"❺ 首先，旅游文化的

---

❶ 张寸花. 特色文化旅游对城市旅游的影响 [J]. 旅游纵览（行业版），2011（4）：33-34.
❷ 沈祖祥. 旅游文化概论 [M]. 福建：福建人民出版社，1999：16.
❸ 张国洪. 旅游文化学：研究选位与学科框架 [J]. 旅游学刊，1999（S1）：20-23.
❹ 马波. 现代旅游文化学 [M]. 山东：青岛出版社，1998：37.
❺ 田祖国，钟海平. 民族传统体育文化产业与旅游产业的互动发展研究 [J]. 南京体育学院学报（社会科学版），2002（3）：1-3.

主体是旅游者，他们不同的年龄、信仰、职业、种族、情趣、习俗等都会制约影响其各自对旅游文化的接受、重温、加工与创造。作为旅游文化的主导性因素，各种成分的旅游文化主体使旅游文化带有驳杂的、内部不断运动整合的特征。旅游文化主体参与此类活动的文化消费，由此也具有丰富多彩、林林总总的特征。其次，旅游文化的客体既包括作为物质形态的山水名胜、城乡景观，也包括凝结在人文景观之中的文化精神和民俗积存；既包括历时性的古代、近现代文化印记，又包括共时性的当地、外域不同空间范围的文化因子，还包括特定的宗教、哲学、政治、经济等其他文化分支的渗透影响。从而使旅游文化客体成为可供满足旅游者多种文化需求、多种混合旅游动机的对象。最后，旅游文化媒体发展到现代，已具备服务于旅游主体食、行、游、住、购、娱等方面的设施和人员。其提供的旅游产品和各类服务，已使旅游资源得到较为全面与充分的开发。

2. 民族性

不同民族在文化观念上都具有不同于别的民族的基本特点，这就形成了民族文化，或称为文化的民族性。旅游文化不仅涉及某一民族文化的方方面面，还是各民族文化间接触交流不可替代的纽带，它的民族性也是不应忽视的。文化的民族性深深地影响着旅游主体的旅游活动。因此，在一定意义上可以说，文化的民族性等同于旅游文化的民族性，它主要指的是旅游文化的民族特色。不同民族的旅游文化系统是不同的，存在着巨大的民族差异。

首先，旅游景点的设置建设要注意发掘民族的个性特长，要突出本民族的特色，从而用民族文化的独特性来尽可能地吸引主体对文化殊异性的追求。因为民族个性是旅游文化的精髓，浓郁的民族个性交织在旅游文化各个层面中。其次，在民族之间的跨文化旅游中，旅游媒体需要了解和尊重其他民族的文化习俗。最后，"文化涵化"是旅游文化中最具魅力、令人心仪神往的。"文化涵化"既是一种过程又是一种结果，这是两种或两种以上文化接触后互相借鉴、影响所致。作为旅游主体可以尽情地感知体验异域风光民情，享受审美愉悦。作为旅游目的地，也会因外来游客的涌入而承纳文化新质，刺激并促进本地旅游经济的繁荣，驱动其旅游文化发展的侧重点，从而在不同文化模式的撞击整合中推动旅游文化的进步。

3. 地域性

作为文化复合体的旅游文化，无论是历史传承还是空间移动扩散，都是离不开特定的地域的，因为它是众多特定地理范围空间的文化产物。尽管从历史上看，"人的地域行为之历史过程可远溯至游牧生活时代，地域行为深深地扎根于人类的进化史中，人们喜爱并且不愿离开自己及种族生活的地域"❶，但现代旅游文化的观念却坚信："只有当人们对他所居住的环境以外的事物产生广泛的兴趣时，只有出于他本身的意愿去注重与陌生而新鲜

---

❶ 欧·奥尔特曼，马一切默斯. 文化与环境 [M]. 骆林生等，译. 上海：东方出版社，1991：186 – 190.

的事物建立联系，并能估价和享受它们时，才有可能性。"❶ 正是这种地域性差异才吸引了旅游者，旅游者对异域文化的猎奇、探险、求知心理，促成了旅游活动的实现。同时，旅游者在旅游的过程中，客源地与旅游目的地之间的文化差异会慢慢缩小，在形成新的旅游文化的同时，也呈现了旅游文化的又一个特征。

4. 大众性

文化的大众性即群体性，所谓旅游文化的大众性一般指参加旅游活动的人数之多、层次之广。旅游活动具有广泛的群众性，旅游成为大众旅游，旅游文化就成为大众文化。它具有超文化的特点，即旅游文化的价值不受地域、阶层、人种等条件的限制。大众性与旅游文化的综合性有关，客体的多重"共同美"质素刺激并满足了主体多种多样的旅游动机。旅游文化具有大众性，一是因为旅游文化的"大众化"特点同旅游文化的"精英化"相比具有更多的普遍性；二是因为旅游文化一定要面向社会大众，适应时代和社会发展的需要，不能"曲高和寡"，忽视大众旅游的需求。

5. 娱乐性

旅游是人类社会发展到一定阶段时的一种最基本的活动。它的一个最明显的特征就是娱乐性，这表现在旅游根本上是一种主要以获得心理快感为目的的审美过程和自娱过程。因此，旅游文化从本质上讲是一种和谐欢乐的文化，是一种满足人类求新奇、求愉悦、求享乐本能的文化。旅游能为参与者带来情感体验，它的基调是乐观积极的。在这种娱乐的旅游活动中作为旅游主体的旅游者满足了自己本能的需求，激发起对生活和生命的深刻而强烈的感受和体验，激发起对生命和生活的热爱，认识到了人作为社会存在的本质力量，从而更加充满自信，以更加积极乐观的态度对待生活与生命，笑傲人生，挥洒自如。旅游文化的这种娱乐性既是旅游者的追求，反过来又极大地推动和呼唤着旅游者开展更大范围、更高层次的新一轮旅游活动。

6. 传承性

传承性是纵向和时间角度的概念，它与地域性相对应，因为地域性是横向、空间角度的概念。任何文化景观包括旅游文化在内都是人类文化长期历史演变的结果，是逐渐演变进化而来的。

从旅游文化的物质层面说，现存的名山草地、海洋湖泊等自然景观一般都带有人类旅游文化的印记，带有人类的烙印；而现存的人文景观，既有古代社会留下的遗址胜迹，又有在古代建筑风格样式等影响下陆续构建的仿古建筑，凝结着古代旅游观赏心理。

从旅游文化的观念层面说，有不少宝贵的旅游文化观念一代又一代地启迪着后来者，但还有一些可视为糟粕的观念在侵蚀着人们。

---

❶ 罗伯特·麦金托什等. 旅游学——要素·实践·基本原理 [M]. 蒲红等, 译. 上海: 上海文化出版社, 1985: 79.

人类的意志虽然难以完全打破旅游文化的传承性，但足以对其产生影响。如今的人类，受现代旅游文化观念的支配，开始摆正对传统的态度，兴利除弊，推陈出新，在对各种旅游文化要素的选择、吸纳与加工融合中，继承人类各民族的精华，从而开拓旅游文化的新视野。

二、民族传统体育文化与旅游文化的关系

（一）民族传统体育文化为旅游业提供丰富的资源

旅游资源是一种永久和无限的知识资源，它和文化又有着密不可分的关系。民族地区特殊的地域环境、生活方式和民风民俗得以形成丰富的具有地方特色的民族文化，也创造出了灿烂的民族传统体育文化。民族传统体育文化是一种进步的文化，是崇尚科学和文明的文化，它对生活方式起到了优化的作用，引导人们从人的角度去理解生活，摆脱生活中的愚昧和落后，走向文明和健康。它有利于人们乐观生活态度的形成，有利于人的良好行为的形成，有利于人们社会责任感的形成，有利于良好人际环境的形成，有利于缓解人们的社会心理压力，是体育旅游资源永恒的魅力源泉。

民族传统体育文化作为一种民俗资源，具有深刻的文化内涵与广泛的文化外延，民族体育资源的丰富对旅游经济的发展非常重要，如果将其潜在的资源优势与生产要素转变为现实的产业优势和经济优势，势必对推进旅游经济的发展产生积极的影响。我国拥有丰富的民族传统体育文化资源，可为旅游业的跨越式发展带来更大空间，成为民族地区新的经济增长极。

（二）民族传统体育文化资源的开发促进旅游经济的快速发展

民族地区体育事业的快速发展和民族传统体育文化资源的开发与利用，促使民族传统体育文化与旅游结下不解之缘，在社会经济等方面日益显示出巨大的潜力和经济带动能力，成为旅游经济发展中不能忽视的重要方面。例如，具有鲜明民族特色和浓郁地方特点的那达慕节，已由单纯的娱乐竞技活动向多功能、多角度和深层次发展，成为集体育竞赛、民族文化、旅游、经贸活动为一体的综合性草原盛会。近年来，新疆著名的旅游风景区如天池、喀纳斯等地的经营者，都以风景区的自然资源优势为依托，以浓郁的民俗风情为基础，与民族传统体育文化相结合，不断推出新的旅游产品。以民族传统体育文化为基础、融合科学开发理念的体育旅游开发，有利于挖掘、展示、整合和传播民族传统体育文化，有利于民族传统体育文化的创新与重构。

（三）民族体育文化的融合提升旅游景点的文化品位

旅游者的出游目的主要出于审美和求知等精神需要，旅游不仅停留在游山玩水获得感官愉悦的层次上，也是一种满足高层次的增长知识的需求。这就要求要开发具有文化品位、能够满足旅游者文化需求的民族传统体育文化旅游产品。只有让民族传统体育文化真

正与旅游融合起来，突出其民族文化内涵，让游客在观赏秀美山水风光的同时能领略其独特的民族体育文化魅力。如德夯民族风情园的上刀山、苗族武术、踩桦口和栖凤湖土家文化生态游的摆手舞、铜铃舞、毛古斯、哭嫁歌等，都向游客展示了个性鲜明的民族传统体育文化和民族风情。

（四）旅游经济发展促进民族传统体育的交流与传承

民族传统体育文化资源与人文地理资源的良好配置为旅游的开展提供了便利，与此同时，旅游也推动了民族文化的发展。作为旅游者观赏和体验少数民族体育文化的平台，旅游活动为不同社会群体的接触和民族体育文化的交流创造了良好的条件，极大地推动了少数民族体育文化的发展。同时，在民族地区旅游和民族传统体育文化的融合过程中，当地人民群众是不可缺席的，在对其进行的一系列组织、培训、排练和表演活动中，人民群众增强了对自身民族体育文化的理解，这有利于民族体育文化的传承和保护。通过旅游来展现民族体育文化，可以弘扬民族文化，在促进民族体育文化资源向经济性、娱乐性、健身性方向发展的同时，有利于民族体育文化的科学整合。

由此可见，旅游文化与民族传统体育文化的关系非常密切，旅游既是对民族传统体育文化的消费，同时还有助于民族传统体育文化冲破地域的限制向外界传播，完美展现出各民族的文化精粹，民族传统体育文化在与旅游者带来的异族文化的交流碰撞的过程中，互相吸纳对方的积极因素，从而使民族传统体育文化向多元化、和谐化方向发展。

三、民族传统体育文化与旅游文化的互动发展

（一）互动发展的必要性

1. 民族传统体育文化开发与保护的需要

民族传统体育文化面临着外来先进文化诸如后工业文化、生态文化的冲击，其开发与保护日趋紧迫。将民族传统体育文化产业的发展与旅游经济的发展互动起来，就可以使旅游文化有形化，将旅游文化深层化，使其由软文化向硬文化过渡，就可以传承其优秀的部分，因其文化存在和文化价值独特，我们对其开发与保护应以新眼光看待，可行的就是将其产业化发展。

2. 旅游产业发展的内容拓展需要

作为一种不断丰富、不断发展的生态产业，旅游产业需要不断地进行更新与拓展。目前，对旅游产业的定位是一种民族人文自然生态旅游，这就要求做到充分利用民族传统文化。由于是新兴产业，投入时间不够长，因此中国旅游产业目前虽然已具有一定的发展规模，且有一定的品牌效应，但仍存在民族特色不够突出、旅游服务质量不高、旅游内容单调、旅游形式简单雷同等方面的问题。而民族传统体育文化具有民族风格和地方特色，并有很大的参与性与观赏性，如其中的舞龙、放风筝、龙舟竞渡、攀岩、漂流、武术等，且

它们多与民族风俗和节日风情紧紧相连，是旅游产业中不可多得的宝贵资源，因此一定要对其进行合理充分的利用，借以拓展旅游产业内容。

3. 文化产业发展的需要

在市场经济的大潮中，中国民族传统体育文化产业只有通过文化产业的发展兴旺来加强自身活力，才能适应市场经济的外部环境，使其文化的功能和地位得到扩大和提高。目前，我国众多文化产业中发展较好的就是旅游产业，因此要做到"多业助文"，就必须将民族传统体育文化产业与旅游产业"联姻"发展。民族传统体育文化借助旅游产业大踏步地进入了经济领域，从而带动我国经济向前发展。

（二）互动发展的方向

民族传统体育文化与旅游产业二者联系紧密，是一个有机结合的产业发展整体，需要互相配合，协调发展。民族传统体育文化产业与旅游产业的互动发展要建立一套符合地方实际情况、科学周密的管理运行机制，进行计划详细、目的明确、步骤有序的联合开发，避免各种不必要的浪费。

首先，要转变观念，加强民族传统体育文化与旅游的互动。目前，人们对民族体育旅游的观念仍处在浅层认识阶段，忽略了民族体育项目所折射的文化内涵。殊不知，民族传统体育表现出的与现代都市文化截然不同的文化差异性，能吸引游客的眼球并带来更大的经济效益。只有在旅游中突出独特的民族传统体育文化，实现民族地区旅游与民族传统体育文化的良性互动，才能保持旅游的可持续发展。

其次，政府要重视、加强对民族传统体育文化资源的传承。政府应制定相关法规政策，处理好在旅游发展中对民族文化资源的保护和开发利用的辩证关系，在发展旅游中展现本地区的优秀民族体育文化，使民族地区旅游得到发展的同时，民族传统体育文化也得以传承和保护。

最后，要规范市场，加强对民族传统体育文化的生态保护。民族传统体育文化生态是民族文化的背景和依托，也是民族地区旅游可持续发展的条件，对于具有显著民族特色的民族文化生态圈，应该在开发民族传统体育文化资源的同时保护其不受外来文化的干扰，以保持其文化的独特性和与其他文化的差异性。

第三节　民族传统体育文化与奥林匹克文化

奥林匹克文化对人类社会的各个方面带来了不可忽视的影响，尤其是为各个民族传统体育文化带来了巨大的挑战。随着奥林匹克文化全球化，民族传统体育文化与奥林匹克文化的碰撞和冲突将会越来越尖锐。在这种形势下，中华民族传统体育文化应作出相应的变化，并在变化中求发展。我们应正确分析并对待民族传统体育文化与奥林匹克文化的关系，认识两者之间的融合与互补，寻求更好的发展。

一、奥林匹克文化的概念及特征

（一）奥林匹克文化的概念

《辞海》里对"文化"一词的解释是：文化有广义的文化与狭义的文化两种，广义的文化是指人类社会历史实践过程中所创造的物质财富和精神财富的总和；狭义的文化是指社会的意识形态以及与之相适应的制度和组织机构。根据《辞海》对文化的定义，我们将奥林匹克文化界定为：奥林匹克运动为人类创造的一切精神财富。当然，奥林匹克文化也有广义和狭义两种。广义的奥林匹克文化主要包括奥林匹克运动的一切活动、仪式等；狭义的奥林匹克文化主要是指与奥林匹克运动有关的一切文艺活动和思想观念等。

（二）奥林匹克文化的特征

1. 鲜明的象征

奥林匹克运动表现了人类社会的团结、进步、友谊，正如顾拜旦曾经说的，奥林匹克运动是"一个伟大的象征"。在奥林匹克运动中，奥林匹克标志、会旗、会歌、会标、奖牌、吉祥物等都是奥林匹克运动与其他体育运动相区别的、独特鲜明的象征性标志。这些标志不仅蕴含着丰富的历史文化内涵，同时也运用简明洗练的艺术形象符号表达着奥林匹克思想的基本点，充分地反映着世界人民对奥林匹克运动的认识、理解和认同。如蓝、黄、黑、绿、红五环，象征着五大洲；再如奥林匹克吉祥物多为本民族传统文化中喜闻乐见、家喻户晓的动物，进行艺术加工使其拟人化，从而变得更加诙谐而富有人情味。

奥林匹克运动的这些象征性的标志、图案、物品以其独特鲜明的形象将奥林匹克运动印入世界上无数人的心中，已经成为广为流传的"国际语言"。

2. 丰富的内涵

奥林匹克运动从不同的角度和层次去挖掘展示人类社会中一切美好的事物，具有丰富的文化内涵；从物质文明到精神文明，从个体到社会，从具体到抽象的各个方面，涉及范围广泛。从某种程度上说，奥林匹克运动就是一个五彩缤纷的艺术天地，各种文化形式和艺术手段，如别具特色的奥林匹克建筑、形象生动的绘画和雕塑、旋律起伏的声乐、舞蹈、文学等，它们都能在奥林匹克运动中充分发挥作用，绽放异彩。

3. 浓郁的艺术

奥林匹克运动不仅是一种人体展示的最高形式，而且其所创造和展示的更是一种美的世界。奥林匹克运动通过向运动员体能生命的极限挑战，从而最大限度地将其精湛的技术、拼搏进取的精神挖掘出来。除此之外，奥林匹克运动还是运动员一种通过在努力中求得快乐、幸福、身心愉悦的运动。这些运动不仅洋溢着浓郁的艺术气息，同时也为人们带来了极高的审美愉悦。

奥林匹克运动不仅展示着世界第一流的人体形态美、力量美、运动美，还集合了其他多种文化艺术形式的美。人们创造这些美好事物的同时也加深了自己的美感修养，而人们对这些美好事物的欣赏，也就是接受美感的过程。某种意义上说，奥林匹克运动也是一种大规模的美育过程，运用艺术美提高整个人类社会的精神风貌，这也是人文性的重要表现。

4. 多元的组成

奥林匹克运动起源于希腊，历经百年，现代奥林匹克运动已普及全世界，奥运会的规模和影响力也越来越大，这就驱使奥林匹克运动展现出其文化的多元性。奥运会在哪个国家举办，奥林匹克运动的文化就要与该举办国的文化相互交融，从而组成其文化的多元性；当然，奥运会在丰富和发展举办国文化的同时，也吸纳一些举办国的民族传统项目来丰富和发展自己，从而使得奥林匹克运动的文化不仅具有其特色，同时还有世界各国的文化特色，使得奥林匹克运动文化进一步具有兼容性，并相互包容发展成为五彩缤纷的多元文化，为奥林匹克的和谐发展及可持续发展提供更加广阔的空间和更为肥沃的土壤。

5. 突出的人文

古代奥运会强调"以人为本"，强调人的和谐发展。现代奥林匹克运动之父——顾拜旦复兴奥林匹克运动的目的，除了推动竞技运动的普及外，其最终的目的是将奥林匹克运动纳入教育和人文范围。《奥林匹克宪章》中明确表述："奥林匹克的宗旨是使体育运动为人的和谐发展服务，以促进建立一个维护人的尊严、和平的社会。"21世纪的今天，奥林匹克文化已经具有了自身完整的科学体系，并成为人文科学的一分子。所以，现代奥林匹克运动文化所蕴含的人文性使其具有良好的教育价值。

6. 强烈的西方文化色彩

奥林匹克运动源于希腊，这使其不可避免地带有浓厚的以古希腊文化为主体的西方文化的烙印，可以说是典型的西方文化。现代奥林匹克运动历经一百多年，不难看出，西方国家举办的奥运会要多于东方国家；国际奥委会委员的决策层由西方人士主导，委员也以欧美国家居多；另外，奥运会的竞赛项目中源于西方的运动项目占绝对主导地位。因此，奥林匹克运动带有强烈的西方文化色彩。

二、民族传统体育文化与奥林匹克文化的冲突与融合

（一）民族传统体育文化与奥林匹克文化的冲突

中国民族传统体育文化与奥林匹克文化是随着历史发展先后出现且并列平等发展的两个文化系统，它们是世界文化中两个根本不同的体系。鸦片战争之前，两种文化各自独立发展，没有明显的冲突和融合。鸦片战争之后，随着中国逐渐融入世界，两种文化开始正

面交锋，冲突和斗争日益明显化。这两大文化本体受其存在环境差异巨大的影响，从而导致它们之间的交流处于绝对的对立。这主要表现为以下几个方面：

第一，中国民族传统体育文化由于受"天人合一"、阴阳、八卦、五行等理论的影响，其整体观重人体自身的统一性及与自然界的和谐，带有某种经验、直觉、模糊的性质，它重节奏、韵律、神韵、内涵、和谐美，重朦胧、抽象、含蓄美；奥林匹克文化在西方哲学重外在、分析，重与自然的斗争等观念的指导下形成和发展，它是科学实验、解剖学、生理学、现代医学等理论的综合运用，其重阳刚的力量、速度之美，重外在、形体美。

第二，中国民族传统体育文化非常注重个人修养，形成以追求"健"和"寿"为目的的民族内向性格，始终向着娱乐性、表演性方向发展，体育运动中的竞争性被弱化；奥林匹克文化注重人的全面发展，而忽视了人在竞争中的道德教育，容易产生残忍与暴力，它自始至终都向着竞争性、惊险性、健美性、趣味性方向发展，而且还使体育自成体系。

第三，除了注重个人修养外，中国民族传统体育文化还非常重视人格，强调通过身体锻炼来以外达内、由表及里，由有形的身体活动来促成无形的精神活动的升华，从而实现理想人格的塑造；奥林匹克文化则重视人体，注重人体本身的价值，更讲究从人体的培养上来考虑体育的价值，通过让人在肌肉的运动中、在各种力的交汇中去实现完美人体的塑造，进而实现理想的人生。

（二）民族传统体育文化与奥林匹克文化的融合

多元民族体育文化是奥林匹克文化形成与发展的核心，任何一个民族的文化不仅很难形成一座文化艺术殿堂，同时也无法实现不同国家、不同民族文化的交流、创新与融合。因此，站在整体发展的立场来看，奥林匹克文化的发展与创新必须以多元民族体育文化为基点，从而促进人类文明的发展。从某种程度上来说，奥林匹克文化的发展不是一个单独民族文化的空间扩张，而是多元民族体育文化互相融合、交流、互动的过程。

第一，实现奥林匹克文化的多样化。奥林匹克文化的多样化是奥林匹克宗旨的内在要求，使民族传统体育文化与现代奥林匹克文化的融合成为可能。奥林匹克运动的全球化应该是多元文化互补、互动的过程，只有这样，奥林匹克运动才能真正成为跨文化、跨民族、跨国度的世界性文化体系。只有遵循文化多样性的原则，吸收与容纳不同文化形态，加强东西文化交流，奥林匹克运动才能取得更好的可持续发展。

第二，加强各民族文化交流。文化的发展创新离不开不同文化形态间的碰撞、交流与融合，各国、各民族文化交流的需要为民族传统体育文化的传播与创新带来了契机。随着信息时代的到来，不同民族文化间的交流比以往任何时代更加频繁和迫切，因政治、经济、文化等方面的差异，国际间的沟通手段尤其是大规模民间交流的沟通手段极其匮乏。奥林匹克运动成为彼此间文化交流的舞台，成为跨文化交流的有利渠道，来自世界各地不同肤色、文化背景的人们在共享奥运激情的同时，不经意间为对方的文化、风俗、民情所折服。因此，奥林匹克运动不仅是展示各国文化的"窗口"，而且是民族传统体育文化融入奥林匹克文化大家庭的"熔炉"。

第三，促进奥林匹克运动可持续发展。传统体育文化与奥林匹克文化融合是奥林匹克运动可持续发展的动力。这是因为现代奥林匹克运动是各民族文化碰撞、交流与融合的结晶。如果传统体育开始逐渐消失的话，不仅意味着人类共同的文化资源在缩减，而且意味着奥林匹克文化单一化趋势的步伐在逐渐加快。众所周知，只有在多元文化共存的环境下，奥林匹克文化才能找到其发展、创新的文化土壤。营造一个多元文化共存的文化生态对丰富奥林匹克文化资源，实现奥林匹克运动的可持续发展有着举足轻重的作用。

第四，促进和谐社会的构建。根据《奥林匹克宪章》和奥林匹克运动的实践以及文化的性质和概念，"和谐发展，团结友谊，公平竞争，重在参与，奋力拼搏"和"为国争光"是奥林匹克文化内涵的外在体现。通过在不同国家或地区开展奥林匹克运动，不但可以激发人们的爱国热情、振奋民族精神，而且可以加强各国之间的文化交流，增进各国人民友谊，从而维护国际社会的安定和团结。民族传统体育非常注重对人身心的关注，强调自我完善。这与构建和谐社会的理念及奥林匹克文化的内涵保持着高度的一致性，在构建和谐社会中发挥着积极的推动作用。构建和谐社会理念的提出，为民族传统体育文化与奥林匹克文化的融合提供了有利的社会基础和国际环境。

三、奥林匹克文化冲击下的民族传统体育文化发展

（一）发展现状

文化是时代精神的反映，随着时代潮流而前进，成为时代的号角。当前世界进入现代化时代，文化也要现代化。民族传统体育文化既要继承和发扬优秀文化传统，更要通过与以奥林匹克文化为代表的西方文化的接触，通过创新，逐步向现代文化的方向发展。

受不同价值观念的影响，不但不同类型和模式的文化之间会发生冲突，即使是同一文化类型，其内部也会出现不同群体的冲突。在西方文化的冲击下，我国民族传统体育文化的文化本体已发生了巨大变革。在奥林匹克文化的冲击下，我国民族传统体育文化的发展现状表现为以下特点：

第一，民族传统体育文化的作用从原本侧重于强身健体、武力保家、原始祈福、娱性怡情的作用转变为侧重"自娱"与"娱人"，并已逐渐成为人们节日之余、喜庆之余及休闲之中的生活点缀。

第二，在西方文化及奥林匹克文化的冲击下，民族传统体育文化中的部分民族传统体育项目已经消亡或逐渐走上消亡，如侗族滚乱泥、回族堆人山等。

第三，受外来民族文化和西方文化同化的影响，我国民族传统体育文化的民族性逐渐削弱，如赛龙舟、舞龙舞狮、游泳、射击、武术等民族传统项目不仅已成为多民族共有的项目，而且走向了世界，引起全世界人民的共同喜爱。

第四，在世人对奥林匹克竞技体育如篮球、足球等项目的爱好与人们对民族传统体育

观念改变的影响下，民族传统体育发展不容乐观，这不仅表现为民族传统体育文化的继承者已日益减少，而且口传身授的继承方法也使得民族传统体育文化理论研究者和教练员以及运动员都在大幅度地减少。

第五，在西方经济新观念的指引下，消费概念已被植入民族传统体育文化内部，民族传统体育文化的产业发展已成为当今文化发展的大趋势，且与旅游产业等相关产业协调互动发展。

受时空、宗教、民俗差异的影响，我国民族传统体育文化虽然是一种深厚的古文化遗存的积淀，但是其在内容与形式上还是与奥林匹克文化有区别的。我国民族传统体育文化是经过漫长历史精选并传承下来的文化，更何况体育文化的本质特征和内在价值又决定了世界体育文化具有内在趋同的性质，所以我国民族传统体育文化受奥林匹克文化的冲击后，产生了去其弊端存其精华的更新发展。

（二）发展方向

民族传统体育文化是我国各少数民族自强不息的奋斗成果和优秀文化传统，具有高度的社会历史研究价值，是不可多得的保存完美的精英民族文化。但是，进入 21 世纪，民族传统体育文化的价值已经遇到了严峻的挑战，面临着被西方文化完全同化的困境。我们应该深入、全面、系统地分析研究我国民族传统体育文化，并调动一切积极因素对其采取开发与保护的措施，使其能够完全健康地发展。

在社会主义市场经济日益完善和发展的 21 世纪，我们必须加大力度培育民族传统消费市场，将民族传统体育文化进行产业化开发发展，这是当前民族传统体育文化发展的快车道。将民族传统体育文化引入消费概念并进行产业化发展是当前时代的需要，是民族传统体育文化自身发展的需要。民族传统体育文化不仅侧重于民族传统文化，而且更强调参与的过程，从而使其比现代竞技体育更具有观赏性、娱乐性和表演性。如湘西土家族的"茅谷斯"舞，苗族的"猴儿鼓"等。从某种程度上来说，民族传统体育文化消费是体育消费，同时还是文化消费；民族传统体育文化产业不单单是一种体育产业，更是一种文化产业。

21 世纪的今天，我国的民族传统体育文化与民族节日风情的联系越来越紧密，从而使其具有民族文化的多种特质。我国民族传统体育文化与节日风情及当地生产生活环境共同构成了丰富多彩的民族传统体育文化资源。同时，又由于它还与各民族地区自然风光和人文景观有着良好的共生性，从而又成为可进行产业开发的自然、生态和人文资源。从某种程度上来讲，民族传统体育文化资源的开发及其产业化是一种开发价值非常高的并具有可持续发展性的新兴产业。

由于所处文化环境、地理环境及审美心理定势的不同，我国民族传统体育的表现形式呈现出很大的差别性。其中部分传统体育项目由于缺乏竞争性，加之其浓重、鲜明的民族特色，因此不能成为奥林匹克运动项目，而只能在本民族内开展。这类项目不仅成为本民族成员的一项日常体育活动，而且成为该民族的一种标志性象征。如我国苗族的跳芦笙、黎族的跳竹竿、纳西族的东巴跳、满族的冰嬉等。这类项目虽然没在竞技场上给祖国带来荣耀和光辉，但其在传承民族文化、保持社会规范等方面发挥了不可替代的作用。通过举办这类具有民族特色的体育项目比赛，既可以使这些宝贵的民族文化遗产得到继承和发扬，同时可以进一步丰富全民健身活动的内容。

现代奥林匹克运动产生于现代社会，是现代社会物质文明与精神文明的结晶，它与民族传统体育有着非常密切的联系。这主要表现为两个方面：

第一，大力发展民族传统体育能够使奥林匹克运动的活动内容更加丰富多彩、精彩纷呈。

第二，奥林匹克运动完善的组织体系和思想体系能更好地为民族传统体育的改革发展开拓新思路，从而加快民族传统体育发展的步伐，二者求同存异，相互促进。

思 考 题

1. 民族传统体育文化与其他文化是如何弘扬传承发展的？
2. 我们身边都有哪些民族传统体育文化与其他文化的融合？

参考文献

[1]李锦鸿.民族传统体育文化县域传承研究述评[J].武术研究,2022,7(9):87-91.

[2]项晨阳.民族传统体育文化空间传承的文献综述[J].中华武术,2022(7):110-114.

[3]童城旺,徐鹤,刘刚.民族传统体育文化的传承与发展思索[J].山西青年,2022(9):48-50.

[4]韩玉姬,王洪珅,宋秀平.民族传统体育文化的传承机制综论[J].北京体育大学学报,2022,45(2):132-144.

[5]朱亚成,石牙牙,张青,等.文化自信视域下中华民族传统体育文化传承研究[J].西北民族大学学报(自然科学版),2021,42(4):46-49,88.

[6]贺秀景,刘姣,李岚.新时代背景下民族传统体育文化传承与发展的新样态研究[C]//.保护·研究·传承——2021年中国体育非物质文化遗产国际会议书面交流论文集.[出版者不详],2021:54.

[7]王松,张凤彪,毛瑞秋,等.体育特色小镇:民族传统体育文化保护、传承与弘扬[J].沈阳体育学院学报,2019,38(6):130-138.

[8]贾新建.文化传承视域下传统体育弘扬与保护的价值[J].林区教学,2016(9):110-111.

[9]彭立群,吴桥.达瓦孜的体育文化价值[J].体育文化导刊,2008(7):48-49,51.

[10]张硕.价值审视与路径建设:新发展阶段我国民族传统体育文化发展研究[J].辽宁体育科技,2022,44(4):94-99.

[11]王玉侠,郝旭伟.高校体育与民族传统体育文化融合发展研究[J].大学,2022(17):172-175.

[12]姚一帆,马成顺,王奎.数字化视阈下我国民族传统体育文化国际化研究[C]//2022年东盟体育科学大会论文摘要集.[出版者不详],2022:150-151.

[13]严津.民族传统体育文化的整合及多元生态路径研究[J].当代体育科技,2022,12(15):150-152.

[14]童城旺,徐鹤,刘刚.民族传统体育文化的传承与发展思索[J].山西青年,2022(9):48-50.

[15]张庆勇.民族传统体育在校园文化中的传承研究[J].武当,2022(5):72-74.

[16]朝日格图.略论民族传统体育文化的变迁、传承与发展[J].文化创新比较研究,2022,6(14):129-132.

[17]达志强,张振东,贾楠.以创新引领河南省黄河流域民族传统体育文化保护与传承[C]//第十二届全国体育科学大会论文摘要汇编——墙报交流(武术与民族传统体育分会).[出版者不详],2022:112-113.